D3.js 실시간 데이터 시각화

D3.js 실시간 데이터 시각화

Node.js 환경에서 실시간 대시보드 만들기

파블로 나바로 카스틸로 지음 | 오명운 옮김

지은이 소개

파블로 나바로 카스틸로 Pablo Navarro Castillo

수학 공학자이자 개발자로서, 프랑스의 쌩떼띠엔느 대학Ecole des Mines de Saint-Etienee 에서 응용 수학 석사학위를 받았다. 수년간 오퍼레이션 리서치 분야와 데이터 분석 분야에서 일한 후 지금은 데이터 시각화 컨설턴트 및 개발자로 일하고 있다.

『d3.js를 이용한 데이터 시각화』(에이콘출판, 2014)와 『Data Visualization with D3.js Cookbook』의 기술 감수자로 팩트출판사와 함께 일해왔다. 2014년 칠레 산티아고에 마세가Masega라는 데이터 시각화 에이전시를 설립하여 운영하고 있다.

이 책의 기획과 개발에 함께 힘써 준 팩트 퍼블리싱 팀에게 감사의 말씀을 전하고 싶다. 이 책의 내용과 예제를 개선하는 데 많은 영감을 준 기술 감수자들에게도 감사의 말씀을 전한다.

책이 나올 수 있도록 많이 인내하고, 지원해 준 미리암에게 이 책을 바친다.

기술 감수자 소개

앤드류 벌스 Andrew Berls

미국 캘리포니아 산타 바바라에 살고 있는 루비Ruby, 자바스크립트 개발자다. D3.js를 써서 소셜 네트워크를 시각화해 주는 www.causes.com의 대시보드를 개발했고, 『Data Visualization with D3.js Cookbook』의 기술 감수를 맡았다. 최근에 캘리포니아 대학에서 컴퓨터 사이언스 전공 학위를 취득했다. 취미는 요리와 등산이다.

블로그 http://www.andrewberls.com에 웹 관련 기술에 대한 글을 남기고 있다.

사이먼 하임러 Simon Heimler

아우크스부르크에 있는 응용 연구 대학University of Applied Research에서 시맨틱 콘텐츠 관리Semantic Content Management 분야에 대해 연구하고 있다. 인터랙티브 미디어 학위를 가지고 있고 웹 디자인과 웹 개발 분야에서 십 년 이상 일했다.

라스 코토프 Lars Kotthoff

아일랜드에 있는 코크 대학University College Cork의 박사 후 과정에서 인공 지능을 활용하여 소프트웨어를 더 빠르고 쉽게 만들 수 있는 방법을 연구하고 있다. 취미로 자바스크립트 시각화를 다루고 있으며 D3.js에 대한 경험이 풍부하다.

네이선 반데르 빌트 Nathan Vander Wilt

프리랜서 소프트웨어 개발자로 HTML5 개발, 네이티브 애플리케이션 인터페이스에서 임베디드 및 무선 시스템과 같은 로우레벨 제어 소프트웨어까지 폭넓은 전문 솔루션을 만들고 있다. 피어 투 피어 네트워크에서의 동기화나 디지털 지도 제작에 대한 문제 해결에 관심을 가지고 있다. 교외에서 살고 있으며, 집에서 가족들과 함께 화초, 물고기, 달팽이, 꿀벌, 닭, 토끼를 기르고 있다.

옮긴이 소개

오명운 (hanmomhanda@gmail.com)

천성을 모르고 다른 일을 하다가 한참 후에 다시 돌아온 개발자다. 프론트엔드와 백엔드를 넘나들며 데이터 시각화, 웹지엘_{WebGL}, 빅데이터 분야에 관심이 많고, 기술문서 번역도 꾸준히 하고 있다. 백발이 되어서도 개발과 번역을 하며 수수하게 늙어가는 게 꿈이다. 에이콘출판사에서 출간한 『d3.js를 이용한 데이터 시각화』(2014), 『Gerrit 코드 리뷰』(2015)를 번역했다.

- 블로그: http://hanmomhanda.github.io

옮긴이의 말

몇 년 전만 해도 눈길을 끌만한 화려한 시각화는 대부분 플래시 기술로 만들어진 차트였다. 플래시는 결과물도 훌륭하고 생산성도 좋은 꽤 괜찮은 기술이었지만, 보안 문제, 모바일 적용 문제 등 여러 가지 이유로 이제는 시장에서 점차 퇴출되는 기술이 되고 말았다.

사라져가는 플래시의 빈 자리는 웹 표준인 HTML5가 채우고 있다. 더 구체적으로는 캔버스와 SVGScalable Vector Graphics가 플래시를 대체하고 있다. 여느 기술과 마찬가지로 두 기술 역시 장단점을 함께 가지고 있어 어느 한쪽이 다른 한쪽보다 언제나 우월하다고 할 수는 없다.

D3.js는 데이터 기반 문서D3, Data-Driven Documents를 표방하는 SVG 기반의 시각화 기술이다. SVG는 HTML 페이지 안에서 다른 태그와 같은 방식으로 화면을 그리고, 이벤트를 처리할 수 있고, 벡터 기반 그래픽으로 더 나은 화질을 화면에 보여줄 수 있기 때문에 데이터 시각화 분야에 한해서는 캔버스에 비해 확실히 좋은 점이 많다. D3.js는 이런 SVG의 장점을 충분히 활용해서 고품질의 화려한 데이터 시각화를 쉽게 만들어 낼 수 있는 다양한 API를 제공한다. D3.js의 홈페이지에 가보면 상상을 초월할 만큼 기묘하면서도 필요한 정보를 쉽게 파악할 수 있게 해 주는 수많은 예제를 볼 수 있다.

이 책은 이런 D3.js를 중심으로 프론트엔드 개발 환경 전반에 걸쳐 사용되는 다양한 도구를 함께 활용해서 실시간 데이터 시각화를 만들어가는 과정을 차근차근 알기 쉽게 보여준다. Node.js 환경에서의 프론트엔드 경험이 풍부한 개발자라면 D3.js를 실전 환경에 어떻게 도입해서 사용할 수 있는지에 대한 값진 정보를 얻을 수 있을 것이고, 프론트엔드 경험이 풍부하지 않은 개발자라면 D3.js에 더

하여 Node.js를 중심으로 npm, 바우어_{bower}, 바우_{vows}, 그런트_{grunt} 등 프론트엔드 개발 라이프 사이클 전반에 걸친 주요 도구에 대한 지식까지 덤으로 얻을 수 있을 것이다.

신속하고 빈틈없는 일 처리로 고독한 번역 일을 끝까지 할 수 있게 도와주신 에이콘출판사에 감사의 말씀을 드리며, 건강하고 귀여운 윤아, 윤석이와 착하고 사랑스러운 아내 민지선에게 주말에도 아빠 노릇, 남편 노릇을 제대로 못한 미안한 마음과 고마운 마음을 전하고 싶다.

오명운

목차

들어가며

D3는 아주 놀라운 라이브러리다. D3 웹사이트에는 수백 가지의 아름다운 예제와 시각화, 차트가 있는데 대부분이 D3를 써서 만들어져 있다. 예제들을 보면 매우 다양한 시각적인 결과물을 D3로 만들어 낼 수 있음을 깨닫게 된다. 단순한 막대 차트에서 대화형 지도에 이르기까지 모든 시각화가 망라되어 있다.

D3를 사용해서 이런 다양한 결과물을 만들어 내려면, 차트를 더 추상적인 수준에서 고민해 보고, 페이지 내에 데이터와 화면 요소들을 연결 짓는 방법에 대해 배워야 한다. 복잡한 차트나 시각화 결과물은 데이터 아이템의 속성과 화면 요소의 시각적 속성 사이의 관계 속에서 탄생된다.

실제 프로젝트 환경에서는 D3로 만들어진 컴포넌트나 차트를 다른 컴포넌트나 라이브러리와 융합해야 한다. 이 책의 예제 대부분은 D3를 다른 라이브러리나 도구를 함께 사용해서 각 라이브러리의 장점을 최대한 살리면서 완전한 애플리케이션을 만들어 내는 방법을 알아본다.

예제를 통해 외부 데이터 소스를 이용하는 재사용 가능한 차트를 다뤄보고, D3를 사용해서 사용자 인터페이스와 대화형 지도를 만들어 볼 것이다. 마지막에는 실시간 트위터 멘션을 대상으로 하는 시각화 애플리케이션을 직접 구현해 볼 것이다.

D3는 시각화와 데이터를 경험해 볼 수 있는 정말로 훌륭한 도구다. 독자들이 책의 예제를 따라 하면서 재미를 느끼고, 자신만의 시각화 결과물을 만들어 볼 수 있기를 바란다.

이 책의 구성

1장. 데이터 시각화 데이터 시각화에 더 친숙해질 수 있도록 흥미로운 시각화 프로젝트나 레퍼런스 예제를 보여준다. 역사 속에서의 시각화 예제를 살펴보고 어떤 점이 D3를 데이터 시각화에 아주 적합한 도구로 만드는지 알아본다.

2장. 재사용 가능한 차트 다수의 프로젝트에서 사용될 수 있는 설정형 차트configurable chart를 만드는 법을 알아본다. 이 장에서는 웹 페이지 내의 요소들을 다루기 위해 셀렉션selection을 쓰는 방법과 재사용 가능한 바코드 차트를 만드는 법을 완전히 처음부터 익혀보고, 커스텀 레이아웃 알고리즘을 만들어서 방사형 막대 차트에 적용해 볼 것이다.

3장. SVG 없이 시각화 제작 현재 브라우저 시장에서의 SVG 지원 상태에 대해 토론해보고 SVG를 지원하지 않는 브라우저에서 시각화를 만드는 전략을 알아본다. div 요소를 써서 움직이는 버블 차트를 만들고, 브라우저의 SVG 지원 여부를 알아내는 방법을 배우고, HTML5의 canvas 요소를 사용해서 SVG 도형을 렌더링하는 폴리필polyfill을 적용해 볼 것이다. D3와 캔버스를 함께 사용해서 시각화를 만드는 방법도 알아볼 것이다.

4장. D3로 색상 선택기 제작 사용자 상호 작용을 위한 요소와 컨트롤을 만드는 데 필요한 개념들을 알아본다. 4장에서는 슬라이더 컨트롤을 만들기 위해 D3의 드래그 동작과 재사용 가능한 차트 패턴을 사용한다. 슬라이더 컨트롤을 이용해서 CIE Lab 컬러 모델 기반의 재사용 가능한 색상 선택기color picker를 만든다.

5장. 사용자 인터페이스 제작 차트에서 특정 요소를 강조하기 위해 이벤트 리스너를 사용하는 법을 알아본다. 툴팁을 만드는 방법을 살펴보고, 앞 장에서 만든 차트에 툴팁을 적용하는 방법을 배워본다. 영역 차트를 만들어서 브러시brush 동작을 통해 차트의 일부 영역을 선택하는 방법을 익힌다.

6장. 차트끼리의 상호 작용 백본Backbone을 써서 데이터와 시각화를 분리하여 구조화된 웹 애플리케이션을 만들어 보고, D3를 융합하는 방법을 알아본다. 애플리케이션 상태의 일관성을 유지할 수 있도록 모델과 뷰, 컬렉션과 라우터를 구현하는 방법을 배운다. 이 장에서 배운 내용을 5장에서 구현한 영역 차트에 적용해서 시계열 주가stock price를 볼 수 있는 애플리케이션을 만들어 본다.

7장. 차트 패키지 제작 D3를 이용한 차트 패키지를 만드는 개발 작업 흐름을 소개한다. 패키지를 구현하고, 조직화하고 배포하는 데 가장 적합한 도구와 모범 사례를 소개한다. 만들어 낸 차트 패키지를 외부 라이브러리처럼 사용하는 샘플 프로젝트를 만들어 볼 것이다.

8장. 데이터 기반 애플리케이션 웹 애플리케이션 예제를 통해 시각화 프로젝트를 배치deploy할 수 있는 도구를 소개한다. 세계은행의 데이터 API를 이용해서 인간 개발 지수indicators of human development의 추이를 볼 수 있는 시각화 애플리케이션을 만들어 본다. 시각화 프로젝트 호스팅을 위해 깃허브GitHub 페이지를 이용하는 방법을 알아보고, 정적인 웹사이트static website를 호스팅하기 위해 아마존 S3를 사용하는 방법을 살펴본다.

9장. 대시보드 제작 대시보드를 만들기 위한 개념과 모범 사례를 소개한다. D3와 커스텀 차트를 써서 학급 내 학생들의 성적을 모니터링할 수 있는 대시보드를 직접 만들어 본다.

10장. 지도 제작 D3의 지리geographic 함수를 이용해서 벡터 지도를 만드는 방법을 알아본다. 지리 데이터를 획득하는 방법과 지리 데이터를 D3에서 사용하기 편리한 GeoJSON과 TopoJSON 형식으로 변환하는 방법을 배운다. D3를 사용해서 등치 지역도choropleth map를 만들고 TopoJSON 라이브러리를 써서 국가 간 인접과 경계를 시각화할 것이다. Mapbox와 함께 커스텀 D3 레이어를 만드는 방법도 알아본다.

11장. 고급 지도 제작 몇 가지 지리학적 투영법geographic projection을 소개하고 지도를 특정 위치에 중심과 축척을 맞추도록 투영법을 설정하는 방법을 알아본다. 회전하는 지구를 표현하기 위해 정사영법Orthographic projection을 적용해보고, 전체 화면의 별자리도star map를 만들기 위해 항성 목록star catalog과 평사도법Stereographic projection을 사용한다. 정사영법을 써서 지구를 래스터raster 이미지로 캔버스에 투영하는 방법도 알아본다.

12장. 실시간 애플리케이션 제작 실시간 애플리케이션을 만들기 위해 필요한 개념과 도구를 소개한다. 애플리케이션의 상태를 실시간으로 업데이트하기 위해 Firebase를 쓰는 법을 배운다. 끝으로 노드_{Node}, Socket.IO, D3를 함께 사용해서 사용자가 정의한 주제에 맞는 지오태그_{geotag} 트윗의 지리 분포를 볼 수 있는 실시간 애플리케이션을 만들어 본다.

준비 사항

이 책에 사용된 코드는 정적 웹사이트 생성 도구인 제킬_{Jekyll}을 써서 작성되었다. 예제 코드를 실행하려면 웹 서버와 최신 웹 브라우저가 필요하다. 필요 사항을 요약하면 다음과 같다.

- 최신 웹 브라우저
- D3 버전 3.4
- 제킬 또는 다른 웹 서버
- 텍스트 편집기

책의 일부에서는 백본, TopoJSON, Typeahead, 부트스트랩_{Bootstrap} 같은 추가적인 프론트엔드 라이브러리가 필요하다. 이런 라이브러리의 설치에 관한 설명은 해당 내용을 다루는 장에서 함께 다룬다. 책의 다른 일부에서는 컴파일과 파일 처리를 위해 추가적인 소프트웨어를 사용하는데, 컴파일된 파일이 함께 제공되므로 이런 소프트웨어의 설치는 선택사항이지만, 직접 설치해 보면 독자 여러분의 자체 프로젝트에 적용하는 데 도움이 될 것이다. 추가적인 소프트웨어는 다음과 같다.

- 노드 및 노드 패키지
- 깃_{Git}
- Make
- TopoJSON
- GDAL

설치 방법은 해당 내용을 다루는 장에서 설명한다.

이 책의 대상 독자

이 책은 D3로 차트나 시각화, 대화형 지도를 만드는 방법을 배우고 싶어하는 프론트엔드 프로그래머를 대상으로 한다. 기초 수준의 차트에서 복잡한 실시간 애플리케이션까지 실제 현실을 다루는 애플리케이션을 만들기 위해 다른 라이브러리와 컴포넌트와 융합하는 방법도 모두 다룬다.

여러분이 기본적인 HTML, CSS, 자바스크립트에 대한 지식이 있다고 가정하지만, 중요한 개념들은 되짚어 보고 이해할 수 있게 할 것이다.

이 책의 편집 규약

정보의 종류를 구분하기 위해 여러 가지 편집 규약을 사용했다. 각 사용 예와 의미는 다음과 같다.

본문에서 코드 단어는 다음과 같이 표시한다.

"예제 파일에 클래스가 chart-example이고 ID가 chart인 div 요소가 있다."

코드 블록은 다음과 같이 표시한다.

```
divItems.enter()
    .append('div')
    .attr('class', 'data-item');
```

코드 블록에서 특정 부분을 강조하고 싶을 때는 관련된 행이나 항목을 굵게 표시한다.

```
chart.onClick = function(d) {
    // ...

    // 사용자 콜백 호출
    onColorChange(color);
};
```

명령행 입력이나 출력은 다음과 같이 표시한다.

```
$ grunt vows
Running "vows:all" (vows) task
(additional output not shown)
Done, without errors.
```

메뉴 혹은 대화 상자에 표시되는 단어는 다음과 같이 표시한다.

"Create a Project를 클릭하면, 토지, 건물이나 다른 feature의 색상을 바꿀 수 있는 지도 편집기에 접속할 수 있다."

 경고나 중요한 노트는 박스 안에 이와 같이 표시한다.

 팁과 트릭은 박스 안에 이와 같이 표시한다.

독자 의견

독자로부터의 피드백은 항상 환영이다. 이 책에 대해 무엇이 좋았는지 또는 좋지 않았는지 소감을 알려주기 바란다. 독자 피드백은 독자에게 필요한 주제를 개발하는 데 매우 중요하다.

일반적인 피드백을 우리에게 보낼 때는 간단하게 feedback@packtpub.com으로 이메일을 보내면 되고, 메시지의 제목에 책 이름을 적으면 된다. 여러분이 전문 지식을 가진 주제가 있고, 책을 내거나 책을 만드는 데 기여하고 싶으면 www.packtpub.com/authors에서 저자 가이드를 참조하기 바란다.

고객 지원

팩트출판사의 구매자가 된 독자에게 도움이 되는 몇 가지를 제공하고자 한다.

예제 코드 다운로드

이 책에 사용된 예제 코드는 http://www.packtpub.com의 계정을 통해 다운로드할 수 있다. 다른 곳에서 구매한 경우에는 http://www.packtpub.com/support를 방문해 등록하면 파일을 이메일로 직접 받을 수 있다. 또한 에이콘출판사의 도서정보 페이지인 http://www.acornpub.co.kr/book/mastering-d3에서도 예제 코드를 다운로드할 수 있다.

컬러 이미지 다운로드

책에 사용된 스크린샷/다이어그램의 컬러 이미지는 PDF로 받을 수 있다. 컬러 이미지로 보면 결과에 대한 변화를 이해하는 데 도움이 될 것이다. 컬러 이미지는 https://www.packtpub.com/sites/default/files/downloads/6270OS_Graphics.pdf에서 받을 수 있다. 또한 에이콘출판사의 도서정보 페이지인 http://www.acornpub.co.kr/book/mastering-d3에서도 컬러 이미지를 다운로드할 수 있다.

오탈자

내용을 정확하게 전달하기 위해 최선을 다했지만, 실수가 있을 수 있다. 팩트출판사의 책에서 코드나 텍스트상의 문제를 발견해서 알려준다면 매우 감사하게 생각할 것이다. 그런 참여를 통해 다른 독자에게 도움을 주고, 다음 버전에서 책을 더 완성도 있게 만들 수 있다. 오자를 발견한다면 http://www.packtpub.com/support를 방문해 이 책을 선택하고, 정오표 제출 양식을 통해 오류 정보를 알려주기 바란다. 보내준 내용이 확인되면 웹사이트에 그 내용이 올라가거나, 해당 서적의 정오표 섹션에 그 내용이 추가될 것이다. http://www.packtpub.com/

support에서 해당 타이틀을 선택하면 지금까지의 정오표를 확인할 수 있다. 한국어판은 에이콘출판사 도서정보 페이지 http://www.acornpub.co.kr/book/mastering-d3에서 찾아볼 수 있다.

저작권 침해

저작권 침해는 모든 인터넷 매체에서 벌어지고 있는 심각한 문제다. 팩트출판사에서는 저작권과 라이선스 문제를 아주 심각하게 인식하고 있다. 어떤 형태로든 팩트출판사 서적의 불법 복제물을 인터넷에서 발견했다면 적절한 조치를 취할 수 있게 해당 주소나 사이트 명을 즉시 알려주길 부탁한다. 의심되는 불법 복제물의 링크를 copyright@packtpub.com으로 보내주기 바란다. 저자와 더 좋은 책을 위한 팩트출판사의 노력을 배려하는 마음에 깊은 감사의 뜻을 전한다.

질문

이 책에 관련된 질문이 있다면 questions@packtpub.com을 통해 문의하기 바란다. 최선을 다해 질문에 답해 드리겠다. 한국어판에 관한 질문은 이 책의 옮긴이나 에이콘출판사 편집팀(editor@acornpub.co.kr)으로 문의해주길 바란다.

1

데이터 시각화

인류는 문자 체계가 갖춰지기 훨씬 전부터 무언가를 기록하기 시작했다. 어떤 것의 수나 포괄성이 인간 기억의 한계를 넘어가게 되면, 그 양적인 정보를 등록하기 위해 외부적인 도구를 사용하기 시작한다. 기원전 7500~8000년 전부터, 점토 토큰clay token은 밀이나 가축 같은 물품의 양뿐 아니라 사람의 노동력의 단위를 측정하는 데 사용되었다. 물건의 분배와 할당처럼, 점토 토큰이 실제 나타내는 실물로는 처리하기 어려웠을 작업도 점토 토큰 덕분에 비교적 쉽게 처리할 수 있었다. 하지만, 시간이 지남에 따라 토큰은 점점 더 복잡해졌고, 곧 토큰 시스템의 한계에 부딪히게 되어, 토큰 시스템은 더 단순하고 추상적으로 양quantity을 표현할 수 있는 수단으로 대체되는데, 그게 바로 초기 문자 체계다.

기록을 남기는 것은 경제적으로 또 실용적으로 언제나 효용성이 있었다. 곡식의 낟알이나 가축의 수를 정확히 측정할 수 있게 된 덕분에 사람들은 겨울을 대비한 배급 계획을 세울 수 있었고, 계절이나 기후의 변화 주기를 알게 된 덕분에 언제 곡식을 심고 추수해야 하는지 결정할 수 있었다. 개수를 세고 양적인 정보를 등록하는 데 더 능숙해지면서 다른 나라와의 교역과 대규모 행정 단위를 체계적으로 관리할 수 있게 되었고, 다른 지역의 상품이나 지식에 접근할 수 있었다. 우리는 기록을 남기는 것이 유용하다고 생각하기 때문에 계속 기록한다. 가진 것에 대해 잘 알수록 자산의 분배를 더 잘 할 수 있고, 과거를 알면 미래를 준비할 수 있다.

오늘날 우리는 그 어느 때보다 많은 데이터를 기록하고 저장한다. 모닝 커피를 마시러 나가는 모습을 상상해 보자. 계산대에서 커피값을 지불하면, 날짜, 커피 가격, 커피 종류가 실제 커피가 준비되기도 전에 기록된다. 이런 기록은 회계와 재고 시스템의 기초 정보가 되고, 그런 정보가 합쳐지면 재무제표, 직원 업무 성과 보고서, 납부할 세금 계산 등으로 변환된다. 신용카드로 지불하면 은행 계정 시스템에도 기록이 전달된다. 우리는 정보를 가지면 더 나은 의사결정으로 미래를 개선할 수 있을 거라는 희망을 가지고 무언가를 측정한다.

데이터를 축적하고 이해하는 것이 실제 문제 해결에 도움이 된다는 것은 역사가 증명해주고 있다. 가장 대표적인 사례가 Broad Street에서의 콜레라 발병에 대한 존 스노우John Snow의 유명한 보고서다. 1854년 8월 31일 콜레라가 런던의 소호 지역Soho district에서 대규모로 발병하기 시작했다. 불과 3일만에 127명이 콜레라로 사망했다. 당시 콜레라의 전염 경로는 밝혀져 있지 않았다. 병균 이론germ theory도 여전히 존재했지만 콜레라는 공기로 전염된다는 이론이 설득력을 얻고 있었다. 내과 의사였던 존 스노우는 사례 조사에 나섰고 사실 정보를 수집하고 분류하고, 사망자와 그 주변 환경을 많은 증거와 함께 기록했다. 다음 그림을 살펴보자.

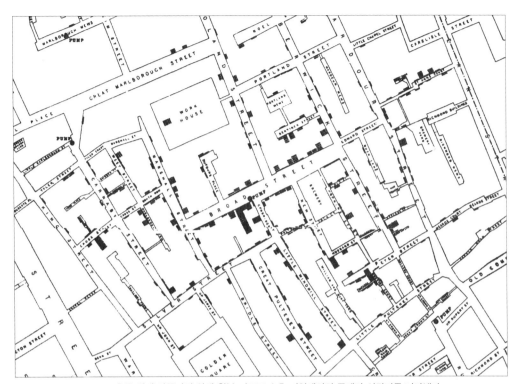

▲ 스노우를 위해 만들어진 상세 원본 지도로 소호 지역에서의 콜레라 사망자를 나타낸다

스노우는 지도에서 예외적인 사례에 특별히 주목했고 빈민 구휼 기관workhouse의 재소자들과 양조장의 근로자들은 콜레라에 감염되지 않았다는 점을 발견했다. 이런 예외는 스노우가 양조장에서 일한 약 70명의 근로자들은 양조장 안에 있는 우물에서 길어 올린 물로 만든 맥주만 마셨다는 점을 발견하는 증거가 되었다. 빈민 구휼 기관에도 자체 물 펌프가 있었는데, 500명 중 5명만 사망했고, 더 조사를 해보니 그 5명도 콜레라의 발병이 이미 시작된 후에 입소했음을 알게 되었다. 지도 만으로도 충분히 답이 나온 것처럼 보이지만, 스노우는 이런 이론을 지지하거나 의문을 제기하는 많은 증거와 표로 채워진 150페이지가 넘는 보고서를 작성했다. 지역 의회에서는 문제가 되는 물 펌프의 핸들을 제거함으로써 물 펌프를 폐기처리 했고, 콜레라의 발병은 줄어들기 시작했다.

존 스노우의 보고서는 치밀한 추적 작업과 데이터 시각화의 위대한 승리였다. 그는 사망자와 주변 환경 정보를 수집해서 지도라는 컨텍스트에 데이터로 표시함으로써 사상자 뒤에 숨어 있던 패턴을 발견할 수 있었다. 그는 데이터 지점을 연구하는 것에서 멈추지 않고 어떤 지역에서는 발병 사례가 없다는 점을 조사해서 그의 추론에 강력한 증거가 되어 주는 예외 사례를 축적했다.

1장에서는 어떤 점이 시각적인 정보가 그토록 효용성을 갖게 하는지, 데이터 시각화란 무엇인지에 대해 토론해본다. 다양한 종류의 데이터 시각화 결과물에 대해 알아보고, 독자는 그런 자료 목록을 통해 데이터 시각화를 더 잘 이해할 수 있게 될 것이다. 또 D3에 대해서도 이야기를 나눠보고 시각화를 만드는 다른 도구와의 차이점에 대해서도 살펴본다.

데이터 시각화의 정의

우리의 뇌는 시각적인 정보를 수집하고 분석하는 데 아주 적합하다. 이미지는 더 이해하기 쉽고 더 잘 기억된다. 우리는 우리가 인지하지 못하는 순간에도 우리가 본 것에서 어떤 패턴을 분석하고 추적하는 경향이 있다. 우리가 시각적인 형태로 의사소통하기를 원한다는 정보를 제공한다면 시각적인 정보의 수용과 인지 사이의 관계를 우리의 장점으로 이용할 수 있다.

데이터 시각화는 의사소통하고 데이터를 분석하는 데 시각적인 정보의 수용을 어떻게 이용할 수 있는지를 연구하는 학문 분야다. 비교적 역사가 오래되지 않은 분야이기 때문에 데이터 시각화에 대한 여러 가지 정의가 존재한다. 가장 널리 수용되는 정의는 다음과 같다.

> "데이터 시각화는 인지의 강화를 위해 시각적인 정보의 수용을 이용하는 데이터의 묘사나 표현방식이다."

앞의 정의는 앤디 커크Andy Kirk의 『Data Visualization: A successful design process』(Packt Publishing)에서 인용했다.

여러 가지 정의가 존재하지만, 데이터 시각화는 데이터 및 데이터와 관련된 컨텍스트를 더 잘 이해할 수 있도록 데이터를 시각적으로 표현하는 것이라는 중심 개념은 같다. 우리 뇌의 시각 정보 처리 용량은 방해가 될 수도 있다. 데이터 시각화에 적절히 처리가 결여되면 그 바탕이 되는 데이터가 잘못 이해될 수도 있으며, 진실을 보여주는 데 실패할 수도 있고, 더 나쁘게는 거짓을 사실로 받아들이게 할 수도 있다.

앞에서 인용한 데이터 시각화의 정의에 부합하는 작업물의 종류도 다양하다. 인포그래픽infographic, 탐색 도구exploratory tool, 대시보드 등이 데이터 시각화의 하위 분류에 속한다. 다음 절에서는 이 세 가지를 설명하고 유명한 사례도 함께 보여줄 것이다.

데이터 시각화의 종류

어떤 것을 이야기하는 데는 수많은 방법이 있고 시각적인 방법을 사용해서 의사소통하는 데는 더 많은 방법이 존재한다. 우리는 화면이나 출력 매체를 위한 시각화를 만들 수 있고, 데이터를 전통적인 차트로 보여줄 수도 있고 새로운 다른 방법을 시도할 수도 있다. 사용할 색상만 해도 무수히 많다. 어떤 프로젝트를 만들 때는 수많은 의사결정이 필요하고, 작성자가 어떤 부분을 강조하느냐 하는 점도 시각적 결과물에 아주 큰 영향을 미친다.

이런 다양함 속에서도 기억할 만한 방식이 있다. 인포그래픽은 보통 대단히 많은 컨텍스트 정보를 포함하고 있다. 탐색 데이터 분석exploratory data analysis 성격이 짙은 프로젝트는 대화형 방식인 경우가 많고 가이드가 별로 주어지지 않는다. 물론 이런 분류법은 데이터 시각화가 인포그래픽, 탐색도구, 차트, 데이터 예술을 모두 아우르는 연속체라는 관점을 말해줄 뿐이다. 다음은 1812년 나폴레옹의 러시아 원정 당시 남자의 수를 보여주는 샤를 미나르Charles Minard의 차트다.

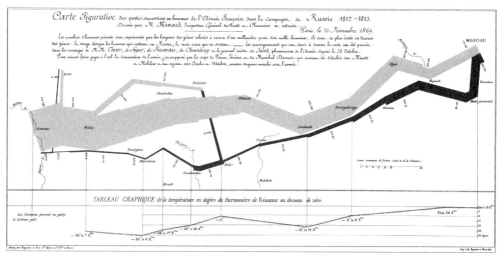

▲ 샤를 미나르의 나폴레옹 행군 흐름도

샤를 미나르의 그림은 인포그래픽으로 분류하기도, 플로우 차트로 분류하기도 애매한데, 이유는 사실 그 두 가지 모두에 해당하기 때문이다. 그림에서 볼 수 있는 정보는 기본적으로 양에 대한 내용인데, 컨텍스트 정보와 함께 지도 형식으로 표시되어 나폴레옹 군대의 쇠락을 더 잘 이해할 수 있게 해준다. 병사의 수, 행군 중인 병사들의 지리적 위치, 각 위치에서의 기온과 같은 다차원 정보를 한 눈에 알아볼 수 있다. 이 그림은 모스크바에 도착했을 당시 나폴레옹 군대가 얼마나 약화되었는지를 아주 잘 보여주며, 추운 겨울의 영향이 얼마나 컸는지를 알 수 있게 해준다.

인포그래픽

인포그래픽은 어떤 주제에 대한 하나 혹은 그 이상의 특정한 측면을 설명하고 의사소통하는 데 초점을 둔 데이터 시각화의 한 형태다. 인포그래픽은 보는 사람이 정보의 주제를 더 잘 이해할 수 있도록 일반적으로 이미지나 차트, 설명을 포함하고 있다. 1995년에 아르헨티나 신문인 클라린Clarín지에 소개된 제이미 세라Jaime Serra의 참고래에 대한 인포그래피(스페인어 원제는 'La bellena Franca')는 인포그래픽이 특정 주제를 이해하고 깨우치게 하는 데 얼마나 강력한 도구인지를 여실히 보여준다. 원본은 http://3.bp.blogspot.com/_LCqDL30ndZQ/TBPkvZIQaNI/AAAAAAAAAik/OrjA6TShNsk/s1600/INFO-BALLENA.jpg에서 내려받을 수 있다. 거대한 참고래 그림이 인포그래픽 영역의 대부분을 차지하고 있다. 작은 지도는 참고래의 이동 주기에 따라 어디에서 참고래를 발견할 수 있는지를 보여준다. 옆에는 참고래와 다른 종류의 고래와의 크기를 비교할 수 있는 요약 부분이 있다. 참고래의 그림은 참고래가 어떻게 헤엄치고 숨을 쉬는지 설명해주는 신체부위에 대한 해부학적 설명으로 둘러싸여 있다. 막대 차트는 참고래의 개체 수의 급격한 감소를 보여주고, 지구 어디에선가 그 개체수를 어떻게 회복하고 있는지를 보여준다. 이런 모든 정보가 맛깔스럽고 아름다운 화면으로 통합되어, 보는 사람에게 여러 가지 정보를 효율적으로 전달해야 하는 인포그래픽의 목적을 아주 충실히 달성하고 있다. 다음은 지금까지 설명한 1995년 제이미 세라의 참고래라는 인포그래픽이다.

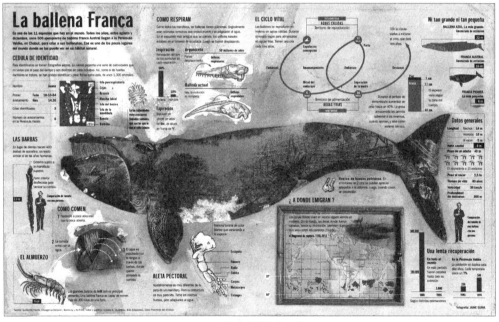

▲ 제이미 세라의 참고래

어떤 사람들은 인포그래픽을 데이터 시각화의 범주에 포함시키지 않는데, 차트 기반 데이터 시각화는 어떤 이야기나 중요한 사실을 독자 스스로 발견하게 하는 데 반해, 인포그래픽은 중요한 사실을 강조한 이야기 자체를 인포그래픽 스스로 직접 안내하도록 디자인되어 있기 때문이다.

탐색적 시각화

탐색적 시각화는 데이터 셋을 직접 탐색해 보고 의미를 파악할 수 있는 도구를 제공하는 데 중점을 둔다. 탐색적 시각화는 정적인 방식일 수도 있고 대화형 방식일 수도 있다. 탐색은 차트를 주의 깊게 살펴보는 것일 수도 있고, 흥미로운 사실을 발견하기 위해 상호 작용을 하는 것일 수도 있다. 대화형 프로젝트에서는 사용자가 흥미로운 패턴이나 사실을 발견하기 위해 안내가 별로 없는 상황에서 스스로 데이터를 필터링하거나 시각화와 상호 작용을 할 수 있게 되어 있다. 이런 형태의 프로젝트는 일반적으로 다른 형태의 데이터 시각화보다 객관적이고 데이터 중심적인 경향이 있다.

탐색적 시각화의 대표적인 사례는 갭마인더Gapminder 프로젝트(http://www.gapminder.org/world)에서 만든 '국가의 부와 건강The Wealth and Health of Nations'이다. 갭마인더 월드는 지난 2백년간 세계 곳곳에서의 수명의 변화를 직접 탐색해 볼 수 있는 도구를 제공한다. 이 시각화는 설정을 변경할 수 있는 버블 차트로 구성되어 있다. 사용자가 직접 기대 수명, 출생률과 인당 설탕 소비량 같은 정보까지도 지시자를 통해 설정할 수 있고, 각 국가들이 이런 지시자 값에 따라 어떻게 변화해 왔는지 알 수 있다. 가장 재미있는 정보 중의 하나는 y축을 기대 수명으로 하고 x축을 인당 소득으로 하고, 버블의 크기가 국가별 인구수를 나타내게 설정하면 확인할 수 있다. 독자 여러분의 국가를 선택해서 탐색해 보면 경제 위기나 정치적인 문제가 있었던 시기에 데이터가 역행하는 것을 깨달을 수 있고, 이전 시기에는 추세가 비슷했던 몇몇 나라가 갑자기 추세를 깨고 분기해 나가는 현상도 확인할 수 있을 것이다. www.gapminder.org의 Trendalyzer가 추가된 갭마인더 월드의 시각화는 다음과 같다.

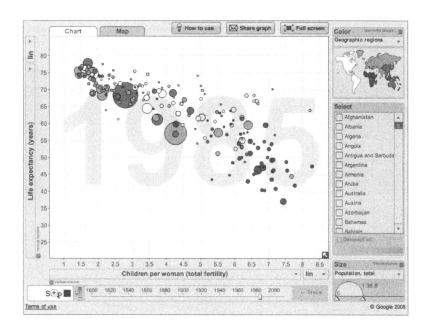

십여 가지의 변수에 대한 시계열 정보를 통해 사용자가 직접 데이터셋을 탐색해서 이야기를 발견할 수 있고, 어떤 관점에서는 비슷한 국가들이 다른 관점으로는 얼마나 다를 수 있는지도 아주 금방 알아낼 수 있다. 갭마인더의 목표는 사용자나 정책 입안자들이 사실에 기반한 세계관을 가질 수 있도록 도와주는 것이었으며, 시각화는 세상을 더 잘 이해하는 성공적인 도구라는 사실을 확실히 각인시켰다.

대시보드

대시보드는 어떤 이슈에 대한 핵심 측정치metrics를 가능한 빠르고 효과적으로 이해할 수 있도록 도와주는 집약적인 차트다. 비즈니스 인텔리전스 대시보드와 웹사이트 사용자의 이용 패턴은 일반적으로 대시보드로 표현된다. 스티븐 퓨Stephen Few는 인포메이션 대시보드를 다음과 같이 정의한다.

> "하나 혹은 그 이상의 목표를 달성하기 위해 필요한 가장 중요한 정보를 한 화면에 종합적이고 체계적으로 정리하여 필요한 정보를 한 눈에 모니터할 수 있는 시각적 표시"

앞의 정의는 스티븐 퓨Stephen Few의 『Information Dashboard Design: The Effective Visual Communication of Data』(O'Reilly Media)에서 인용했다.

정보는 빠르게 전달되어야 하므로 장황한 설명을 읽거나 탐색을 위한 컨트롤을 클릭할 시간이 없다. 정보는 볼 수 있는 상태여야 하고 즉시 소비될 수 있어야 한다. 일반적으로 대시보드는 이슈사항이 발견되면 이슈에 대한 조사를 할 수 있는 상호 보완적인 정보 시스템과 함께 제공되는 경우가 많다. 대시보드 내의 공간 할당은 대시보드를 설계할 때 가장 어렵고도 중요한 포인트다. 대시보드 프로젝트에서는 정보의 신속한 해석을 가능하게 하는 선에서 컴팩트한 차트가 선호된다. 아래는 9장에서 직접 만들어 볼 학급의 성적 성취도를 보여주는 대시보드다.

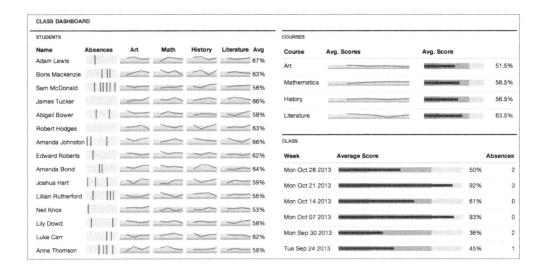

데이터 시각화 배우기

연구된 지 그리 오래되지 않은 분야임에도 불구하고, 데이터 시각화와 정보 디자인에 대해 훌륭한 책이 많이 있다. 성공적인 데이터 시각화를 만들려면 디자인, 통계, 인지, 시각적 수용에 대한 지식이 필요하지만, 데이터 시각화에 대한 책을 보는 것도 괜찮은 시작 방법이다.

에드워드 터프트Edward Tufte는 정보 디자인 전문가로서 그의 저작물을 읽는 것은 이 분야에서는 필수라고 해도 과언이 아니다. 에드워드 터프트의 저작물에는 정보 디자인에 대한 좋은 사례와 나쁜 사례가 함께 포함되어 있으며, 양적인 정보를 어떻게 하면 잘 다룰 수 있는지에 대한 훌륭한 설명이 있다. 또한 고대의 차트와 시각화에서 수집한 그림들도 많이 있는데, 이런 그림들은 역사적인 상황과 그 여파를 설명해준다. 소개되는 내용들은 양적인 정보 소통의 방법에 국한되지 않고 자연의 역사에서 건축 양식에 이르기까지 다양한 사례가 포함되어 있다.

- 에드워드 터프트Edward R.Tufte의 『Visual Explanations: Images and Quantities, Evidence and Narrative』(Graphics Press)
- 에드워드 터프트의 『The Visual Display of Quantitative Information』 (Graphics Press)
- 에드워드 터프트의 『Beautiful Evidence』(Graphics Press)
- 에드워드 터프트의 『Envisioning Information』(Graphics Press)

스티븐 퓨Stephen Few는 특히 비즈니스 환경에서 양적인 정보를 표현하고 소통하는 방법을 전문 분야로 하고 있는 데이터 시각화 컨설턴트다. 스티븐 퓨의 책은 대시보드와 양적 정보에 초점을 두고 있으며 데이터를 효과적으로 소통하는 방법에 대한 실행 가이드를 제시한다.

- 스티븐 퓨Stephen Few의 『Information Dashboard Design: The Effective Visual Communication of Data』(O'Reilly Series)
- 스티븐 퓨의 『Now You See It: Simple Visualization Techniques for Quantitative Analysis』(Analytics Press)

알베르토 카이로Alberto Cairo는 마이애미 대학교Miami University에서 시각화를 가르치고 있다. 알베르토 카이로는 데이터 저널리즘과 인포그래픽에 대한 풍부한 경험을 가지고 있다. 그의 최신 책은 데이터 시각화와 좋은 인포그래픽은 어떻게 만들어지는가에 초점을 두고 있다. 그는 소셜미디어에서도 활발하게 활동하고 있다.

http://twitter.com/albertocairo를 방문해서 그를 팔로우follow하면 인포그래픽과 데이터 시각화에 대한 정보를 볼 수 있을 것이다.

- 알베르토 카이로Alberto Cairo의 『The Functional Art: An introduction to information graphics and visualization』(New Riders)

앤디 커크Andy Kirk는 데이터 시각화 컨설턴트이자 저술가다. 최근에 데이터 시각화 분야에서의 자신의 경험을 담은 책을 한 권 출간했다. 앤디 커크는 시각화를 계획하고 더 체계적으로 만들어 내는 방법에 대한 가이드를 제시한다. 이 책은 시각화 프로젝트를 어떻게 디자인하고 계획해야 하는가에 대한 실천 가능한 조언으로 가득하다. 앤디의 블로그(http://www.visualisingdata.com)에서 데이터 시각화 분야의 최신 발전 내용을 볼 수 있다.

- 앤디 커크Andy Kirk의 『Data Visualization: A Successful Design Process』(Packt Publishing)

뛰어난 데이터 시각화를 만들 수 있는 만능 해법은 존재하지 않는다. 하지만 해당 분야의 전문가로부터의 경험이나 조언은 더 나은 시각화를 만들기 위해 겪어야 할 실수를 줄이는 데 도움이 된다. 훌륭한 데이터 시각화를 만드는 기술을 익히기 위해서는 적지 않은 여정이 필요하지만, 경험 많은 사람들로부터 배운다면 더 안전한 여행길이 될 수 있다. 인생의 다른 많은 것들과 마찬가지로, 배움의 열쇠는 연습과 피드백 그리고 꾸준히 개선하는 것이다.

D3 라이브러리 소개

나는 2011년에 헤지펀드에서 일하고 있었는데 대부분의 일은 시장 데이터를 처리하고 분석하는 일이었다. 대부분의 데이터는 시간과 관련이 있었고, 데이터의 각 행은 타임스탬프와 스탁 옵션의 매수 및 매도 가격으로 구성되어 있었다. 2년 동안의 시장 데이터의 품질을 평가해야 했고, 수백만 개의 레코드에서 오류나 차이점을 발견해야 했다. 시계열 정보는 균일하지 않았다 몇 초 동안의 데이터가 수백 개일 때도 있었고, 한 시간 동안의 데이터가 겨우 몇 개일 때도 있었다. 2년 동안의 데이터에서 매 시간별 데이터의 수를 막대 차트로 만들기로 했다. 파이썬의 뛰어난 패키지인 넘파이NumPy와 맷플롯립Matplotlib을 이용해서 스크립트를 만들었는데, 결과물은 수천 개의 쓸모 없는 막대 차트로 만들어진 하나의 폴더였다. 물론 소프트웨어 자체는 잘못이 없다.

두 번째 시도에서는 열 지도heat map를 만들어 보기로 했는데, 지도의 열column은 한 주 동안의 시간을 나타내고 행은 일 년 동안의 주week를 나타낸다. 각 셀의 색상은 해당 시간의 데이터 수에 비례하도록 만들었다. 셀의 색상과 크기를 알맞게 조절하고 나니 첫 번째 시각화가 탄생했다. 이번에는 성공이었다! 패턴이 눈에 들어온 것이다. 동료들이 모여들기 시작했고 시장 상황의 변동을 인식하고 설명할 수 있었다. 차트의 마지막 부분에 있는 검은색 열column은 장이 열리지 않는 주말이었다. 월요일은 색이 더 밝았으며 다른 요일보다 더 많은 활동이 있음을 알 수 있었다. 휴일은 달력에서 쉽게 찾아 확인할 수 있었다. 재미있는 패턴을 읽을 수 있었는데, 일과 시간이 시작할 때는 아주 폭발적인 활동들이 있고, 점심 때쯤에는 폭이 크지는 않지만 확연하게 활동이 줄어드는 것을 발견할 수 있었다. 우리가 이미 알고 있던 것을 실제 확인할 수 있어서 재미있고 흥미로운 경험이었다.

일반적인 상식으로 설명할 수 있는 차이 외에도 휴일이나 굶주린 주식 거래자들만으로는 설명할 수 없는 작은 차이도 있었다. 1년간의 시장 활동을 다루는 상황에서 활동이 거의 없거나 전혀 없는 시간대가 있는데, 이것은 꽤나 특이한 현상이었다. 단순한 열 지도heat map를 통해 이런 차이를 탐지하고 이례적인 상황에 대한 조사에 착수할 수 있었다.

물론 첫 번째 열 지도는 데이터셋을 더 쉽게 탐색할 수 있는 개선된 버전을 필요로 했다. 차이가 나는 부분의 정확한 날짜와 시각과 각 시간대에 얼마나 많은 레코드가 포함되어 있는지를 알려주는 대화형 버전이 필요했다. 주말과 휴일은 하이라이트 처리를 해야 했다. 이런 요구사항은 더 많은 상호 작용을 가능하게 해야 했고,

그래프를 생성하기 위해 파이썬의 가상 환경이나 여러 가지 패키지를 필요로 하지는 않았다. 이런 상황에서 D3를 알게 됐고 공부하기 시작했다.

웹 플랫폼에서 동작하는 차트 패키지는 여러 가지가 있지만, D3는 그 유연성과 강력한 기능면에서 다른 도구에 비해 뛰어나다. D3 홈페이지를 방문해서 초라한 막대 차트에서 아름답게 구성된 대화형 지도에 이르기까지 수백 가지의 예제를 보면, D3로 무엇을 할 수 있는지에 대해 놀라게 될 것이다. 처음 보는 사람들도 D3가 단순히 차트 패키지가 아니라, 데이터 아이템을 DOM 요소와 연결하고 데이터 속성을 DOM 요소의 시각적 속성과 연결하는 도구라는 것을 금방 알아차리게 될 것이다. 좀 추상적으로 들릴지 모르지만, 바로 이 점이 모든 차트를 만들기 위해 알아야 할 전부라고 할 수 있다.

차트는 데이터셋의 시각적 표현이다. 차트를 만들려면 데이터 아이템의 속성을 그래픽 객체의 속성과 연결해야 한다. 다음의 데이터셋을 살펴보자.

X	y
2.358820	0.70524774
2.351551	0.71038206
...	...
3.581900	−0.426217726

앞의 표에 있는 숫자들은 본질적으로 시각적인 표현을 가지고 있지 않다. 직접 각 행의 정보를 인코딩해서 시각적인 속성을 할당해야 한다. 이런 종류의 데이터를 표현하기 위한 가장 전통적인 방식을 써서 각 행을 어떤 표면의 점으로 표현할 수 있다. 점의 위치는 x와 y 속성으로 결정된다. 수평 위치는 x 속성에 비례할 것이고, 수직 위치는 y 속성에 비례할 것이다. 이 방식으로 모든 데이터를 표현하면 아래와 같은 산포도scatter plot가 만들어진다.

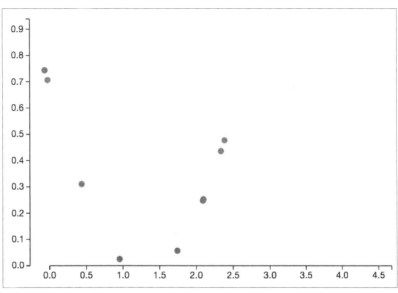

▲ 산포도, 2차원 수량 데이터의 시각적 표현

점의 위치에서 데이터 속성값을 알 수 있도록 축axis을 추가할 수 있다. 축은 데이터의 시각적 표현을 위한 필수적인 주석annotation에 해당한다. 모든 차트는 시각적 속성값을 데이터 속성값에 연결한다는 동일한 원칙을 따른다.

D3를 쓰면 데이터 아이템의 속성값에 기초한 DOM 요소 속성값을 다룰 수 있다. 이 부분이 차트를 생성하는 핵심에 해당한다. SVG는 Scalable Vector Graphics 의 줄임말이며, SVG 이미지는 웹 페이지에 포함될 수 있고 DOM의 구성요소가 될 수 있다. 대부분의 경우 차트나 다른 그래픽 요소를 만들 때는 svg 요소를 사용한다. SVG는 직사각형, 원, 직선 같은 기본 도형뿐 아니라, 다각형이나 글자 같은 복잡한 요소도 그릴 수 있다. SVG 도형에 CSS 클래스를 적용하고 페이지에 CSS 스타일을 추가해서 색상을 입힐 수도 있고, svg 객체의 채우기fill 속성을 이용할 수도 있다. D3와 SVG는 대화형 차트나 지도를 만드는 데 쓸 수 있는 강력한 도구 조합이다.

물론 이 강력한 도구를 효과적으로 사용하려면 지불해야 할 대가가 따른다. 브라우저가 동작하는 방식을 배우고 이해해야 하고, 자바스크립트, CSS, HTML을 다룰 줄 알아야 한다. D3는 DOM 요소의 시각적 표현에 대해 거의 모르는 채로 DOM 요소를 다룬다는 점이 D3의 기본 개념 중의 하나다. 원을 그리려 할 때, D3는 createCircle(x, y, radius)와 같은 함수를 제공하지 않으며, DOM 노드(컨테이너 ID를 가진 요소)에 circle이라는 요소를 추가하고 적당한 속성값을 줘야 원을 그릴 수 있다.

```
// DOM 노드에 circle 요소 추가
d3.select('#container').append('circle')
    .attr('cx', 10)
    .attr('cy', 10)
    .attr('r', 10)
```

예제 코드 다운로드

http://www.PactPub.com에서 구매한 모든 팩트 책의 예제 코드 파일을 다운로드할 수 있다. 책을 다른 곳에서 구매했다면 http://www.PactPub.com/support를 방문해서 직접 보내진 이메일에 있는 파일을 가지고 등록하면 된다. 에이콘출판사 도서정보 페이지(http://www.acornpub.co.kr/book/mastering-d3)에서도 다운로드할 수 있다.

D3는 DOM 요소를 추가한다는 사실 외에는 아무것도 모르기 때문에, 부모 요소가 svg 요소라는 것과 cx, cy, r의 값이 원을 그리기 위한 적절한 값인지를 체크하는 것은 개발자의 몫이다.

앞에서 말한 대로 D3는 바로 쓸 수 있는 차트를 포함하고 있지 않는 대신에, 시각화와 차트를 쉽게 만들 수 있는 여러 가지 도구를 가지고 있다. 데이터를 DOM 요소에 연결할 수 있으므로 막대 차트에서 대화형 지도까지 유사한 패턴을 따라 만들어 낼 수 있다. 웹 페이지에 차트를 추가할 때마다 반복해서 코드를 짤 필요 없이, 재사용 가능한 차트를 만드는 법을 배울 것이다. 대형 프로젝트에서는 D3 기반의 차트와 D3의 범위를 넘는 요구 사항을 만족시키기 위해 서드파티 라이브러리를 통합해서 사용할 필요가 있을 것이다. 그래서 D3를 다른 외부 라이브러리와 연결해서 사용하는 법도 알아볼 것이다.

운 좋게도 D3는 뛰어난 개발자들로 구성된 훌륭한 커뮤니티를 가지고 있다. D3의 창시자인 마이크 보스톡Mike Bostock은 D3의 마술 같은 기능을 깊이 있게 설명해 주는 잘 정리된 문서와 D3의 거의 모든 기능을 보여주는 예제를 만들어 제공하고 있다. D3의 사용자들도 다양한 종류의 적용 사례를 보여 주는 예제를 만들어 공유하고 있다.

정리

1장에서는 D3 라이브러리가 주로 사용되는 분야인 데이터 시각화의 정의에 대해 알아봤다.

이 책은 D3와 실제 환경에서 대화형 데이터 시각화를 만드는 방법에 대한 내용을 담고 있다. 앞으로 D3의 내부 작동 구조에 대해 배워보고 여러 프로젝트에서 사용되고 공유될 수 있도록 구조가 잘 짜여진 차트를 만들어 볼 것이다. 또 D3와 서드파티 라이브러리나 서비스를 함께 사용해서 완전한 애플리케이션을 만드는 법을 알아보고, 지속적이고 편리한 작업 흐름을 위한 개발 환경을 구성하는 방법도 살펴볼 것이다.

2

재사용 가능한 차트

2장에서는 설정형 차트configurable chart와 레이아웃 알고리즘을 만드는 법과 사용하는 법을 배운다. 설정형 차트의 한 가지 중요한 특징은 소스 코드를 수정하지 않고도 각기 다른 컨텍스트에서 사용할 수 있다는 점이다. 2장에서는 다음과 같은 주제에 대해 알아본다.

- 재사용 가능한 차트를 만드는 법
- 재사용 가능한 바코드 차트 제작
- 재사용 가능한 레이아웃 알고리즘 제작
- 레이아웃과 바코드 차트 사용

재사용 가능한 차트에 대해 알고 있는 것을 정의해 보고, 백지 상태에서 시작해서 재사용 가능한 차트를 만들어 보자.

재사용 가능한 차트 제작

차트는 데이터셋의 시각적 표현이다. 데이터셋의 복잡도와 양이 계속 증가하면 해당 차트를 다른 프로젝트에서도 공유하고 재사용할 수 있도록 캡슐화가 필요할 수 있다. 차트의 재사용성은 디자인 프로세스에서의 의사결정 사항에 좌우된다.

마이크 보스톡Mike Bostock의 '재사용 가능한 차트Towards Reusable Charts'라는 글에서 제안된 내용을 조금 수정해서 따라해 볼 텐데, 이런 방식으로 만들어진 차트는 다음과 같은 속성을 갖게 된다.

- **설정 가능**: 차트의 모양이나 동작을 차트의 소스 코드 수정 없이 변경할 수 있다. 차트는 그런 변경을 가능하게 하는 API를 외부에 노출해야 한다.
- **반복 가능**: 차트는 각 노드가 독립적인 시각화를 표시하는 여러 개의 요소를 포함하는 셀렉션[1]으로 렌더링된다. 업데이트 절차와 데이터 아이템과 연결된 변수는 서로 독립적이어야 한다.
- **구성 가능**: 앞의 두 가지 속성을 보유하면 결과적으로 차트는 동일한 규약을 따르는 내부 차트inner chart를 가질 수 있다.

유연성을 높이려면 차트의 복잡도가 높아질 위험이 있으므로, 차트의 어떤 측면이 설정 가능해야 하고 어떤 측면이 확정되어도 되는지 평가해야 한다.

재사용성을 높일 수 있는 다른 방법도 있다. 예를 들어 Miso Project에서 만든 D3.Chart 패키지는 기존 차트를 확장해서 차트를 만들 수 있는 모델을 제안하고, 차트에 이벤트 리스닝 기능을 추가해서, 차트의 렌더링 로직을 변경하지 않고도 차트의 생명 주기 이벤트를 설정할 수 있는 미니 프레임워크인 D3.layer를 포함하고 있다.

재사용 가능한 차트를 차근차근 만들어 보기 위해 먼저 요소를 생성하고 데이터 바인딩하는 절차부터 복습해 보자.

---

1 D3의 셀렉션(selection)은 단순히 '선택'의 의미가 아니라 선택한 요소를 랩핑(wrapping)하여 D3의 여러 속성을 추가한다. 따라서 일반적인 '선택'과는 다른 의미를 유지하기 위해 이 책에서는 D3의 selection은 '셀렉션'이라고 하겠다. - 옮긴이

D3로 요소 생성

이 절에서는 D3를 써서 데이터가 바인딩된 DOM 요소를 만들고 조작하는 메커니즘을 복습할 것이다. 예제를 따라하기 위해 chapter02/01-creating-dom-elements/index.html 파일을 열고 브라우저의 개발자 도구를 활성화한다.

D3로 웹 페이지의 요소를 생성하고 수정할 수 있다. 개발자 도구의 콘솔에서 다음과 같은 한 행의 명령으로 body 요소의 마지막에 p 요소를 추가할 수 있다.

```
> var p = d3.select('body').append('p');
```

문서 구조를 검사inspect해보면 body 요소의 마지막에 비어 있는 p 요소가 추가된 것을 확인할 수 있다. append 메소드는 새로 추가된 p 요소를 포함한 셀렉션을 반환한다. 다음 스크린샷을 참고하자.

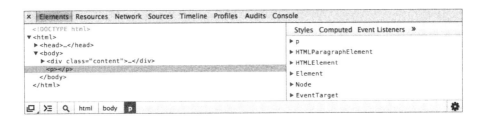

p 요소에 대한 셀렉션을 p라는 변수에 저장했으므로 이 참조 변수를 통해 p 요소의 내용을 다음과 같은 방법으로 수정할 수 있다.

```
> p.html('New paragraph.');
```

html 메소드도 p 요소에 대한 셀렉션을 반환하므로 p 요소 내부의 글자 색을 다음과 같이 바꿀 수 있다.

```
> p.html('blue paragraph').style('color', 'blue');
```

style 메소드 역시 p 요소에 대한 셀렉션을 반환한다.

데이터 바인딩

차트를 만들기 전에 간단한 데이터셋과 바인딩된 div 요소를 만들고, 차트를 만드는 절차를 하나하나 이해해가며 예제를 개선해 볼 것이다. 먼저 세 개의 문자를 포함한 데이터 배열을 만들고, D3를 써서 세 개의 문자 상응하는 세 개의 div 요소를 생성하고, 각 div가 해당 문자를 포함하는 p 요소를 가지게 할 것이다. 예제 파일에 chart-01이라는 아이디와 chart-example이라는 클래스를 가진 div가 있다. 이 div 요소는 생성할 세 개의 div의 컨테이너 역할을 할 것이다.

```
<div class="chart-example" id="chart-01"></div>
```

스크립트 소스에서 세 개의 문자로 된 배열을 정의한다.

```
var data = ['a', 'b', 'c'];
```

각 요소에 내부 div를 추가하고, 그 내부 div에 p 요소를 추가할 것이다. 컨테이너 div는 아이디로 선택할 수 있다.

```
var divChart = d3.select('#chart-01');²
```

클래스가 data-item인 div 요소들을 포함하는 셀렉션을 생성하고 데이터 배열을 이 셀렉션에 바인딩한다.

```
var divItems = divChart.selectAll('div.data-item')
    .data(data);
```

data 메소드를 호출하기 전에는, 내부 div들은 아직 존재하지 않으며 셀렉션은 비어 있다는 점을 명심해야 한다. 다음 명령을 실행하면 data 메소드를 호출하기 전의 셀렉션이 비어 있다는 것을 확인할 수 있다.

```
// 콘솔에서 아래 명령을 실행하면 true가 나온다.
> divChart.selectAll('p.test-empty-selection').empty()
```

data 메소드는 데이터 배열과 현재 셀렉션을 조인$_{join}$한다. 이 시점에서 divItems 셀렉션에 있는 데이터 요소들은 아직 자신과 조인되어 짝이 될 DOM 노드를 가지

---

2 divChart를 이용하는 이 코드는 실제 소스 파일에는 없고, 대신 이 예제의 끝에 있는 메소드 체이닝을 사용한 소스가 실제 소스 파일에 있다. – 옮긴이

고 있지 않다. divItems.enter() 메소드가 반환하는 셀렉션은 생성될 요소를 위한 자리채우미placeholder 역할을 하는 DOM 노드를 저장하고 있다. append 메소드를 호출해서 새로운 div 요소를 생성할 수 있다.

```
divItems.enter()
    .append('div')
    .attr('class', 'data-item');
```

앞의 예제에서 볼 수 있는 것처럼, append 메소드는 새로 생성된 div 셀렉션을 반환하며 메소드 체이닝을 통해 바로 클래스를 설정할 수 있다. divItems 셀렉션은 이제 세 개의 div 요소를 포함하고 있고, 각 div는 데이터와 바인딩되었다. 이제 각 div에 p 요소를 추가하고 p 요소의 내용을 지정할 수 있다.

```
var pItems = divItems.append('p')
    .html(function(d) { return d; });
```

메소드 체이닝 패턴을 쓰면 앞에서 진행한 모든 내용을 하나의 문statement으로 실행할 수 있다.

```
d3.select('#chart-01').selectAll('div.data-item')
    .data(data)
    .enter()
    .append('div')
    .attr('class', 'data-item')
    .append('p')
    .html(function(d) { return d; });
```

div 요소와 p 요소는 컨테이너 div 내부에 생성된다. 다음 스크린샷을 참조하자.

▲ 데이터 배열과 div 요소의 셀렉션을 조인(join)해서 DOM 요소 생성

요소 생성 캡슐화

먼저 선택한 요소의 위에 새로운 요소를 추가할 수도 있는데, 이렇게 하면 코드가 복잡해지고 일체화~monolithic~가 되는 문제가 있다. selection.call 메소드는 div 의 생성을 다음과 같이 캡슐화할 수 있다.

```
d3.select('#chart').selectAll('div.data-item')
    .data(data)
    .enter()
    .append('div')
    .attr('class', 'data-item')
    .call(function(selection) {
        selection.each(function(d) {
            d3.select(this).append('p').html(d);
        });
    });
```

call 메소드는 인자로 전달받은 함수에 현재의 셀렉션을 인자로 넘겨주면서 호출하고, this를 현재 셀렉션으로 설정한다.

selection.each 메소드는 인자로 전달받은 함수에 요소와 바인딩될 데이터 아이템을 인자로 넘겨준다. 인자로 전달받은 함수의 this는 현재의 DOM 요소로 설정된다. 앞의 예제의 경우에는 this는 새로 생성된 div를 가리킨다.

call 메소드의 인자가 되는 함수는 다른 곳에서 정의될 수도 있다. div의 내용을 생성하는 initDiv 함수를 정의한다.

```
function initDiv(selection) {
    selection.each(function(data) {
        d3.select(this).append('p')
            .html(data);
    });
}
```

initDiv 함수는 div의 내용의 생성과 설정을 캡슐화한다. 이제 요소를 생성하는 코드는 다음과 같이 더 짧아졌다.

```
d3.select('#chart').selectAll('div.data-item')
    .data(data)
    .enter()
    .append('div')
    .attr('class', 'data-item')
    .call(initDiv);
```

svg 요소 생성

p 요소 대신에 내부의 div 안에 svg 요소를 생성하는데 앞에서 다룬 것과 동일한 구조를 사용할 수 있다. svg의 너비와 높이를 다음과 같이 지정한다.

```
var width = 400,
    height = 40;
```

initDiv 함수의 이름을 더 적절한 이름인 chart로 변경하고 p 요소의 생성 부분을 svg와 배경이 되는 직사각형으로 대체할 것이다. svg 셀렉션을 원소가 하나([data])뿐인 배열과 바인딩하고 svg와 직사각형을 다음과 같이 enter() 셀렉션에만 추가한다는 점에 유의하자.

```
function chart(selection) {
    selection.each(function(data) {
        // svg의 셀렉션을 만들고 데이터 바인딩
        var div = d3.select(this).attr('class', 'data-item'),
            svg = div.selectAll('svg').data([data]),
            svgEnter = svg.enter();

        // enter 셀렉션에 svg를 추가하고, rect 추가
        svgEnter.append('svg')
            .attr('width', width)
            .attr('height', height)
            .append('rect')
            .attr('width', width)
            .attr('height', height)
            .attr('fill', 'white');
    });
}
```

각 div 내에서 svg 요소를 생성하기 위한 코드는 다음에서 볼 수 있는 것처럼 함수의 이름이 chart로 변경된 것 외에는 동일하다.

```
d3.select('#chart').selectAll('div.data-item')
    .data(data)
    .enter()
    .append('div')
    .attr('class', 'data-item')
    .call(chart);
```

바코드 차트

바코드 차트는 주어진 시간 동안 발생하는 분리된 일련의 이벤트를 보여주는 차트로서, 각 이벤트의 발생을 작은 수직 막대로 보여준다. 막대의 위치를 주된 시각적 변수로 이용해서 보는 사람이 이벤트의 분산 정도를 명확하게 이해할 수 있게 해준다. 바코드 차트는 시간을 축으로 할 수도 있고 정해진 시간 간격을 표현할 수도 있다. 바코드 차트는 매우 작은 차트라서 한 단락이나 표 안에서 텍스트와 나란히 함께 사용되어 병렬적으로 비교하여 보여줄 수 있다. 다음 스크린샷을 보자.

▲ 표에 사용된 바코드 차트의 예

앞 절에서 차트 함수를 사용해서 svg 요소를 생성했다. 함수의 내부 구현을 보면 너비와 높이가 글로벌 변수로 선언되어 있는데, 잘 알다시피 전역 변수는 피하는 것이 좋다. 차트는 수십 가지의 설정 값을 가질 수 있고, 그런 설정 값을 사용자가 하나하나 적절하게 정의할 것이라고 기대하지 않는 것이 좋다. 따라서 기본값을 정해주고, 차트 관련 변수를 캡슐화하기 위해 클로저(여기서는 chart 함수)를 생성하고 다음과 같이 클로저의 로컬 스코프 내에서 변수를 정의한다.

```
// 차트를 그리는 함수를 위한 스코프를 생성하는 클로저
var barcodeChart = function() {
    // 차트 변수 정의
    var width = 600,
    height = 30;

    // 차트를 그리는 함수
    function chart(selection) {
        selection.each(function(data) {
            // svg 셀렉션과 데이터셋을 연결(데이터 바인딩)
            var div = d3.select(this),
            svg = div.selectAll('svg').data([data]);

            // enter 셀렉션에 svg를 추가하고, rect를 추가
            svg.enter()
                .append('svg')
                .attr('width', width)
                .attr('height', height)
                .append('rect')
                .attr('width', width)
                .attr('height', height)
                .attr('fill', 'white');
        });
    }
    return chart;
};
```

barcodeChart 함수는 나중에 차트를 생성할 chart 함수의 인스턴스를 반환한다. 다음 코드를 보자.

```
// 데이터셋
var data = ['a', 'b', 'c'];

// 차트 그리는 함수 획득
var barcode = barcodeChart();

// 데이터 배열을 클래스가 data-item인 div 요소와 데이터 바인딩하고,
```

```
// 각 div 요소에 대해 barcode 함수 호출
d3.select('#chart').selectAll('div.data-item')
    .data(data)
    .enter()
    .append('div')
    .attr('class', 'data-item')
    .call(barcode);
```

접근자 메소드

너비와 높이는 chart 함수의 속성이고, barcode 함수는 너비와 높이 변수에 접근
할 수 있다. 사용자가 chart 속성을 설정할 수 있게 하려면, 차트에 접근자_accessor
메소드를 추가해야 한다. 그리고 다음과 같이 margin 속성도 추가할 것이다.

```
var barcodeChart = function() {

    // 차트 변수와 속성
    var width = 600,
        height = 30,
        margin = {top: 5, right: 5, bottom: 5, left: 5};

    function chart(selection) {
        // 차트 생성
    }

    // 너비를 위한 접근자 메소드
    chart.width = function(value) {
        if (!arguments.length) { return width; }
        width = value;
        // 메소드 체이닝을 위해 chart를 반환
        return chart;
    };

    // 높이와 여백(margin)을 위한 접근자 메소드

    return chart;
};
```

접근자 메소드는 인자 없이 호출되면 변수의 값을 반환한다는 것을 기억해두자. 접근자 메소드로 변수의 값을 설정할 때는 인자로 변수의 값을 설정한 후 그 차트를 반환하므로, 메소드 체이닝method chaining으로 다음과 같이 다른 접근자 메소드를 바로 호출할 수 있다.

```
// 차트를 생성하고 접근자 메소드로 너비와 높이 설정
var barcode = barcodeChart()
    .width(600)
    .height(25);
```

차트 초기화

chart 함수 안에서 초기화 코드를 캡슐화하기 위해 call 메소드를 쓸 수 있다.

```
// svg 요소 초기화
function svgInit(svg) {
    // svg 크기 설정
    svg
        .attr('width', width)
        .attr('height', height);

    // 컨테이너 그룹을 추가하고 이동(translate)
    var g = svg.append('g')
        .attr('class', 'chart-content')
        .attr('transform', 'translate(' + [margin.top, margin.left] + ')');

    // 배경 직사각형 추가
    g.append('rect')
        .attr('width', width - margin.left - margin.right)
        .attr('height', height - margin.top - margin.bottom)
        .attr('fill', 'white');
};
```

chart 함수 안에서 추가된 svg 요소를 인자로 전달하는 svgInit 함수를 호출한다. chart 함수는 더 짧아졌다. 다음 코드를 보자.

```
function chart(selection) {
    selection.each(function(data) {
        // 데이터셋과 svg 셀렉션 바인딩
        var div = d3.select(this),
            svg = div.selectAll('svg').data([data]);

        // enter 셀렉션에 svg를 추가하고 svgInit을 인자로 해서 call 호출
        svg.enter()
            .append('svg')
            .call(svgInit);
    });
}
```

차트 구조가 준비되었다면 막대를 그리는 단계로 가보자.

데이터 추가

Date형 데이터에 임의의 랜덤 숫자로 된 초second를 반복적으로 더해서 데이터 배열을 만들어 볼 것이다. 임의로 생성된 초 단위의 숫자를 계산하기 위해, 지수 분포를 따르는 랜덤 변수를 만들 것이다. 랜덤 변수를 생성하는 자세한 방법은 중요하지 않다. randomInterval 함수가 다음 코드에서 볼 수 있는 것처럼 랜덤 숫자를 반환한다는 점만 기억하자.

```
// 지수 분포를 이용한 랜덤 간격 계산
function randomInterval(avgSeconds) {
    return Math.floor(-Math.log(Math.random()) * 1000 * avgSeconds);
};
```

이제 증가하는 랜덤 Date형 데이터를 가진 객체의 배열을 반환하는 함수를 만든다.

```
// 임의로 생성된 초를 더해서 Date형 데이터를 가진 객체 배열 생성 또는 확장
function addData(data, numItems, avgSeconds) {
    // 데이터 배열에서 가장 최근의 시간 계산
    var n = data.length,
        t = (n > 0) ? data[n - 1].date : new Date();

    // 임의로 생성된 초를 더해서 data 배열에 추가
    for (var k = 0; k < numItems - 1; k += 1) {
```

```
        t = new Date(t.getTime() + randomInterval(avgSeconds));
        data.push({date: t});
    }

    return data;
}
```

첫 번째 인자를 비어 있는 배열로 해서 다음과 같이 addData 함수를 호출하면, 150개의 초기 데이터가 평균 300초의 간격으로 생성될 것이다.

```
var data = addData([], 150, 300);
```

데이터 배열의 구조는 다음과 같은 형태일 것이다.

```
data = [
    {date: Tue Jan 01 2013 09:48:52 GMT-0600 (PDT)},
    {date: Tue Jan 01 2013 09:49:14 GMT-0600 (PDT)},
    ...
    {date: Tue Jan 01 2013 21:57:31 GMT-0600 (PDT)}
]
```

데이터셋이 준비되면 chart 함수를 막대를 그리도록 수정할 수 있다. 먼저 수평 축척scale을 계산하고, 컨테이너 그룹을 선택하고, 막대로 쓸 셀렉션을 생성한다. 다음 코드를 보자.

```
function chart(selection) {
    selection.each(function(data) {
        // svg 요소 생성(생략)

        // 수평 축척 계산
        var xScale = d3.time.scale()
            .domain(d3.extent(data, function(d) { return d.date; }))
            .range([0, width - margin.left - margin.right]);

        // 컨테이너 그룹 셀렉션
        var g = svg.select('g.chart-content');

        // 데이터를 line 셀렉션과 바인딩
        var bars = g.selectAll('line')
```

```
        .data(data, function(d) { return d.date; });

        // enter 셀렉션에 막대 추가
    });
}
```

각 막대는 Date형 데이터와 연결되어야 하므로 Date형 데이터를 반환하는 키key 함수를 설정해야 한다. enter 셀렉션에 line 요소를 추가하고, 초기 위치를 지정하고, 막대의 stroke 스타일을 다음과 같이 지정한다.

```
// enter 셀렉션에 막대 추가 (앞에서 생략된 부분)
bars.enter().append('line')
    .attr('x1', function(d) { return xScale(d.date); })
    .attr('x2', function(d) { return xScale(d.date); })
    .attr('y1', 0)
    .attr('y2', height - margin.top - margin.bottom)
    .attr('stroke', '#000')
    .attr('stroke-opacity', 0.5);
```

stroke-opacity 속성을 0.5로 하면 겹치는 선도 볼 수 있다. 앞의 과정을 모두 마치면 바코드 차트는 다음 스크린샷에서 볼 수 있는 것처럼 여러 개의 막대로 구성된다.

▲ 바코드 차트 첫 번째 버전

데이터 접근자 함수 추가

지금까지 구현한 차트는 데이터셋이 date 속성을 가진 객체를 포함하고 있는 것을 전제로 했다. 이런 방식으로 하면 사용자가 시간 정보를 가진 데이터 배열을 time이라는 이름을 가진 속성에 저장할 수도 있고, 유효한 시간 정보를 계산하기 위해 다른 속성을 처리해야 할 수도 있으므로 불편하다. 그래서 시간 정보를 위한 설정형 접근자 메소드를 다음과 같이 추가한다.

```
var barcodeChart = function() {

    // 기본 접근자 메소드 설정
    var value = function(d) { return d.date; };

    // 차트 그리는 함수

    // value를 위한 접근자 메소드
    chart.value = function(accessorFunction) {
        if (!arguments.length) { return value; }
        value = accessorFunction;
        return chart;
    };

    return chart;
};
```

d.date에 대한 참조를 다음과 같이 chart 함수 안에 있는 value 메소드에 대한 호출로 대체해야 한다.

```
function chart(selection) {
    selection.each(function(data) {

        // svg 요소 생성...

        // data 접근자 메소드를 써서 수평 축척 계산
        var xScale = d3.time.scale()
            .domain(d3.extent(data, value))
            .range([0, width - margin.left - margin.right]);
        // 중략

        // data와 line 셀렉션 바인딩
        var bars = g.selectAll('line').data(data, value);

        // enter 셀렉션에 line을 추가하고 접근자 메소드를 써서 속성 값 설정
        bars.enter().append('line')
            .attr('x1', function(d) { return xScale(value(d)); })
            .attr('x2', function(d) { return xScale(value(d)); })
            // 나머지 속성값 설정
            .attr('stroke-opacity', 0.5);
```

시간 정보를 time이라는 이름의 속성으로 가지고 있는 사용자도 차트 코드나 데이터 배열을 수정하지 않고도 value 접근자 메소드를 설정해서 차트를 쓸 수 있다.

```
// 시간 정보가 time이라는 속성으로 저장된 객체 배열에 적용
var barcode = barcodeChart()
    .value(function(d) { return d.time; });
```

바코드 차트는 고정된 시간 간격을 표현해야 하지만, 일단 지금은 모든 막대를 보여주고 있다. 특정 시간 간격보다 오래된 막대를 제거하려면, timeInterval 변수를 추가한다.

```
// 기본 시간 간격
var timeInterval = d3.time.day;
```

timeInterval 변수를 위한 접근자 메소드를 추가한다.

```
// 시간 간격 접근자 메소드
chart.timeInterval = function(value) {
    if (!arguments.length) { return timeInterval; }
    timeInterval = value;
    return chart;
};
```

chart 함수 내부에 있는 수평 축척을 업데이트한다.

```
// 시간 간격의 처음과 마지막 시간 계산
var lastDate = d3.max(data, value),
    firstDate = timeInterval.offset(lastDate, -1);

// 정의역을 재설정하고 수평 축척 계산
var xScale = d3.time.scale()
    .domain([firstDate, lastDate])
    .range([0, width - margin.left - margin.right]);
```

차트 폭은 시간 간격의 기본값을 나타내며, 사용자는 timeInterval 접근자 메소드를 통해 시간 간격을 조절할 수 있다.

```
var barcode = barcodeChart()
    .timeInterval(d3.time.day);
```

바코드 차트는 24시간을 표현할 수 있게 되어 있다. 데이터셋이 11시간 동안의 이벤트를 다루고 있으므로 바코드 차트는 다음과 같은 모양으로 그려진다.

데이터셋 업데이트

대부분의 애플리케이션에서 데이터셋은 정적이지 않다. 애플리케이션은 몇 분에 한 번씩 서버에 요청을 보내고_{polling}, 데이터 아이템 스트림을 받아오거나 사용자의 요청에 따른 데이터를 업데이트한다. 바코드 차트는 새 아이템은 기존 데이터 아이템보다 최신 시간 정보를 가지고 있을 것이다. 바코드 차트는 최신 정보를 오른쪽에 추가하고, 기존 정보를 왼쪽으로 밀어낼 것이다. 다음과 같이 막대의 위치를 업데이트하는 것으로 데이터가 추가되고 이동되는 효과를 낼 수 있다.

```
// enter 셀렉션에 line 추가

// 막대의 위치 업데이트
bars.transition()
    .duration(300)
    .attr('x1', function(d) { return xScale(value(d)); })
    .attr('x2', function(d) { return xScale(value(d)); });
```

막대의 전이_{transition}는 단순히 차트를 예쁘게 보이게만 하는 것이 아니라, 사용자가 데이터의 변동에 따른 대상의 이동을 따라갈 수 있게 한다. 이런 것을 대상 항상성_{object constancy}이라고 한다. 막대를 즉시 이동하면 사용자는 기존의 막대에 무슨 일이 일어났는지 이해하기 어려우며, 차트가 변경되었다는 사실 조차 인식하기 어려울 수 있다. 다음과 같이 데이터셋에 아이템을 추가할 수 있는 버튼을 만들어 보자.

```
<button id="btn-update">Add data</button>
<div class="chart-example" id="chart"></div>
```

D3를 써서 버튼의 클릭 이벤트에 대한 콜백callback을 설정할 수 있다. 콜백 함수는 데이터셋에 30개의 새로운 아이템을 추가하고(평균 180초 간격으로), 다음과 같이 셀렉션을 업데이트된 데이터셋에 다시 바인딩할 것이다.

```
d3.select('#btn-update')
    .on('click', function() {
        // 데이터셋에 랜덤 데이터 추가
        data = addData(data, 30, 3 * 60);

        // 업데이트된 데이터셋과 data-item을 다시 바인딩
        d3.select('#chart').selectAll('div.data-item')
            .data([data])
            .call(barcode);
    });
```

enter와 exit 전이 고정

버튼을 여러 번 누르면 새로운 막대들이 갑자기 나타나고 나서, 원래 있던 막대들이 왼쪽으로 밀려 이동하는 것을 볼 수 있을 것이다. 새로운 막대들이 우측에 추가되고, 모든 막대가 함께 왼쪽으로 이동하는 것이 더 자연스러울 것이다. 그러려면 새 막대를 추가하고 모든 막대를 동시에 업데이트 할 수 있도록 xScale을 사용해서 새 막대들을 추가하면 된다.

막대가 추가되기 이전의 상태를 xScale에 저장하지만 않았다면 이 전략은 통할 것이다. 하지만 새로운 요소를 추가하기 전에 데이터에 접근할 수 있고, 다음과 같이 line 셀렉션에 바인딩된 데이터에 접근할 수 있다.

```
// 차트 그룹과 라인 셀렉션
var g = svg.select('g.chart-content'),
    lines = g.selectAll('line');
```

차트를 처음 볼 때는 lines 셀렉션은 비어 있을 것이다. 이 경우 데이터 배열의 가장 최근 아이템을 계산해서 마지막 시간을 알아내야 한다. 셀렉션이 비어 있지 않으면, 이전의 가장 최근 시간을 사용할 수 있다. 다음과 같이 selection.empty 메소드를 쓰면 차트가 막대를 포함하고 있는지 아닌지 알 수 있다.

```
// 데이터셋에서 가장 최근 시간 계산
var lastDate = d3.max(data, value);

// line 셀렉션이 비어 있지 않으면 lastDate를 데이터셋의 가장 최신 시간으로 변경
lastDate = lines.empty() ? lastDate : d3.max(lines.data(), value);

// lastDate에서 시간 간격 하나만큼 뺀 시간 계산
var firstDate = timeInterval.offset(lastDate, -1);

// 바뀐 정의역으로 수평 축척 계산
var xScale = d3.time.scale()
    .domain([firstDate, lastDate])
    .range([0, width - margin.left - margin.right]);
```

이제 데이터를 바인딩하고, 새로운 막대를 생성해서 기존의 축척으로 막대의 위치를 지정할 수 있다.

```
// line 셀렉션에 새 데이터셋 바인딩
var bars = g.selectAll('line').data(data, value);

// enter에 막대 생성
bars.enter().append('line')
    .attr('x1', function(d) { return xScale(value(d)); })
    // 나머지 속성 설정
    .attr('stroke-opacity', 0.5);
```

새 막대가 추가되면 최신 아이템을 포함하기 위해 xScale 정의역을 업데이트할 수 있고, 모든 막대의 위치를 업데이트할 수 있다.

```
// 새 데이터셋으로 축척 업데이트
lastDate = d3.max(data, value);
firstDate = timeInterval.offset(lastDate, -1);
xScale.domain([firstDate, lastDate]);

// 업데이트된 축척으로 막대 위치 업데이트
bars.transition()
    .duration(300)
    .attr('x1', function(d) { return xScale(value(d)); })
    .attr('x2', function(d) { return xScale(value(d)); });
```

마지막으로 더 이상 데이터 아이템과 연결되지 않는 막대를 제거하고 stroke를 0으로 만들어서 사라지게 한다.

```
// 데이터 아이템과 연결되지 않은 막대 제거
bars.exit().transition()
.duration(300)
    .attr('stroke-opacity', 0)
    .remove();
```

바코드 차트의 기본 버전이 준비되었다. 막대의 색상, 투명도, 전이의 지속시간 duration 배경 색상 등 설정할 차트의 속성이 몇 가지 더 남아 있다.

바코드 차트 사용

이번 절에서는 더 복잡한 데이터셋으로 바코드 차트를 사용해 보고 테이블 안에 통합되는 차트를 사용하는 방법을 배울 것이다. 트위터에서 주식에 대한 멘션 mention을 모니터하는 애플리케이션이 있다고 상상해 보자. 이 가상의 애플리케이션의 한 요소는 주식의 멘션에 대한 전체 정보와 마지막 날의 멘션이 있는 바코드 차트를 보여주는 테이블이라고 하자. 그리고 데이터가 그 페이지에 이미 로딩되어 있다고 가정하자. 각 데이터 아이템은 주식 코드와 멘션이 포함된 배열과 시간 당 평균 멘션 수를 가진다. 다음 코드를 참조한다.

```
var data = [
    {name: 'AAPL', mentions: [...], byHour: 34.3},
    {name: 'MSFT', mentions: [...], byHour: 11.1},
    {name: 'GOOG', mentions: [...], byHour: 19.2},
    {name: 'NFLX', mentions: [...], byHour: 6.7}
]
```

mentions 배열은 date 속성을 가진 객체를 배열의 원소로 가질 것이다. date 속성을 가진 객체는 물론 다른 속성도 가질 수 있다. D3를 써서 테이블 구조를 생성하고, 테이블의 각 행을 데이터 배열과 바인딩할 것이다. 다음과 같이 table 요소를 하나의 원소가 있는 배열과 바인딩해서 테이블을 생성한다.

```
// table 생성
var table = d3.select('#chart').selectAll('table')
    .data([data])
    .enter()
    .append('table')
    .attr('class', 'table table-condensed');
```

테이블 헤드head와 바디body를 추가한다.

```
// thead와 tbody 추가
var tableHead = table.append('thead'),
    tableBody = table.append('tbody');
```

컬럼 헤더를 표시하기 위해 헤더 행에 세 개의 셀을 추가한다.

```
// 테이블 헤더 추가
tableHead.append('tr').selectAll('th')
    .data(['Name', 'Today Mentions', 'mentions/hour'])
    .enter()
    .append('th')
    .text(function(d) { return d; });
```

데이터 배열에 있는 각 원소에 대해 테이블 바디에 한 행씩 추가한다.

```
// 테이블 바디 추가
var rows = tableBody.selectAll('tr')
    .data(data)
    .enter()
    .append('tr');
```

각 행에는 세 개의 셀을 추가해야 하는데, 첫 번째 셀은 주식 코드, 두 번째 셀은
바코드 차트, 세 번째 셀은 시간 당 평균 멘션 수를 표시한다. 먼저 주식 코드를 표
시하기 위해 셀 하나를 추가하고 텍스트를 지정한다.

```
// 주식 코드 셀 추가
rows.append('td')
    .text(function(d) { return d.name; });
```

다음으로 차트를 포함하고 있는 셀을 추가한다. 테이블 행에 바인딩된 데이터 아
이템은 시간 정보가 있는 배열이 아니므로, 바코드 함수를 직접 호출할 수 없다.

datum 메소드를 쓰면 데이터 아이템을 td 요소에 바인딩할 수 있다. datum 메소드는 조인을 수행하지 않는다는 점에 유의하자. datum 메소드는 조인을 수행하지 않으므로 enter와 exit 셀렉션도 존재하지 않는다.

```
// 바코드 차트 추가
rows.append('td')
    .datum(function(d) { return d.mentions; })
    .call(barcode);
```

datum 메소드는 데이터 아이템을 직접 받으며, data 메소드처럼 배열을 필요로 하지 않는다. 마지막으로 시간 당 평균 멘션 수를 표시하는 셀을 추가한다. 이 셀은 숫자를 표시하므로 오른쪽 정렬을 적용해야 한다.

```
// 시간 당 멘션 수를 추가하고 오른쪽 정렬
rows.append('td').append('p')
    .attr('class', 'pull-right')
    .html(function(d) { return d.byHour; });
```

다음 스크린샷에서 보는 것처럼 주식 멘션에 대한 정보와 바코드 차트가 테이블 안에 성공적으로 통합되었다.

▲ 주식에 대한 가상의 트위터 멘션을 표시하는 테이블 내부로 통합된 바코드 차트

D3를 써서 각 행에 차트가 포함되어 있는 데이터 연결 테이블을 생성했다. 테이블의 구조와 헤더를 HTML 문서 내에 생성하고 데이터 배열을 테이블 바디의 각 행에 바인딩할 수도 있었지만, D3로 전체 테이블을 생성했다.

테이블이 하나의 페이지가 아니라 다수의 페이지에 사용된다면, 앞 절에서 소개한 구조를 이용해서 테이블을 재사용 가능한 차트로 만드는 것을 고려해 볼 수 있다. 차트를 그리는 함수를 설정하기 위해 속성이나 접근자 메소드를 추가할 수도 있고, 테이블 차트의 코드를 수정하지 않고도, 다른 차트를 포함하는 테이블 차트를 만들어 이용할 수 있다.

레이아웃 알고리즘 생성

모든 차트에는 표시할 데이터의 종류나 구조에 대해 어떤 형태로든 가정이 있기 마련이다. 산포도scatter plot 차트는 쌍으로 이루어 진 양적인 값을 다루고, 막대 차트는 양적인 차원을 가진 카테고리를 필요로 하고, 트리맵tree map은 중첩된 객체를 필요로 한다. 차트를 이용하기 위해서는 사용자가 차트 요구사항에 맞게 원래의 데이터셋을 그룹화하거나 분리하거나 중첩시켜야 한다. 이런 변환을 수행하는 함수를 레이아웃 알고리즘이라고 한다. D3는 단순한 파이 레이아웃에서 복잡한 포오스force 레이아웃까지 여러 가지 다양한 레이아웃을 이미 제공하고 있다. 이번 절에서는 레이아웃 알고리즘을 구현하는 방법을 알아보고, 레이아웃 알고리즘을 이용해서 바코드 데이터셋으로 단순한 시각화를 만들어 볼 것이다.

방사형 레이아웃

바코드 차트 예제에서 사용됐던 시간 정보의 배열은 여러 가지 방법으로 시각화 할 수 있다. 바코드 차트는 모든 데이터 아이템을 일정한 시간 간격 내에 있는 작은 막대로 표시했다. 일련의 이벤트를 표시하는 다른 유용한 방법은 이벤트를 시간 간격으로 그룹화하는 것이다. 이런 유형의 시각화 중에서 가장 일반적인 형태가 막대 차트이다. 막대 차트는 각 시간 간격 당 하나의 막대를 가지며 각 막대의 높이가 해당 시간 간격 동안 발생한 이벤트의 수를 가리킨다.

방사형 차트radial chart는 원호를 원 둘레에 배치하고, 각 원호는 카테고리를 나타낸다. 방사형 차트에서는 각 원호는 동일한 사잇각을 가지며, 원호의 면적이 해당 카테고리 내의 데이터 수와 비례한다. 이제 원호를 시간 단위로 그룹화하고 그 동안 발생한 이벤트를 셀 수 있는 방사형 레이아웃을 생성하고 각 원호의 시작 각도와 종료 각도를 계산할 것이다.

레이아웃 알고리즘의 목적은 사용자가 데이터를 차트에서 요구하는 형식으로 쉽게 변환할 수 있게 해주는 것이다. 레이아웃은 일반적으로 일정 수준의 커스터마이제이션을 허용한다. 이제 다음과 같이 레이아웃 동작을 설정할 수 있는 접근자를 가진 클로저로 레이아웃 함수를 구현해 보자.

```
var radialLayout = function() {

    // 레이아웃 알고리즘
    function layout(data) {
        var grouped = [];
        // 변환 및 그룹화된 데이터 반환
        return grouped;
    }
    return layout;
};
```

레이아웃의 사용법은 바코드 차트의 사용법과 비슷하다. 먼저 레이아웃 함수를 얻기 위해 radialLayout을 호출하고, 데이터셋을 인자로 하여 레이아웃 함수를 호출해서 결과 데이터셋을 얻는다. 앞 절에서와 마찬가지로 addData 함수를 써서 임의의 랜덤 시간 정보 배열을 생성한다.

```
// 랜덤 시간 정보로 데이터셋 생성
var data = addData([], 300, 20 * 60);

// 레이아웃 함수 획득
var layout = radialLayout();

// 결과 데이터 계산
var output = layout(data);
```

데이터 아이템을 시간별로 그룹화하고 개수를 세려면 레이아웃이 필요하고, 각 원호의 시작 각도와 종료 각도를 계산하는 데도 레이아웃이 필요하다. 개수를 세는 절차를 더 쉽게 하기 위해 결과 아이템을 임시로 저장할 맵map을 사용할 것이다. D3는 사전dictionary과 비슷한 키-값key-value 저장 구조를 가진 d3.map을 포함하고 있다.

```
function layout(data) {
    // 각 시간별 데이터를 저장할 맵
    var hours = d3.range(0, 24),
        gmap = d3.map(),
        groups = [];

    // 각 시간에 데이터 아이템 추가
    hours.forEach(function(h) {
        gmap.set(h, {hour: h, startAngle: 0, endAngle: 0, count: 0});
    });

    // 중략...

    // 맵의 값을 복사하고 결과 데이터 정렬
    groups = gmap.values();
    groups.sort(function(a, b) { return a.hour > b.hour ? 1 : -1; });
    return groups;
}
```

layout 함수는 배열을 반환해야 하므로, map의 값을 groups 배열에 복사하고 정렬하여 결과값으로 반환한다. 결과 아이템은 아직은 중요한 정보를 가지고 있지 않다.

```
[
    {hour: 0, startAngle: 0, endAngle: 0, count: 0},
    ...
    {hour: 23, startAngle: 0, endAngle: 0, count: 0}
]
```

다음으로 할 일은 각 시간에 속해 있는 아이템의 숫자를 세는 일이다. 반복문을 통해 입력 데이터에서 date 속성에 있는 시간 정보를 계산한다.

```
// 각 시간에 속한 아이템 개수 세기
data.forEach(function(d) {
    // 각 데이터 아이템의 date 속성에서 시간 정보 추출
    var hour = d.date.getHours();

    // 해당 시간에 결과 데이터 추출
    var val = gmap.get(hour);

    // 개수를 더하고 맵에 저장
    val.count += 1;
    gmap.set(hour, val);
});
```

이제 count 속성에 올바른 값이 저장되었다. 바코드 차트에서 했던 것과 마찬가지로, date 속성값을 구할 수 있는 설정형 접근자 함수를 추가한다.

```
var radialLayout = function() {
    // 기본 date 접근자
    var value = function(d) { return d.date; }

    function layout(data) {
        // 레이아웃 함수의 내용
    }

    // date 접근자
    layout.value = function(accessorFunction) {
        if (!arguments.length) { return value; }
        value = accessorFunction;
        return layout;
    };
};
```

layout 함수 안에서 d.date에 대한 참조를 접근자 메소드인 value(d)로 대체한다. 사용자는 date에 대한 접근자 함수를 바코드 차트에서와 동일한 문법으로 설정할 수 있다.

```
// 레이아웃 함수 생성 및 설정
var layout = radialLayout()
    .value(function(d) { return d.date; });
```

각도 계산

count 속성의 값이 준비되었으므로 각 결과 아이템의 시작 각도와 종료 각도를 계산할 수 있다. 각 원호의 각도는 동일하므로, 다음과 같이 itemAngle이라는 변수에 담아 hours 배열 원소 전체에 적용한다.

```
// 각 시간에 해당하는 동일한 각도 계산
var itemAngle = 2 * Math.PI / 24;

// 각 시간에 데이터 아이템 추가
hours.forEach(function(h) {
    gmap.set(h, {
        hour: h,
        startAngle: h * itemAngle,
        endAngle: (h + 1) * itemAngle,
        count: 0
    });
});
```

결과 데이터셋에 시작 각도와 종료 각도가 설정되었다. 각 데이터 아이템이 원 둘레의 1/24에 해당하는 각도 값을 갖게 된다.

```
[
    {hour: 0, startAngle: 0, endAngle: 0.2618, count: 7},
    {hour: 1, startAngle: 0.2618, endAngle: 0.5236, count: 14},
    ...
    {hour: 23, startAngle: 6.0214, endAngle: 6.2832, count: 17}
]
```

앞에서 만든 예제에서는 원 둘레로 한 바퀴 전부를 사용했지만, 사용자는 반원을 사용할 수도 있고, 다른 각도를 시작점으로 해서 그릴 수도 있다. 사용자가 차트의 각도를 원하는 대로 설정해서 사용할 수 있도록 startAngle 및 endAngle 속성과 angleExtent라는 접근자 메소드를 추가한다.

```
var radialLayout = function() {

    // 각도의 기본 범위
    var startAngle = 0,
        endAngle = 2 * Math.PI;

    // 레이아웃 함수

    // 각도 범위 접근자
    layout.angleExtent = function(value) {
        if (!arguments.length) { return value; }
        startAngle = value[0];
        endAngle = value[1];
        return layout;
    };
};
```

새로운 범위의 각도를 쓰기 위해 `itemAngle`을 수정해야 한다. 각 결과 아이템의 시작 각도와 종료 각도도 추가한다.

```
// 각 시간에 해당하는 각도
var itemAngle = (endAngle - startAngle) / 24;

// 각 시간에 데이터 아이템 추가
hours.forEach(function(h) {
    gmap.set(h, {
        hour: h,
        startAngle: startAngle + h * itemAngle,
        endAngle: startAngle + (h + 1) * itemAngle,
        count: 0
    });
});
```

레이아웃의 시작 각도와 종료 각도를 다음과 같이 원 둘레의 일부만 사용하는 것으로 설정할 수도 있다.

```
// 레이아웃 함수 생성 및 설정
var layout = radialLayout()
    .angleExtent([Math.PI / 3, 2 * Math.PI / 3]);
```

이번 절에서는 방사형 차트를 그리기 위해 시간별로 이벤트를 그룹화하고 개수를 세고, 시작 각도와 종료 각도를 계산하는 레이아웃 알고리즘을 구현했다. 바코드 차트 예제에서 했던 것처럼 레이아웃을 getter 메소드와 setter 메소드를 가진 클로저로 구현했다.

레이아웃 사용

이번에는 방사형 차트를 만들기 위해 방사형 레이아웃을 써볼 것이다. 코드를 간단하게 하기 위해 chart 함수 없이 시각화를 만들 것이다. 방사형 차트를 위한 컨테이너를 만드는 것으로 시작해 보자:

```
<div class="chart-example" id="radial-chart"></div>
```

시각화에 필요한 변수를 정의하고 컨테이너에 svg 요소를 추가한다. group 요소를 추가하고 svg 요소의 가운데로 이동시킨다.

```
// 시각화 변수
var width = 400,
    height = 200,
    innerRadius = 30,
    outerRadius = 100;

// div에 svg 추가 및 크기 설정
var svg = d3.select('#radial-chart').append('svg')
    .attr('width', width)
    .attr('height', height);

// 그룹을 생성하고 가운데로 이동
var g = svg.append('g')
    .attr('transform', 'translate(' + [width / 2, height / 2] + ')');
```

각 시간을 원호로 표현한다. 원호를 계산하기 위해 반지름 축척을 만들어야 한다.

```
// 반지름 축척 계산
var rScale = d3.scale.sqrt()
    .domain([0, d3.max(output, function(d) { return d.count; })])
    .range([2, outerRadius - innerRadius]);
```

각도와 반지름을 계산했으므로 d3.svg.arc 생성자로 원호를 위한 경로path를 만들어낼 수 있다.

```
// 원호 생성자 생성
var arc = d3.svg.arc()
    .innerRadius(innerRadius)
    .outerRadius(function(d) {
        return innerRadius + rScale(d.count);
    });
```

arc 함수는 startAngle, endAngle, count 속성을 가진 객체를 인자로 받아서 원호를 그리는 경로 문자열을 반환한다. 마지막으로 컨테이너 그룹에서 경로 객체의 셀렉션과 데이터를 바인딩하고 path 요소를 추가한다.

```
// 그룹에 경로 추가
g.selectAll('path')
    .data(output)
    .enter()
    .append('path')
        .attr('d', function(d) { return arc(d); })
        .attr('fill', 'grey')
        .attr('stroke', 'white')
        .attr('stroke-width', 1);
```

방사형 차트는 시간 당 아이템의 개수를 방사형 원호로 표현한다. 다음 스크린샷을 참조하자.

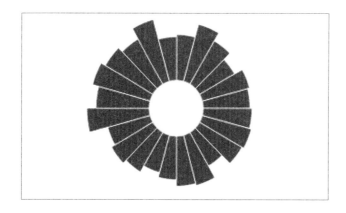

방사형 레이아웃을 써서 간단한 시각화를 만드는 방법을 알아봤다. 앞에서 이야기했던 것처럼, 레이아웃은 다른 차트도 쉽게 만들어낼 수 있다. 예를 들어 시작 각도와 종료 각도를 무시한다면, 방사형 레이아웃을 이용해서 막대 차트를 만들 수도 있고, 결과 데이터로 시간별 데이터 개수를 나타내는 테이블을 만들 수도 있다.

정리

2장에서는 재사용 가능한 차트를 만들어서 소스 코드 수정 없이 다른 프로젝트에서도 사용할 수 있도록 설정 메소드를 추가하는 방법을 배웠다. 바코드 차트를 만들어서 다른 형식의 데이터에 적용해봤으며, 재사용 가능한 레이아웃 알고리즘을 만드는 법과 데이터 소스를 차트에 사용할 수 있는 형식으로 변환하는 법도 살펴봤다.

3장에서는 캔버스와 div 요소를 이용해서 SVG가 지원되지 않는 브라우저에서도 D3를 써서 데이터 시각화를 만드는 법을 알아볼 것이다.

3

SVG 없이 시각화 제작

D3로 만든 대부분의 시각화 결과물은 SVG를 사용한다. SVG 그래픽은 확대 또는 축소해도 픽셀이 깨지지 않는 장점이 있고, D3로 다루기가 상대적으로 쉽다. SVG 요소는 DOM 트리의 일부로서 각 도형을 개별적인 요소로서 선택하고 조작할 수 있고, 속성값을 변경하면 브라우저가 자동으로 바뀐 속성값에 따라 업데이트도 해준다.

하지만 세상에는 SVG를 지원하지 않는 브라우저를 쓰는 사용자가 무시할 수 없을 만큼 많기 때문에, 그런 사용자도 배려할 수 있어야 한다. 3장에서는 SVG를 사용하지 않고도 시각화를 만들 수 있는 방법에 대해 알아본다. 시각화를 div 요소만 사용해서 만들어보고, SVG를 지원하지 않는 구형 브라우저에서 SVG를 사용할 수 있도록 해주는 라이브러리를 살펴보고, D3와 canvas 요소를 통합해서 사용하는 예제를 보여줄 것이다.

SVG 지원 브라우저 현황

글로벌 브라우저 시장에서는 모바일 브라우저든 데스크탑 브라우저든 SVG를 지원하는 경우가 많다. 하지만 여전히 무시 못할 만큼 많은 수의 사용자가 SVG를 지원하지 않는 브라우저를 사용하고 있다. 인터넷 익스플로러Internet Explorer 8.0과 그 이전 버전의 브라우저와 안드로이드 3.0 이하 버전의 브라우저가 SVG를 지원하지 않는 브라우저의 대표적인 예다.

http://caniuse.com/에 따르면 2014년 5월 현재 글로벌 브라우저 시장에서 약 86%의 브라우저는 SVG를 지원한다. 하지만 대부분의 애플리케이션은 나머지 14%의 사용자를 무시할 수는 없다. 이런 사용자를 감안해서, SVG 없이 데이터 시각화를 만드는 방법을 알아보고, 폴리필polyfill[1]을 통해 SVG를 지원하지 않는 브라우저에서 SVG를 사용하는 방법을 살펴본다. SVG 사용 가능 브라우저의 최신 버전은 http://caniuse.com/#feat=svg에서 확인할 수 있다.

SVG 없는 시각화

3장에서는 SVG를 사용하지 않고 시각화를 만들어 볼 것이다. 브라우저 시장에서 브라우저의 버전 별 사용도를 보여주는 버블bubble 차트를 만들어 본다. 각 원은 특정 버전의 브라우저를 나타내고, 원의 면적은 글로벌 사용자 수를 나타낸다. 각 브라우저는 다른 색깔로 나타낸다. 화면에 버블을 그룹화해서 표현하기 위해 포오스 레이아웃force layout을 이용한다. 예제 파일은 chapter03/01-bubble-chart.html에 있다.

데이터 로딩 및 정렬

브라우저 시장 데이터가 JSON 파일로 준비되어 있다. 최상위 객체는 데이터셋의 이름과 각 브라우저 버전별 데이터를 포함하고 있는 배열을 가지고 있다. 다음의

---

1 폴리필: 어떤 제품에서 원래 제공하지 않는 기능을 다른 방식으로 사용할 수 있게 해주는 방법에 대한 통칭 – 옮긴이

코드를 참조하자.

```
{
    "name": "Browser Market",
    "values": [
        {
            "name": "Internet Explorer",
            "version": 8,
            "platform": "desktop",
            "usage": 8.31,
            "current": "false"
        },
        //브라우저 버전별 데이터
    ]
}
```

d3.json 메소드를 써서 JSON 데이터를 로드한다. d3.json 메소드는 지정된 URL
에 비동기 방식으로 요청을 날리고, 파일 로드에 성공 또는 실패하면 인자로 받은
콜백 함수를 실행한다. 콜백 함수는 에러와 파싱된 데이터를 인자로 받는다. D3에
는 텍스트, CSV, TSV, XML, HTML 데이터를 로드하는 비슷한 메소드가 준비되어
있다. 다음 코드를 보자.

```
<script>
// 비동기 방식으로 데이터 로딩
d3.json('/chapter03/browsers.json', function(error, data) {

    // JSON 데이터 파싱에 대한 에러 처리
    if (error) {
        console.error('Error accessing or parsing the JSON file.');
        return error;
    }

    // 시각화 코드
});
</script>
```

콜백 함수는 데이터 로딩이 완료되었을 때만 호출된다는 점에 유의하자. d3.json
호출 다음에 있는 코드는 로딩 요청이 만들어지는 동안 실행되므로, 그 시점에서

는 데이터가 사용 가능하지 않은 상태일 수 있다. 따라서 시각화 코드는 콜백 함수 내에 두거나, 그 외 다른 곳에 두더라도 데이터가 준비되었다는 이벤트를 통해 실행할 수 있어야 한다. 일단 지금은 시각화 코드를 콜백 내에 두는 것으로 한다.

원은 div를 이용해서 그린다. 작은 원이 큰 원 뒤에 가리지 않도록, 표시 항목을 다음과 같이 내림차순으로 정렬한다.

```
// 데이터 아이템
var items = data.values;
```

```
// 내림차순으로 정렬
items.sort(function(a, b) { return b.usage-a.usage; });
```

`Array.prototype.sort` 메소드는 비교자 함수comparator function를 통해 배열 내의 요소를 정렬한다. 비교자 함수는 두 개의 배열 원소인 a와 b를 인자로 받아서, a가 b보다 앞에 위치하려면 음수 값을 반환해야 하고, b가 a보다 앞에 위치하려면 양수값을 반환해야 한다.

포오스 레이아웃 메소드

포오스 레이아웃force layout은 주어진 영역 안에서 요소들끼리 겹치지 않고 영역 밖으로 벗어나지 배치해주는 메소드다. 요소들 사이의 위치는 서로 밀어내는 척력repulsive force과 화면 중심으로 끌어당겨지는 인력attractive force을 기준으로 계산되어 정해진다. 포오스 레이아웃은 버블 차트나 네트워크 차트를 만들 때 특히 유용하다.

포오스 레이아웃이 어떤 특정 양식의 시각화를 강제하지는 않지만, 노드를 원으로 표시하고, 노드 사이의 관계를 선으로 표시하는 네트워크 차트에 일반적으로 많이 사용된다. 이번 예제에서는 선은 없고, 노드를 나타내는 원의 위치를 계산하는 데 포오스 레이아웃을 사용한다.

```
// 시각화 컨테이너의 크기
var width = 700,
    height = 200;
```

```
// 포오스 레이아웃 설정
var force = d3.layout.force()
    .nodes(items)
    .links([])
    .size([width, height]);
```

브라우저 버전 사이의 관계를 나타낼 필요는 없으므로, links 속성에는 비어 있는 배열을 넘겨준다. 인력과 척력을 계산하려면 다음과 같이 start 메소드를 호출한다.

```
// 인력과 척력 계산
force.start();
```

포오스 레이아웃은 데이터 아이템에 몇 가지 속성을 더 추가한다. 추가되는 속성 중에 각 노드의 계산된 위치를 나타내는 x와 y만 사용한다. 원래 데이터 아이템의 이름과 포오스 레이아웃에 의해 추가되는 속성의 이름이 충돌되지 않도록 유의한다.

```
{
    "name": "Android Browser",
    "version": 3,
    "platform": "mobile",
    "usage": 0.01,
    "current": "false",
    "index": 0,
    "weight": 0,
    "x": 522.7463498711586,
    "y": 65.54744869936258,
    "px": 522.7463498711586,
    "py": 65.54744869936258
}
```

원의 위치 계산이 끝나면, 원을 그리면 된다. SVG를 사용하지 않기로 했으므로, 원을 그리기 위해 다른 요소를 사용해야 한다. div를 써서 원을 그리는 것도 한 방법이다. div의 위치를 지정하는 여러 가지 방법이 있지만, 여기서는 절대 위치를 사용한다.

절대 위치를 사용하는 블록 요소는 top과 left로 정해지는 오프셋의 값을 설정해서 위치를 지정할 수 있다(bottom과 right 오프셋도 설정할 수 있다). 오프셋은 DOM 트리 내에서 해당 요소의 가장 가까운 조상을 기준으로 적용된다. 조상 요소가 없으면 뷰포트viewport를 기준으로(브라우저에 따라 body가 기준이 되기도 한다) 오프셋이 적용된다. 컨테이너 div를 만들고 컨테이너에 포함되어 원으로 표시될 div를 만들고 position을 absolute로 설정한다. 컨테이너 div는 chart라는 ID 값을 주고 셀렉션을 만들어 position을 relative로 하고 width와 height를 적절한 값으로 설정한다.

```
<!-- 컨테이너 div -->
<div id="chart"></div>
```

padding 값을 0으로 해서 내부 요소의 위치를 계산할 때 신경 쓸 필요 없도록 한다. 거리를 나타내는 스타일 속성을 지정할 때는 그 값이 0일 때를 제외하고는 언제나 단위를 함께 표시해야 한다.

```
// 컨테이너 div 셀렉션 생성 및 속성 설정
var containerDiv = d3.select('#chart')
    .style('position', 'relative')
    .style('width', width + 'px')
    .style('height', height + 'px')
    .style('padding', 0)
    .style('background-color', '#eeeeec');
```

이제 원을 나타내는 div를 만들어보자. 만들 요소의 셀렉션을 생성하고, 데이터 배열을 셀렉션에 바인딩하고, enter 셀렉션에 새 요소를 추가한다. position 값을 absolute로 설정하고, 오프셋을 설정하고, width와 height를 10px로 설정한다.

```
// 버블을 나타내는 div를 생성하고, 데이터 바인딩하고, 속성값 설정
var bubbleDivs = containerDiv.selectAll('div.bubble')
    .data(items)
    .enter()
    .append('div')
    .attr('class', 'bubble')
    .style('position', 'absolute')
    .style('width', '10px')
```

```
        .style('height', '10px')
        .style('background-color', '#222');
```

포오스 레이아웃은 노드의 위치를 일련의 틱_{tick} 이벤트을 이용해서 계산한다. 틱
이벤트가 발생할 때마다 호출되어 노드의 위치를 업데이트하는 리스너 함수를 등
록한다.

```
// 틱 이벤트가 발생할 때마다 각 div의 위치를 업데이트하는 리스너 함수
force.on('tick', function() {
    bubbleDiv
        .style('top', function(d) { return (d.y - 5) + 'px'; })
        .style('left', function(d) { return (d.x - 5)+ 'px'; });
});
```

컨테이너 안에 있는 div가 부드럽게 각자의 위치로 이동한다. 오프셋을 설정할 때
div의 너비와 높이의 절반만큼 빼야 한다. 다음의 스크린샷은 div가 포오스 레이
아웃에 의해 계산된 위치에 자리잡은 것을 보여준다.

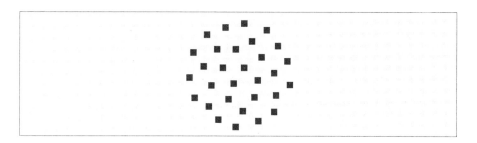

노드들이 보기 좋게 배치되기는 했지만 모두 똑 같은 크기와 색으로 그려져 있다.

색상과 크기 설정

노드의 위치가 계산되었으므로, 이제 div 요소의 색상과 크기를 설정한다. 노드의
색상 축척을 만들기 위해 유일한 브라우저 이름으로 만들어진 리스트가 필요하다.
예제 데이터셋에 있는 아이템은 브라우저 버전이라서, 브라우저의 이름이 중복되
어 반복된다. 다음과 같이 d3.set 함수를 이용해서 셋_{set}을 만들고 중복된 이름을
제거한다.

```
// 유일한 브라우저 이름 셋 생성
var browserList = items.map(function(d) { return d.name; }),
    browserNames = d3.set(browserList).values();
```

브라우저 목록이 준비되면 카테고리 색상 축척을 생성할 수 있다. 카테고리 축척은 종류가 다른 것을 표현할 때 사용된다. 여기서는 카테고리 축척을 통해 각 브라우저가 다른 색상으로 표현된다.

```
// 10가지로 구분되는 카테고리 색상 축척
var cScale = d3.scale.category10()
    .domain(browserNames);
```

d3.scale.category10 색상 축척의 기본 색상 범위는 밝기는 비슷하지만 색조hue가 다른 10가지의 색상으로 구성되어 있으며, 종류를 나타내는 데이터를 표현하는 데 적합하도록 설계되었다. 다른 색상을 사용할 수도 있지만, 여기서는 category10의 기본값을 사용해도 충분하다. 브라우저의 종류가 10가지가 넘는다면, 더 여러 가지 색상으로 구성된 색상 축척을 사용해야 한다.

div 요소의 border-radius 속성값을 height와 width 값의 절반으로 설정해서 div가 원으로 그려지도록 한다. border-radius 속성을 모든 브라우저가 지원하지는 않지만, SVG보다는 더 많은 브라우저가 지원한다. border-radius 속성을 지원하지 않는 브라우저에서는 div가 사각형으로 그려진다.

```
// 버블을 표시하는 div의 셀렉션 생성 및 데이터 바인딩
var bubbleDivs = containerDiv.selectAll('div.bubble')
    .data(items)
    .enter()
    .append('div')
    // 다른 속성 설정
    .style('border-radius', '5px')
    .style('background-color', function(d) {
        return cScale(d.name);
    });
```

이제 원의 크기를 계산해 보자. 시각적으로 정확하게 표현하려면 해당 데이터가 가진 정량적 수치와 원의 면적이 비례해야 한다. 예제에서는 시장 점유율이 정량

적 수치로서 원의 면적과 비례해야 한다. 원의 면적은 원의 반지름의 제곱에 비례하므로, 원의 반지름은 시장 점유율의 제곱근에 비례해야 한다. 최소값과 최대값을 구해서 축척을 생성한다.

```
// 최대, 최소 반지름
var radiusExtent = [10, 50];

// 레이아웃 생성

// 반지름 축척 생성
var rScale = d3.scale.sqrt()
    .domain(d3.extent(items, function(d) { return d.usage; }))
    .range(radiusExtent);
```

각 원의 너비, 높이, 위치, 경계선 반지름을 원의 반지름을 기준으로 계산한다. scale 함수의 반복 호출을 피하고 더 코드를 더 깔끔하게 작성하기 위해 반지름을 데이터 아이템의 새로운 속성으로 추가한다.

```
// 반지름을 한 번만 계산해서 재사용하도록 데이터 아이템인 d의 속성으로 추가
items.forEach(function(d) {
    d.r = rScale(d.usage);
});
```

이제 새로운 데이터 아이템 속성인 반지름을 이용해서 원을 나타내는 div의 너비, 높이, 경계선 반지름을 수정할 수 있다.

```
// 원을 나타내는 div 생성
var bubbleDivs = containerDiv.selectAll('div.bubble')
    .data(items)
    .enter()
    .append('div')
    // 속성값 설정
    .style('border-radius', function(d) { return d.r + 'px'; })
    .style('width', function(d) { return (2 * d.r) + 'px'; })
    .style('height', function(d) { return (2 * d.r) + 'px'; });
```

각 원의 위치도 반지름의 변화에 따라 업데이트되어야 한다.

```
// 각 원의 위치 업데이트
force.on('tick', function() {
    bubbleDiv
        .style('top', function(d) { return (d.y - d.r) + 'px'; })
        .style('left', function(d) { return (d.x - d.r)+ 'px'; });
});
```

원의 면적으로 데이터의 차이를 표시한 시각화의 첫 번째 초안은 아래와 같다.

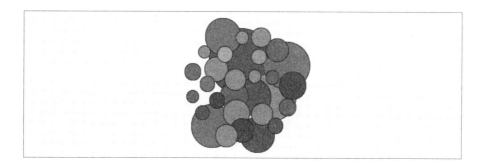

여전히 개선해야 할 부분이 있는데, 각 원 사이의 간격이 원의 크기와 무관하게 모두 똑같다는 점이다. 큰 원 주변에는 간격도 더 커야 하고, 작은 원 주변에는 간격이 더 작아야 자연스러울 것 같다. 이 문제를 해결하려면 포오스 레이아웃에서 노드 사이의 척력을 조절할 수 있는 charge 속성을 수정해야 한다.

charge 메소드는 각 노드의 힘을 축적할 수 있게 해준다. 기본값은 -30이며, 큰 원 주변에는 더 큰 힘이 축적되게 할 수 있는 함수를 사용할 것이다. 여기에서는 척력이 원의 면적에 비례하도록 설정한다.

```
// 포오스 레이아웃 설정
var force = d3.layout.force()
    .nodes(items)
    .links([])
    .size([width, height])
    .charge(function(d) { return -0.12 * d.r * d.r; })
    .start();
```

여기서는 0.12라는 값을 적용했지만, 자연스러워 보이는 레이아웃을 만들기 위해 어떤 값을 적용해야 하는지 미리 알 수는 없고, 결과가 좋을 때까지 계속 값을 바꿔가며 확인해야 한다. 포오스 레이아웃에서 div로 만든 버블은 다음 스크린샷과 같다.

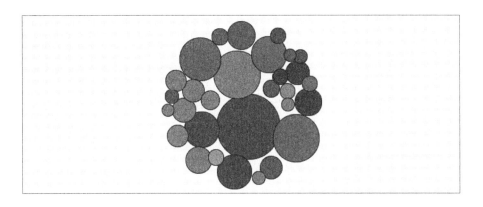

훨씬 나아보인다. 이제 재사용 가능한 차트 패턴을 적용해 보자. 잊혀지지 않을 만큼 여러 번 반복했듯이, 재사용 가능한 차트 패턴은 setter 메소드와 getter 메소드를 포함하는 클로저로 구현된다.

```
function bubbleChart() {
    // 차트 속성

    function chart(selection) {
        selection.each(function(data) {

            // 컨테이너 div 셀렉션 생성 및 속성 설정
            var containerDiv = d3.select(this);

            // 원 생성
        });
    }

    // 접근자 메소드

    return chart;
};
```

차트 함수에 있는 코드는 지금까지 작성해왔던 코드와 기본적으로 같다. 데이터의 값, 이름에 대한 접근자 함수뿐 아니라 색상 축척, 너비, 높이 반지름에 대한 접근자 함수도 추가해야 하고, 다른 데이터셋으로 구성되는 차트에서도 재사용할 수 있도록 척력을 설정할 수 있는 축적 함수도 추가되어야 한다. 차트 함수는 다음과 같이 d3.json의 콜백 내에서 생성하고 호출할 수 있다.

```
d3.json('../data/browsers.json', function(error, data) {

    // JSON 데이터 파싱 에러 처리
    if (error) { return error; }

    // 차트 인스턴스 생성
    var chart = bubbleChart()
        .width(500);

    // 차트 div를 데이터 배열과 바인딩
    d3.select('#chart')
        .data([data.values])
        .call(chart);
});
```

재사용 가능한 패턴이 적용되었지만, 범례가 없는 시각화를 완성물로 보기는 어려우므로 범례를 만들어보자. 이번에는 시작부터 재사용 가능한 차트 패턴을 적용한다.

범례 만들기

어떤 색이 어느 브라우저를 가리키는 지 범례를 통해 알 수 있다. 각 브라우저의 점유율 총합과 같은 추가적인 정보도 범례에서 나타낼 수 있다. 범례에서는 시각화에 사용된 색상 코드와 동일한 코드를 사용해야 한다.

```
function legendChart() {
    // 차트 속성

    // 차트 함수
```

```
function chart(selection) {
    selection.each(function(data) {

    });
}

// 접근자 메소드

return chart;
};
```

div 요소와 단락 요소인 p 요소를 이용해서 범례를 만들어 보자. 각 단락 요소에는 브라우저 이름과 해당 브라우저의 색을 나타내는 작은 사각형이 포함된다. 버블 차트에 사용된 색상과 똑같은 색상을 범례에도 사용하기 위해 설정 가능한 색상 축척을 추가한다.

```
function legendChart() {
    // 색상 축척
    var cScale = d3.scale.category20();

    // 차트 함수
    function chart(selection) {
        // 차트 내용
    }

    // 색상 축척 접근자
    chart.colorScale = function(value) {
        if (!arguments.length) { return cScale; }
        cScale = value;
        return chart;
    };

    return chart;
};
```

범례를 위한 div를 생성하고 다음과 같이 차트의 옆쪽에 배치한다.

```
d3.json('/chapter03/browsers.json', function(error, data) {
    // 범례 인스턴스 생성
    var legend = legendChart()
        .colorScale(chart.colorScale());

    // 컨테이너 셀렉션 생성 및 legend 호출
    var legendDiv = d3.select('#legend')
        .data([chart.colorScale().domain()])
        .call(legend);
});
```

차트에 사용된 색상 축척의 정의역을 범례의 데이터셋으로 사용하고, 범례의 색상
축척 접근자를 통해 차트의 색상 축척과 동일한 색상 축척을 범례에 적용했다. 이
렇게 하면 차트와 범례에 똑같은 데이터 아이템과 색상을 사용할 수 있다. 다음 코
드는 범례 차트 함수 내부의 내용인데, 제목을 생성하고 범례 항목을 추가한다.

```
// 컨테이너 요소 셀렉션 생성 및 속성 설정
var containerDiv = d3.select(this)
    .style('width', width + 'px');

// enter 셀렉션에 'Legend' 레이블 추가
containerDiv.selectAll('p.legend-title')
    .data([data])
    .enter().append('p')
    .attr('class', 'legend-title')
    .text('Legend');

// 각 데이터 아이템을 위한 div 추가
var itemDiv = containerDiv.selectAll('div.item')
    .data(data)
    .enter().append('div')
    .attr('class', 'item');
```

범례에 표시될 레이블을 구성했으므로, 각 브라우저의 색상을 레이블 옆에 표시한
다. 단순하게 처리하기 위해, span 요소에 두 개의 마침표를 추가하고 배경색과 글
자색을 같게 설정한다.

```
itemP.append('span').text('..')
    .style('color', cScale)
    .style('background', cScale);
```

범례 구성의 마지막 작업으로 각 브라우저의 시장 점유율을 계산해야 한다. 각 브
라우저의 이름과 점유율을 저장할 맵을 생성한다.

```
// 브라우저별 점유율 정보를 저장할 맵 생성
var browsers = d3.map();

// 각 브라우저별 사용량 합계
data.values.forEach(function(d) {
    var item = browsers.get(d.name);
    if (item) {
        browsers.set(d.name, {
            name: d.name,
            usage: d.usage + item.usage
        });
    } else {
        browsers.set(d.name, {
            name: d.name,
            usage: d.usage
        });
    }
});
```

완성된 최종 버전의 버블 차트는 다음과 같다.

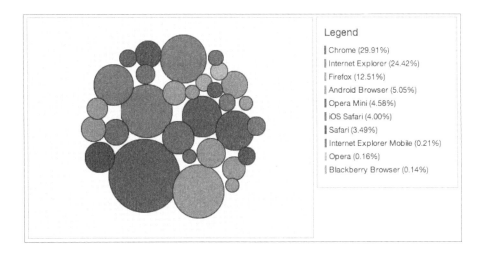

이번 예제에서는 div 요소를 써서 단순한 시각화를 만들고, border-radius 속성을 이용해서 div를 원으로 표시했다. div의 테두리를 둥글게 해서 원을 그리는 방법이 SVG 없이 시각화를 만드는 유일한 대안은 아니다. div 요소 대신 래스터 raster 이미지를 사용하고 절대 위치와 이미지의 너비, 높이를 변경해서 원을 표현할 수도 있다.

SVG 없이 만든 복잡한 시각화의 훌륭한 예제 주의 하나는 뉴욕 타임즈 시각화 팀에서 만든 2012년 미국 대통령 선거 지도(http://elections.nytimes.com/2012/ratings/electoral-map)다. 이 시각화에서는 사용자가 자신의 시나리오를 만들 수도 있다.

폴리필

폴리필polyfill은 브라우저가 자체적으로 가지고 있지 않은 API 기능을 마치 원래부터 있던 것처럼 만들어 둔 자바스크립트 라이브러리를 말한다. 일반적으로 폴리필은 자신만의 새로운 기능을 추가하지는 않고, 브라우저에 누락된 기능만 추가한다.

폴리필은 거의 모든 HTML5와 CSS3 기능을 사용할 수 있게 해주지만, 브라우저의 모든 최신 기능을 제공하는 라이브러리를 추가할 수 있다는 의미는 아니다. 그리고 최신 기능끼리는 서로 충돌이 발생하기도 하므로 폴리필을 포함할 때는 주의를 기울여야 한다. SVG를 지원하지 않는 브라우저에 사용 가능한 폴리필은 다음의 두 가지가 있다.

- svgweb: SVG가 지원되지 않는 브라우저에서는 플래시Flash를 사용하게 하는 방식으로 SVG를 부분적으로 지원한다(https://code.google.com/p/svgweb/).
- canvg: 자바스크립트로 작성된 SVG 파서로서, SVG 요소를 파싱해서 캔버스를 이용해서 렌더링한다(https://code.google.com/p/canvg/).

폴리필을 사용하기 위해 수행해야 하는 첫 번째 일은 해당 기능이 브라우저에서 사용 가능한지 검사하는 것이다.

기능 검사

브라우저가 특정 기능을 지원하는지 확인하는 방법은 여러 가지가 있다. 그 중 하나는 전역 객체인 내비게이터navigator의 user agent 속성을 확인하는 방법인데, 사용자가 직접 user agent 속성값을 설정할 수 있기 때문에 믿을만한 방법이라고 하기 어렵다. 다른 방법은 직접 그 기능을 사용해서 예상하는 메소드나 속성이 있는지 확인하는 방법이다. 하지만 이 방법 역시 에러가 발생하기 쉽고, 기능에 따라 결과가 다를 수 있어 좋은 방법이라고 할 수 없다.

가장 믿을만한 방법은 Modernizr 라이브러리를 사용하는 것이다. 이름과는 달리 Modernizr 라이브러리는 오래된 브라우저에 아무런 최신 기능도 추가하지 않으며, HTML5와 CSS3의 기능의 사용 가능 여부만 검사한다. 하지만 브라우저가 지원하지 않는 기능을 구현하는 라이브러리를 포함하는 스크립트 로더loader를 제공한다. Modernizr 라이브러리는 원하는 기능에 대한 검사만을 수행하도록 커스터마이징 할 수도 있다.

Modernizr 라이브러리는 기능의 사용 가능 여부를 확인하기 위해 여러 가지 검사를 수행하고, 그 결과를 전역 객체인 Modernizr에 불리언Boolean 속성으로 설정하고, 어떤 기능이 사용 가능한 지를 알아볼 수 있도록 HTML 객체에 클래스를 추가한다. Modernizr를 통해 추가할 기능은 body 요소가 나오기 전에 사용 가능해야 하므로, Modernizr 라이브러리는 반드시 body에 앞서 header에서 로딩되어야 한다.

```
<!-- Include the feature detection library -->
<script src="/assets/js/lib/modernizr-latest.js"></script>
```

브라우저가 SVG를 지원하는지 확인하기 위해 Modernizr.svg 속성을 사용할 수 있다. 지원하지 않는 경우에 대한 처리에도 Modernizr.svg 속성을 쓸 수 있다.

```
<script>
    // SVG 가용 여부 처리
    if (Modernizr.svg) {
        // SVG를 쓸 수 있으면 SVG를 써서 시각화 생성
    } else {
```

```
        // SVG를 쓸 수 없으면 다른 방법으로 시각화 생성
    }
</script>
```

canvg 예제

D3로 SVG 이미지를 만들어 보는 걸로 예제를 시작해 보자. 이 예제에서는 SVG
로 원의 배열을 생성하고 canvg 라이브러리를 써서 캔버스에 표시할 것이다. 다음
과 같이 헤더에 라이브러리를 추가하는 것으로 예제를 시작해 보자.

```
<!-- Canvg 라이브러리 -->
<script src="/assets/js/lib/rgbcolor.js"></script>
<script src="/assets/js/lib/StackBlur.js"></script>
<script src="/assets/js/lib/canvg.js"></script>
```

컨테이너 div에 대한 셀렉션을 생성하고, SVG 요소를 추가하고 너비와 높이를 설
정한다.

```
// 너비와 높이 설정
var width = 600,
    height = 300;

// 컨테이너 div 셀렉션 생성 및 SVG 요소 추가
var containerDiv = d3.select('#canvg-demo'),
    svg = containerDiv.append('svg')
        .attr('width', width)
        .attr('height', height);
```

원 하나에 데이터 아이템이 하나씩 있는 데이터 배열을 만든다. 10픽셀마다 원을
하나씩 그린다. 각 원의 위치는 x, y 속성으로 정해진다. z 속성값은 반지름이나 색
상 축척을 계산하는 데 사용된다.

```
// 정해진 수만큼의 원과 원의 위치 데이터 생성
var data = [];
for (var k = 0; k < 60; k += 1) {
    for (var j = 0; j < 30; j += 1) {
        data.push({
            x: 5 + 10 * k,
```

```
            y: 5 + 10 * j,
            z: (k - 50) + (20 - j)
        });
    }
}
```

반지름 축척과 색상 축척을 생성한다. 두 축척 모두 z 속성값을 이용해서 계산한다.

```
// z 속성값을 이용해서 반지름 축척 생성
var rScale = d3.scale.sqrt()
    .domain(d3.extent(data, function(d) { return d.z; }))
    .range([3, 5]);

// z 속성값을 이용해서 색상 축척 생성
var cScale = d3.scale.linear()
    .domain(d3.extent(data, function(d) { return d.z; }))
    .range(['#204a87', '#cc0000']);
```

이제 SVG 요소 안에 원을 생성한다. 생성할 원에 대한 셀렉션을 생성하고, 데이터 배열과 데이터 바인딩하고, enter 셀렉션에 원을 추가하고, 원의 속성을 설정한다.

```
// circle 요소에 대한 셀렉션 생성, 데이터 바인딩, enter 셀렉션에 circle 추가
svg.selectAll('circle')
    .data(data)
    .enter()
    .append('circle')
    .attr('cx', function(d) { return d.x; })
    .attr('cy', function(d) { return d.y; })
    .attr('r', function(d) { return rScale(d.z); })
    .attr('fill', function(d) { return cScale(d.z); })
    .attr('fill-opacity', 0.9);
```

여기까지는 SVG를 지원하는 브라우저에서 사용하는 표준 D3와 같다. SVG를 지원하지 않는 브라우저에서는 앞에서 만든 요소들이 생성되기는 하지만 렌더링되지는 않는다. canvg 함수는 SVG로 그려지도록 작성된 내용을 해석해서 SVG 대신 캔버스에 그린다. canvg 함수는 SVG 요소들이 그려질 캔버스, SVG 문자열, 옵션이 포함된 객체를 인자로 받는다. 인자 없이 svg 함수가 호출되면 페이지 내에 있는 모든 SVG 요소를 변환한다. 여기서는 인자 없이 svg 함수를 호출한다.

```
// 모든 SVG 요소를 캔버스에 그린다.
canvg();
```

브라우저의 개발자 도구로 페이지를 조사해보면 SVG는 없어지고, 그 자리를 원래의 SVG 크기와 똑같은 크기의 canvas 요소가 차지하고 있음을 확인할 수 있다. 시각적인 결과는 SVG가 지원되는 브라우저에서 canvg 폴리필을 사용하지 않았을 때와 동일하다. 하지만, 원래의 SVG 요소에 바인딩되어 있던 이벤트 핸들러는, canvg 폴리필이 만들어낸 캔버스에서는 동작하지 않는다. 예를 들면 circle 요소에 click 이벤트에 대한 콜백 함수를 추가했더라도, 그 콜백 함수는 캔버스 버전에서는 호출되지 않는다. canvg를 써서 만든 시각화는 다음과 같다.

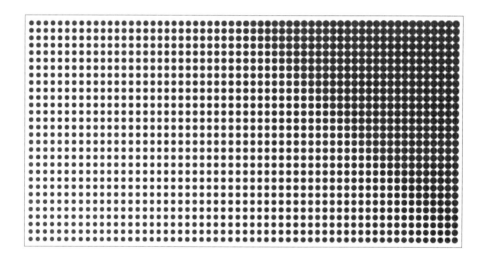

캔버스와 D3

지금까지 D3를 이용해서 시각화를 만들 때 SVG 요소와 div를 조작하는 방법을 사용해왔다. 하지만 성능 상의 이슈나 래스터 이미지를 렌더링해야 할 때처럼, 경우에 따라 canvas 요소를 이용해서 시각화를 렌더링하는 것이 더 편리할 때도 있다. 이 절에서는 HTML5의 canvas 요소로 도형을 그리는 방법과 canvas 요소에 D3로 도형을 렌더링하는 방법을 알아본다.

캔버스에서 도형 그리기

HTML canvas 요소를 쓰면 자바스크립트로 래스터 그래픽을 생성할 수 있다. canvas 요소는 HTML5에서 처음 소개되었으며, 캔버스를 지원하는 브라우저는 SVG보다 더 많고, 캔버스는 SVG의 대체제로 사용되기도 한다. 캔버스와 D3를 통합하여 함께 사용하는 방법을 깊이 파보기 전에, 캔버스로 간단한 예제를 만들어 보자.

canvas 요소는 width와 height 속성이 있어야 한다. 캔버스에 너비와 폭을 지정하면 정해진 크기의 아직은 보이지 않는 도형이 생성된다.

```
<!- Canvas 요소 -->
<canvas id="canvas-demo" width="650px" height="60px"></canvas>
```

canvas 요소를 지원하는 브라우저는 canvas 태그 내에 있는 요소는 모두 무시한다. 반대로 canvas 요소를 지원하지 않는 브라우저는 canvas 태그를 무시하고, canvas 태그 내에 있는 내용을 해석한다. 이런 동작 방식을 응용하면 캔버스가 지원되지 않을 때 금방 처리할 수 있다.

```
<!- Canvas 요소 -->
<canvas id="canvas-demo" width="650px" height="60px">
<!- 캔버스가 지원되지 않을 때의 이미지로 대체 -->
<img src="img/fallback-img.png" width="650" height="60"></img>
</canvas>
```

브라우저가 캔버스를 지원하지 않으면, 대체 이미지가 대신 표시될 것이다. <img> 요소와 달리 canvas 요소는 닫는 태그(</canvas>)가 반드시 작성되어야 한다. 캔버스에서는 특별한 라이브러리 없이도, 캔버스 API만으로도 도형을 그릴 수 있다.

```
<script>
    // 그래픽 변수
    var barw = 65,
        barh = 60;

    // 캔버스 노드 가져오기
    var canvas = document.getElementById('canvas-demo');
```

```
    // 2D 컨텍스트 가져오기
    var context = canvas.getContext('2d');

    // 10개의 직사각형에 사용될 색상 배열
    var color = ['#5c3566', '#6c475b', '#7c584f', '#8c6a44', '#9c7c39',
        '#ad8d2d', '#bd9f22', '#cdb117', '#ddc20b', '#edd400'];

    // 색칠하고 직사각형 그리기
    for (var k = 0; k < 10; k += 1) {
        // Set the fill color.
        context.fillStyle = color[k];
        // Create a rectangle in incremental positions.
        context.fillRect(k * barw, 0, barw, barh);
    }
</script>
```

ID가 `canvas-demo`인 `canvas` 요소에 접근하고 렌더링 컨텍스트를 얻기 위해 DOM API를 사용했다. 그리고 `fillStyle` 메소드와 `fillRect` 메소드를 써서 작은 직사각형을 그렸다. 색칠할 때마다 `fillStyle`을 호출해서 색상을 설정하지 않으면 모든 도형이 똑같은 색으로 칠해진다. 실행하면 아래와 같이 각자 다른 색으로 칠해진 여러 개의 직사각형을 볼 수 있다.

▲ 캔버스로 생성한 그래픽

캔버스는 SVG처럼 왼쪽 위 모서리를 원점으로 하고, 우측으로 갈수록 수평 값이 증가하고, 아래로 갈수록 수직 값이 증가하는 좌표계를 사용한다. 캔버스 노드를 얻기 위해 DOM API를 사용하는 대신 D3를 써서 캔버스 노드를 생성하고, 속성 값을 설정하고, 색상 축척과 도형의 위치를 지정할 수 있다. 캔버스에서 그려진 도형은 DOM 트리에 존재하지 않으므로, 캔버스에서 도형을 그리면 셀렉션을 생성하고, 데이터 바인딩하고, 요소를 추가하는 D3의 전형적인 패턴을 쓸 수가 없다.

도형 생성

canvas는 SVG보다 기본 도형이 적다. 대부분의 도형을 그리려면 경로path를 이용해야 하고, 경로를 생성하는 것은 기본 도형을 그리는 것보다 더 많은 절차를 거쳐야 한다. 경로를 이용해서 도형을 그리려면 먼저 경로를 열고, 마우스 커서를 원하는 위치로 옮기고, 도형을 그리고, 경로를 닫아야 한다. 경로가 작성되며 도형에 색을 칠하거나 윤곽선을 그리는 작업을 할 수 있다. 예를 들어 중심 좌표가 (325, 30)이고 반지름이 20인 반원을 그리려면 다음과 같은 코드가 필요하다.

```
// 빨간색 반원 생성
context.beginPath();
context.fillStyle = '#ff0000';
context.moveTo(325, 30);
context.arc(325, 30, 20, Math.PI / 2, 3 * Math.PI / 2);
context.fill();
```

arc 메소드로 반원의 중심점을 지정할 수 있기 때문에 moveTo 메소드는 없어도 된다. arc 메소드의 인자는 원호의 중심점의 x, y 좌표와 반지름, 시작각과 끝각이다. 마지막 인자로 Boolean 값을 인자로 넘기면 원호를 그리는 방향을 정할 수 있다. 캔버스 API로 그려진 기본 도형은 다음과 같다.

D3와 캔버스 통합

SVG 대신 캔버스와 D3의 포오스 레이아웃을 이용해서 작은 네트워크 차트를 하나 만들어보자. 그래프가 더 재미있어 보이게 하기 위해, 드문드문 연결된 250개의 노드를 만들기 위한 데이터를 랜덤으로 생성할 것이다. 노드와 링크는 data 객체의 속성으로 저장된다.

```
// 노드의 수
var nNodes = 250,
    createLink = false;

// 데이터셋 구조
var data = {nodes: [],links: []};
```

데이터셋에 노드와 링크를 추가한다. 노드에는 2 또는 4의 값을 가지는 radius 속성을 추가한다.

```
// 노드 반복문
for (var k = 0; k < nNodes; k += 1) {
    // 2 또는 4의 반지름을 갖는 노드 생성
    data.nodes.push({radius: (Math.random() > 0.3) ? 2 : 4});

    // 노드 사이의 랜덤 링크 생성
}
```

연결할 노드 사이의 인덱스 값 차이가 8 미만일 때의 10%에 해당하는 경우에만 링크를 생성한다. 이렇게 하면 노드 사이에 연결이 많이 생기지 않게 된다.

```
// 노드 사이에 임의의 링크 생성
for (var j = k + 1; j < nNodes; j += 1) {

    // 노드의 인덱스 값의 차이가 8 미만인 경우의 10%의 확률로 링크 생성
    createLink = (Math.random() < 0.1) && (Math.abs(k - j) < 8);

    if (createLink) {
        // 노드 사이의 인덱스 값 차이를 기준으로 거리 속성 추가
        data.links.push({
            source: k,
            target: j,
            dist: 2 * Math.abs(k - j) + 10
        });
    }
}
```

radius 속성으로 노드의 크기를 정한다. 링크는 노드 사이의 거리와 시작 노드 인덱스, 종료 노드 인덱스를 속성으로 갖는다. width와 height 변수를 설정한다.

```
// 너비와 높이
var width = 650,
    height = 300;
```

이제 포오스 레이아웃을 생성하고 설정해 보자. 앞 절에서 했던 것처럼 각 노드가 가진 힘은 해당 노드의 면적에 비례한다. 이번에는 linkDistance 메소드를 사용해서 링크 사이의 거리를 설정한다.

```
// 포오스 레이아웃 생성 및 설정
var force = d3.layout.force()
    .size([width, height])
    .nodes(data.nodes)
    .links(data.links)
    .charge(function(d) { return -1.2 * d.radius * d.radius; })
    .linkDistance(function(d) { return d.dist; })
    .start();
```

이제 캔버스 요소를 생성할 수 있다. 아래의 코드에서 셀렉션의 대상이 되는 노드를 얻기 위해 node 메소드를 쓴 점을 주목하자. append 메소드와 attr 메소드는 캔버스 API 메소드를 가지고 있지 않은 셀렉션을 반환한다.

```
// 캔버스 요소 생성 및 크기 설정
var canvas = d3.select('div#canvas-force').append('canvas')
    .attr('width', width + 'px')
    .attr('height', height + 'px')
    .node();
```

이제 캔버스에서 컨텍스트를 얻을 수 있다. 각 캔버스는 자신의 렌더링 컨텍스트를 가지며, 이번 예제에서는 2차원 도형을 그리기 위해 2d 컨텍스트를 사용한다. webgl 컨텍스트를 지원하는 브라우저도 있는데, 자세한 내용은 https://developer.mozilla.org/en-US/docs/Web/WebGL/Getting_started_with_WebGL을 참조한다. 2d 컨텍스트를 가져오는 코드는 다음과 같다.

```
// 캔버스에서 2d 컨텍스트 가져오기
var context = canvas.getContext('2d');
```

이제 포오스 레이아웃의 틱tick 이벤트에 대한 이벤트 리스너를 등록한다. 캔버스는 이전에 생성한 도형을 기억하지 못 하므로 도형을 지우고 틱이 발생할 때마다 모든 요소를 다시 그려야 한다.

```
force.on('tick', function() {
    // 전체 도형 지우기
    context.clearRect(0, 0, width, height);

    // 링크 그리기
    // 노드 그리기
});
```

clearRect 메소드는 인자로 받은 좌표로 구성되는 직사각형 내의 모든 도형을 지운다. 여기서는 캔버스 전체를 지웠다. 링크는 lineTo 메소드를 써서 그릴 수 있다. 시작 노드의 위치로 커서를 이동하고, 종료 노드로 선을 그리는 작업을 반복해서 링크를 그린다. 선을 그리는 일은 stroke 메소드가 담당한다.

```
// 링크 그리기
data.links.forEach(function(d) {
    // 시작 노드에서 종료 노드로 선 그리기
    context.beginPath();
    context.moveTo(d.source.x, d.source.y);
    context.lineTo(d.target.x, d.target.y);
    context.stroke();
});
```

arc 메소드를 써서 각 노드를 검은색으로 그린다.

```
// 노드 그리기
data.nodes.forEach(function(d, i) {
    // arc 메소드를 이용해 원을 그려서 노드 표시
    context.beginPath();
    context.arc(d.x, d.y, d.radius, 0, 2 * Math.PI, true);
    context.fill();
});
```

작업을 완료하면 중력에 의해 중심으로 모여드는 것과 같은 별자리 그림을 볼 수 있다. 포오스 레이아웃을 이용한 네트워크 차트는 다음과 같다.

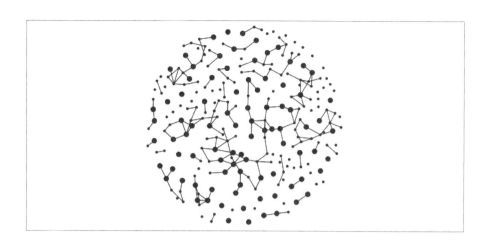

모든 도형을 다 지우고 새로 그리는 것을 계속 반복하는 것은 성능에 부정적인 영향을 미친다고 생각할 수 있지만, 캔버스로 도형을 그리는 것이 더 빠른 경우가 종종 있다. 왜냐하면 브라우저가 SVG 요소의 DOM 트리를 관리할 필요가 없기 때문이다(하지만, SVG 요소 자체가 변경되면 결국은 다시 그려야 한다).

정리

3장에서는 옛날 버전의 브라우저에서 SVG가 지원되지 않는 상황을 다루는 방법을 배웠다. SVG가 지원되는지 확인하는 방법과 div 요소만으로 시각화를 만드는 방법을 알아봤고, 어떤 기능이 기본적으로는 제공되지 않더라도 그 기능을 사용할 수 있게 해주는 폴리필도 살펴봤다. 특히 canvg 라이브러리를 이용해서 캔버스로 SVG를 렌더링하는 것도 배웠다.

4장에서는 Lab 색상 모델에 기반한 색상 선택기를 만들어 볼 것이다. 4장에서는 드래그 동작을 쓰는 방법을 알아보고, 드래그 동작을 써서 재사용 가능한 슬라이더 요소를 만든다. 또 슬라이더를 응용해서 색상 선택기를 만들어 볼 것이다.

4

D3로 색상 선택기 제작

4장에서는 D3로 슬라이더slider와 색상 선택기color picker를 구현해본다. 슬라이더와 색상 선택기를 만들 때 재사용 가능한 차트 패턴을 적용할 것이다. 그리고 더 복잡한 컴포넌트를 만들기 위해 재사용 가능한 차트를 구성하는 법을 알아볼 것이다.

슬라이더 컨트롤 제작

슬라이더는 사용자가 어떤 값을 선택할 때 직접 타이핑하지 않고 주어진 간격 내에서 선택할 수 있게 해주는 컨트롤이다. 슬라이더는 기준선을 따라 이리저리 이동할 수 있는 핸들을 가지고 있고, 핸들의 위치가 선택할 값을 결정한다. 선택한 값은 페이지 내의 다른 컴포넌트를 업데이트하는 데 사용된다. 이 절에서는 재사용 가능한 패턴을 적용해서 D3로 슬라이더를 만들 것이다. 슬라이더로 선택한 값이 변경될 때 슬라이더의 시각적 속성을 변경하고 다른 요소를 수정할 수 있는 API를 포함할 것이다. HTML5에서는 range 타입의 input 요소로 최소/최대값과 선택할 값을 설정할 수 있는 슬라이더를 만들 수 있다. HTML5에서는 color 타입의 input 요소로 네이티브 색상 선택기를 사용할 수도 있다. 네이티브 컨트롤은 직관적으로 사용하기 쉬운 기능들을 포함하고 있고 슬라이더를 조작할 때 키보드를 사용할 수도 있다. input 요소에 대한 자세한 내용은 https://developer.mozilla.org/en/docs/Web/HTML/Element/Input을 참조한다. chapter04/01-slider.html 파일을 열고 이 절의 예제를 따라해 보자.

▲ 완성된 슬라이더 컴포넌트

드래그 반응

먼저 간단한 예제를 통해 드래그 동작을 쓰는 법을 살펴보자. 먼저 svg 요소를 생성하고 가운데에 회색 원을 그려보자.

```
// svg의 너비와 높이
var width = 600, height = 150;

// svg 요소 생성
var svg = d3.select('#chart').append('svg')
    .attr('width', width)
    .attr('height', height);

// 중간에 회색 원 추가
var circle = svg.append('circle')
    .attr('cx', width / 2)
    .attr('cy', height / 2)
    .attr('r', 30)
    .attr('fill', '#555');
```

svg와 circle 요소를 생성했지만 circle이 아직 움직일 수는 없다. D3는 컨테이너 요소에 이벤트 리스너event listener를 생성하는 함수인 반응behavior 기능을 통해 어떤 요소에 발생한 이벤트를 감지할 수 있다. 드래그 동작을 감지하려면 드래그 반응을 적용할 수 있다. 드래그 반응은 세 가지의 드래그 이벤트인 dragstart, drag, dragend를 감지할 수 있다. 하나 또는 그 이상의 이벤트에 대한 이벤트 리스너를 추가해서 드래그 반응을 생성하고 설정할 수 있다. 예제에서는 다음과 같이 drag 이벤트에 대한 리스너를 추가한다.

```
// 드래그 반응 생성 및 설정
var drag = d3.behavior.drag().on('drag', dragListener);
```

D3 드래그 반응에 대한 자세한 내용은 https://github.com/mbostock/d3/wiki/Drag-Behavior에 있는 D3 위키 페이지를 참고한다. circle에 드래그 반응을 추가하려면 circle 셀렉션을 전달해서 drag 함수를 호출하거나, 다음과 같이 call 메소드를 사용한다.

```
// circle에 드래그 처리 추가
circle.call(drag);
```

사용자가 원을 드래그하면, dragListener 함수가 호출된다. dragListener 함수는 circle에 바인딩된 데이터 아이템이 있다면 받아서, 컨테이너 요소를 this로 설정한다. 예제에서는 circle 요소가 this가 된다. dragListener 함수에서는 circle의 위치를 업데이트한다. cx 속성과 cy 속성은 문자열로 반환되므로 앞에 + 부호를 붙여주면 숫자로 변환한다. 다음 코드를 보자.

```
// 드래그 발생 시 circle 이동
function dragListener(d) {
    // circle의 현재 위치
    var cx = +d3.select(this).attr('cx'),
        cy = +d3.select(this).attr('cy');

    // circle의 드래그 후 새로운 위치
    d3.select(this)
        .attr('cx', cx + d3.event.dx)
        .attr('cy', cy + d3.event.dy);
}
```

dragListener 함수는 circle의 cx와 cy 값을 업데이트 하지만, 다른 속성도 변경할 수 있다. 심지어 다른 요소의 속성도 변경할 수 있다. 다음 절에서는 드래그 반응을 이용해서 간단한 svg 슬라이더를 만들어볼 것이다.

슬라이더 제작

슬라이더 컴포넌트에는 설정 가능한 너비와 정의역, 그리고 슬라이드할 때 호출되는 리스너 함수가 있다. 슬라이더를 사용하기 위해 슬라이더를 svg 그룹에 추가한다. 그룹으로 묶이면 함께 이동, 회전, 크기 변경이 가능하기 때문에 같은 슬라이더를 svg 요소 안에서 수평으로, 수직으로, 심지어 대각선으로도 표시할 수도 있다. 재사용 가능한 차트 패턴을 적용해서 슬라이더를 구현한다.

```
function sliderControl() {
    // 슬라이더 속성

    // 차트 그리는 함수
    function chart(selection) {
        selection.each(function(data) {
            // 슬라이더 요소 생성
        });
    }

    // 접근자 메소드

    return chart;
}
```

width와 domain 속성과 접근자 메소드인 chart.width, chart.domain을 추가한다. 접근자 메소드는 인자 없이 호출되면 해당 변수의 현재 값을 반환하고, 인자와 함께 호출되면 chart 함수를 반환한다는 점을 기억하자.

```
function chart(selection) {
    selection.each(function(data) {
        // 컨테이너 그룹 셀렉션
        var group = d3.select(this);

        // 슬라이더 생성
    });
}
```

슬라이더는 svg 그룹 안에서 생성되는 걸로 가정하지만, 컨테이너 요소의 타입을 감지해서 타입별로 처리할 수도 있다. 예를 들어 컨테이너 요소가 div였다면, 그 div에 svg를 추가하고 거기에 group을 추가할 수 있었을 것이다. 그룹 단위로 처리하면 작업을 단순화할 수 있다. svg의 line 요소를 이용해서 기준선을 만든다.

```
// 전체 너비와 같은 사이즈의 line 추가
group.selectAll('line')
    .data([data])
    .enter().append('line')
    .call(chart.initLine);
```

기준선 생성 부분을 chart.initLine 메소드에 넣어 캡슐화한다. chart.initLine 메소드는 생성한 line 셀렉션을 인자로 받아서 line의 위치와 다른 속성을 설정한다.

```
// line의 초기 속성값 설정
chart.initLine = function(selection) {
    selection
        .attr('x1', 2)
        .attr('x2', width - 4)
        .attr('stroke', '#777')
        .attr('stroke-width', 4)
        .attr('stroke-linecap', 'round');
};
```

line의 x1, x2 좌표값을 설정했다. 좌표값의 기본값은 0이므로 y1이나 y2의 좌표값은 직접 지정해 주지 않아도 0으로 설정된다. stroke-linecap 속성은 line의 각진 끝부분을 둥글게 처리해 주지만, x1과 x2 값도 그에 맞게 조정해야 둥글게 처리된다. stroke-width이 4픽셀이면, 둥글게 처리할 때의 반지름은 2픽셀이 적용되어 line의 끝부분에 추가된다. 같은 방법으로 그룹에 circle을 생성해 보자.

```
// circle을 핸들러로 추가
var handle = group.selectAll('circle')
    .data([data])
    .enter().append('circle')
    .call(chart.initHandle);
```

initHandler 메소드는 핸들이 되는 원의 반지름, 채움색, 선, 위치를 설정한다. initHandler 함수의 전체 코드는 예제 파일을 참고한다. 슬라이더의 값을 원의 위치에 매핑하기 위해 축척을 생성한다.

```
// 위치 축척 설정
var posScale = d3.scale.linear()
    .domain(domain)
    .range([0, width]);
```

원의 위치가 슬라이더의 초기 선택값을 나타낸다.

```
// 원의 위치 설정
handle
    .attr('cx', function(d) { return posScale(d); });
```

지금까지 슬라이더 기준선과 핸들러를 만들었지만, 핸들은 여전히 움직일 수 없는 상태다. 핸들러 원에 드래그 반응을 추가하자.

```
// 드래그 반응 생성 및 설정
var drag = d3.behavior.drag().on('drag', moveHandle);

// 핸들러에 드래그 반응 추가
handler.call(drag);
```

moveHandle 리스너는 원의 수평 위치만 업데이트 해서 원이 기준선 안에서만 이동하도록 한다. 핸들로 선택한 값을 바인딩해야 하지만, cx 속성은 핸들의 위치를 픽셀로 알려준다. invert 메소드를 사용해서 선택된 값을 계산하고, 계산한 값을 원에 다시 바인딩 하므로 호출하는 함수에서 사용할 수 있다.

```
function moveHandle(d) {
    // 핸들러의 이동 후 위치 계산
    var cx = +d3.select(this).attr('cx') + d3.event.dx;

    // 핸들러가 유효한 범위 내에 있을 경우 위치 업데이트
    if ((0 < cx) && (cx < width)) {
        // 새로 선택한 값을 계산하고 데이터와 다시 바인딩
        d3.select(this).data([posScale.invert(cx)])
            .attr('cx', cx);
    }
}
```

슬라이더를 사용하려면 컨테이너 div에 슬라이더 svg를 추가하고 너비와 높이를 설정해야 한다.

```
// 슬라이더 svg의 크기와 여백
var width = 600, height = 60, margin = 20;

// svg 요소 생성 크기 설정
var svg = d3.select('#chart').append('svg')
    .attr('width', width + 2 * margin)
    .attr('height', height + 2 * margin);
```

이제 slider 함수를 생성하고 width와 domain을 설정한다.

```
// 초기값과 정의역의 유효 범위
var value = 70, domain = [0, 100];

// 슬라이더 컨트롤 생성 및 설정
var slider = sliderControl().width(width).domain(domain);
```

컨테이너 그룹 셀렉션을 생성하고 초기값을 원소로 하는 데이터 배열과 컨테이너 그룹 셀렉션을 데이터 바인딩하고, enter 셀렉션에 그룹을 추가한다. 그룹을 적절한 위치로 이동하고 call 메소드에 slider 함수를 전달하여 호출한다.

```
var gSlider = svg.selectAll('g')
    .data([value])
    .enter().append('g')
    .attr('transform', 'translate(' + [margin, height / 2] + ')')
    .call(slider);
```

컨테이너 그룹을 적당한 여백이 생기도록 이동하고, 수직 방향으로 가운데에 위치시켰다. 슬라이더는 이제 제대로 동작하지만, 아직 슬라이더에서 선택한 값에 따라 다른 컴포넌트의 상태를 업데이트 하는 기능은 없다. 다음의 스크린샷을 보자.

▲ SVG 그룹에 추가된 슬라이더

사용자가 핸들러를 움직일 때 호출되는 사용자 설정 가능한 함수와 접근자 함수를
추가해서 슬라이더가 변경될 때 수행되는 일을 사용자가 정의할 수 있게 한다.

```
function sliderControl() {
    // 슬라이더 속성

    // 기본 콜백 함수
    var onSlide = function(selection) { };

    // 차트 그리는 함수
    function chart() {...}

    // 접근자 메소드
    // 슬라이더 콜백 함수
    chart.onSlide = function(onSlideFunction) {
        if (!arguments.length) { return onSlide; }
        onSlide = onSlideFunction;
        return chart;
    };

    return chart;
}
```

onSlide 함수는 핸들러 셀렉션을 인자로 넘겨주는 드래그 리스너 함수에 의해 호
출된다. 따라서, 슬라이더의 선택값은 인자로 넘겨지는 핸들러 셀렉션과 데이터
바인딩이 되어 있는 데이터 아이템으로서 onSlide 함수에 전달된다.

```
function moveHandle(d) {

    // 핸들러의 새로운 위치 계산
    var cx = +d3.select(this).attr('cx') + d3.event.dx;

    // 유효 범위 내에서 핸들러 위치 업데이트
    if ((0 < cx) && (cx < width)) {
        // 새 선택값 계산 및 데이터 바인딩
        d3.select(this).data([posScale.invert(cx)])
            .attr('cx', cx)
            .call(onSlide);
    }
}
```

onSlide 함수는 셀렉션을 인자로 받게 되어 있고, 그 셀렉션을 통해 슬라이더의 값을 얻을 수 있어야 한다. onSlide 함수를 이용해서 다른 직사각형의 색깔을 바꿀 수 있다.

슬라이더 사용

슬라이더로 다른 직사각형의 색깔을 바꿔보자. 먼저 svg 요소를 생성해서 너비, 높이, 여백을 설정한다.

```
// svg 요소 생성
var svg = d3.select('#chart').append('svg')
    .attr('width', width + 2 * margin)
    .attr('height', height + 3 * margin);
```

노란색에서 빨간색까지를 치역range으로 하는 선형 색상 축척을 만든다. 축척의 정의역은 슬라이더의 정의역과 같도록 설정한다.

```
// 정의역이 슬라이더의 정의역과 같고, 노란색에서 빨간색까지를 치역으로 하는 축척 생성
var cScale = d3.scale.linear()
    .domain(domain)
    .range(['#edd400', '#a40000']);
```

svg에 직사각형을 추가하고, 위에 슬라이더를 배치할 수 있는 공간을 남겨둔다. 다음과 같이 너비와 높이, 채움색을 설정한다.

```
// svg 요소에 직사각형 추가
var rectangle = svg.append('rect')
    .attr('x', margin)
    .attr('y', 2 * margin)
    .attr('width', width)
    .attr('height', height)
    .attr('fill', cScale(value));
```

슬라이더 컨트롤을 생성하고 크기 등의 속성을 설정한다. onSlide 함수는 앞에서 정의한 색상 축척에 따라 직사각형의 채움색을 변경할 것이다.

```
// 슬라이더 컨트롤 생성 및 설정
var slider = sliderControl()
    .domain(domain)
    .width(width)
    .onSlide(function(selection) {
        selection.each(function(d) {
            rectangle.attr('fill', cScale(d));
        });
    });
```

마지막으로 슬라이더를 포함하는 그룹을 추가하고 직사각형의 위쪽에 위치하도록 이동한다. call 메소드를 이용해서 slider 함수를 호출한다.

```
// 슬라이더를 포함하는 그룹을 생성하고 슬라이더를 그룹에 추가
var gSlider = svg.selectAll('g').data([value])
    .enter().append('g')
    .attr('transform', 'translate(' + [margin, margin] + ')')
    .call(slider);
```

결과는 다음 스크린샷처럼 나온다.

▲ 슬라이더에 의해 색깔이 변하는 직사각형

색상 선택기 제작

앞 절에서 만든 슬라이더를 응용해서 색상 선택기를 구현해 보자. 색상 선택기는 사용자가 색상을 선택할 수 있는 UI 컨트롤이다. 색상 선택기는 보통 색깔이 칠해진 작은 직사각형으로 표시되며, 사용자가 직사각형을 클릭하면 색상을 변경할 수 있는 컨트롤이 있는 창을 띄워준다. chapter04/02-color-picker.html 파일을 열어 코드를 따라해 보면 다음과 같은 결과가 나온다.

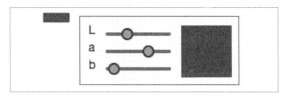

▲ 색상 선택기를 띄우는 직사각형과 앞 절에서 만든 슬라이더를 응용한 색상 선택기 윈도우

색상 선택기도 재사용 가능한 차트 패턴을 적용해서 구현할 것이다. 재사용 가능한 차트 패턴을 적용하면 컴포넌트를 색상 선택기 호출기color picker selector와 색상 선택 윈도우color picker window, 크게 두 개로 모듈화할 수 있다. 먼저 색상 선택기 호출기를 만들어 보자.

색상 선택기 호출기

색상 선택기 호출기 컨트롤은 작은 직사각형으로 표현된다. 사용자가 직사각형을 클릭하면 색상 선택기가 나오고, 색상 선택기에서 특정 색상을 클릭하면 색상값이 설정된다. 색상 모델은 비공식적인 명칭으로는 Lab으로 알려진 CIELAB 1976 색상 모델을 사용할 것이다. 이 모델에서는 L은 밝기를 나타내고, a와 b 파라미터가 색상을 나타낸다. 이 모델은 다른 모델보다 균일하게 인지되는 것을 목표로 한다. 다시 말해, 색상값의 변화가 시각적으로도 거의 같은 만큼 달라 보이게 하는 것을 목표로 한다. 다음과 같이 재사용 가능한 차트 패턴을 적용해서 색상 선택기의 구조를 만든다.

```
function labColorPicker() {

    // 색상 선택기 호출기 속성

    // 색상 선택기 호출기 크기
    var width = 30,
    height = 10;

    // 기본 색상
    var color = d3.lab(100, 0, 0);
```

```
// 차트 그리는 함수
function chart(selection) {
    selection.each(function() {
        // 색상 선택기 생성
    });
}

// 너비와 높이에 대한 접근자 메소드

// 색상 접근자
chart.color = function(value) {
    if (!arguments.length) { return color; }
    color = d3.lab(value);
    return chart;
};

return chart;
}
```

chart.color 메소드는 d3.lab에 의해 변환될 수 있는 어떤 형식의 색상값도 인자로 받을 수 있고, 색상 선택기에서 선택한 색상을 가진 d3.lab 객체로 색상 선택기의 색상을 변경한 후 차트 함수를 반환한다. 너비와 높이를 설정할 접근자 메소드도 추가할 수 있다(코드를 축약하기 위해 앞의 코드에서는 생략). 색상 선택기를 사용하기 위해 컨테이너 그룹을 생성하고, call 메소드를 통해 색상 선택기 호출기를 생성한다.

```
// svg 생성

// 색상 선택기 생성 및 초기 색상값 설정
var picker = labColorPicker().color('#a40000');

// 색상 선택기 그룹 생성 및 적정 위치로 이동
var grp = svg.append('g')
    .attr('transform', 'translate(' + [offset, offset] + ')')
    .call(picker);
```

색상 선택기 호출기와 색상 선택기 호출기를 둘러싼 요소들 사이에 여백을 주기 위해 색상 선택기 그룹을 이동한다. 차트 함수에서는 직사각형 셀렉션을 생성하고, 현재 색상을 직사각형 셀렉션에 데이터 바인딩하고, enter 셀렉션에 직사각형을 추가한다.

```
function chart(selection) {
    selection.each(function() {
        // 컨테이너 그룹과 직사각형 생성
        var group = d3.select(this),
            rect = group.selectAll('rect');

        // 직사각형과 색상 아이템 데이터 바인딩
        // 크기, 선, 채움색 등 설정
        rect.data([chart.color()])
            .enter().append('rect')
            .attr('width', width)
            .attr('height', height)
            .attr('fill', function(d) { return d; })
            .attr('stroke', '#222')
            .attr('stroke-width', 1);
    });
}
```

이제 초기 색상이 설정된 색상 선택기 호출기가 만들어졌다.

색상 선택기 윈도우 추가

색상 선택기 호출기를 클릭하면 색상 선택기 윈도우가 나오고, 호출기를 한 번 더 클릭하면 색상 선택기가 다시 사라진다. div 요소를 이용해서 색상 선택기 윈도우를 만들어보자.

```
// 직사각형을 데이터와 바인딩
rect.data([chart.color()])
    .enter().append('rect')
    // 그 외 속성 설정
    .on('click', chart.onClick);
```

openPicker 함수는 직사각형에 바인딩된 데이터 아이템을 인자로 받는다. 사용자가 직사각형을 클릭하면 openPicker 함수가 호출된다. openPicker 함수는 div로 표시되는 색상 선택기 윈도우를 생성하고, 이미 있다면 제거한다.

```
var openPicker = function(d) {
    // 색상 선택기 셀렉션 생성 및 데이터 바인딩
    var div = d3.select('body').selectAll('div.color-picker')
        .data([d]);

    if (div.empty()) {
        // div 컨테이너가 없다면 생성
        div.enter().append('div')
            .attr('class', 'color-picker');
    } else {
        // div 컨테이너가 있다면 제거
        d3.select('body').selectAll('div.color-picker')
            .remove();
    }
};
```

empty 메소드를 써서 요소가 존재하는지 체크해서, 셀렉션이 비어 있으면 색상 선택기 윈도우를 표시할 div를 생성하고 속성을 설정하고, 셀렉션이 비어 있지 않으면 색상 선택기 윈도우를 제거한다. 색상 선택기 윈도우가 호출기 직사각형 오른쪽에 나타나도록 position 스타일 속성을 이용한다. 색상 선택기 윈도우를 원하는 위치에 표시되게 하려면, position 속성을 absolute로 하고, top과 left offset 값을 적절히 정해야 한다. 색상 선택기 윈도우 div의 너비, 높이, 배경색을 임시로 지정한다.

```
// div 컨테이너가 없다면 생성
div.enter().append('div')
    .attr('class', 'color-picker')
    .style('position', 'absolute')
    .style('left', (d3.event.pageX + width) + 'px')
    .style('top', d3.event.pageY + 'px')
    .style('width', '200px')
    .style('height', '100px')
    .style('background-color', '#eee');
```

사용자가 클릭하면 나타나고, 다시 클릭하면 사라지는 색상 선택기 윈도우 div 요소를 만들었다. 가장 중요한 것은 div가 호출기 직사각형과 동일한 데이터 아이템과 데이터 바인딩되어 있다는 점과, onClick 메소드의 this는 호출기 직사각형 노드라는 점이다. 이제 색상 선택기 윈도우를 재사용 가능한 차트로 만들고 색상 선택기 호출기와 바인드할 수 있다.

색상 선택기 윈도우

지금까지 작업한 것을 한 번 되돌아보자. 색상 선택기는 색상 선택기 호출기와 색상 선택기 윈도우, 두 가지로 구성되어 있다. 색상 선택기 윈도우는 사용자가 호출기를 클릭하면 나타나고, 다시 호출기를 클릭하면 사라지는 div 요소다. 이제 재사용 가능한 차트 패턴을 적용해서 색상 선택기 윈도우를 생성해 보자. 다음의 스크린샷을 참고하자.

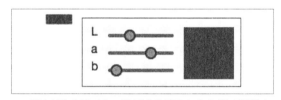

▲ 색상 선택기 컴포넌트, 앞 절에서 만든 슬라이더를 사용한다

색상 선택기를 독립적인 차트로 만들 수 있다. 하지만, 이번에는 단순하게 하기 위해 width, height, margins 속성을 설정 가능하게 하지는 않을 것이다. 이번 예제에서는 만들어야 할 요소가 상당히 많으므로 가장 중요한 것들만 집중해서 알아보자.

```
function labColorPickerWindow() {

    // 차트 속성
    var margin = 10,
        // 그 외 속성 설정
        width = 3 * margin + labelWidth + sliderWidth + squareSize,
        height = 2 * margin + squareSize;
```

```
function chart(selection) {
    selection.each(function(data) {
        // 컨테이너 div 셀렉션 생성 및 스타일 설정
        var divContent = d3.select(this);

        // divContent의 크기와 위치 지정

        // svg 요소 생성
        var svg = divContent.selectAll('svg')
            .data([data])
            .enter().append('svg');

        // svg 너비와 높이 설정

        // 기타 요소 추가
    });
}

return chart;
};
```

여기서도 재사용 가능한 차트의 기본 구조를 적용했다. selection.each 함수 안의 data는 호출기의 색깔이고 this는 컨테이너 div라는 점을 기억해두자. 먼저 선택된 색상을 보여줄 직사각형을 추가한다.

```
// 색상 정사각형 추가
var colorSquare = svg.append('rect')
    .attr('x', 2 * margin + sliderWidth + labelWidth)
    .attr('y', margin)
    .attr('width', squareSize)
    .attr('height', squareSize)
    .attr('fill', data);
```

이 색상 정사각형을 색상 선택기 윈도우의 오른쪽에 배치할 것이다. 그 다음에 각 슬라이더를 수직 방향으로 위치시킬 축척을 생성한다. 축척의 rangePoints 메소드는 슬라이더를 수직 방향으로 같은 간격으로 배치할 수 있게 해준다.

```
// 슬라이더를 수직 방향으로 같은 간격으로 배치하는 순서 축척
var vScale = d3.scale.ordinal()
    .domain([0, 1, 2])
    .rangePoints([0, squareSize], 1);
```

앞에서 만든 축척을 이용해서 각 색상 컴포넌트를 위한 슬라이더 요소를 포함하는
그룹의 위치를 지정한다. 색상의 l 컴포넌트를 위한 슬라이더를 만들어보자.

```
var sliderL = sliderControl()
    .domain([0, 100])
    .width(sliderWidth);
    .onSlide(function(selection) {
        selection.each(function(d) {
            data.l = d;
            updateColor(data);
        });
    });
```

색상의 l 컴포넌트는 슬라이더의 움직임에 따라 업데이트 되고, 색상을 인자로 전
달해주는 updateColor 함수가 호출된다. 슬라이더를 표시하는 그룹을 추가하고
적절한 위치로 이동한다. 그룹에 바인딩되어 있는 데이터는 사용자가 핸들러를 움
직임에 따라 변경되는 값이라는 점을 잊지 말자.

```
var gSliderL = svg.selectAll('g.slider-l')
    .data([data.l])
    .enter().append('g')
    .attr('transform', function() {
        var dx = margin + labelWidth,
        dy = margin + vScale(0);
        return 'translate(' + [dx, dy] + ')';
    })
    .call(sliderL);
```

첫 번째 슬라이더가 만들어졌다. 비슷한 방법으로 a와 b 색상 컴포넌트를 위한 슬
라이더와 그룹을 추가한다. 사용자가 슬라이더를 움직이면 색상 정사각형과 호출
기 직사각형의 색깔이 업데이트되어야 한다. 이 색상 선택기 윈도우 차트는 색상
선택기 윈도우의 스코프에서 접근할 수 없는 호출기 직사각형에 독립적이다. 색상

이 바뀔 때 호출되는 설정 메소드를 추가하면, labColorWindow의 사용자가 다른 요소를 업데이트할 수 있다. updateColor 함수는 색상 정사각형의 색깔을 바꾸고 onColorChange 함수를 호출한다.

```
// 색상 정사각형을 업데이트하고 onColorChange 호출
function updateColor(color) {
    colorSquare.attr('fill', color);
    divContent.data([color]).call(onColorChange);
}
```

color는 색상 선택기 윈도우 div에 바인드되어 있고, onColorChange 함수는 색상 선택기 윈도우 셀렉션을 인자로 받게 된다. onColorChange 함수를 설정할 수 있는 접근자 메소드와 기본 함수를 추가해야 한다. 기본 함수는 그냥 비어 있는 함수로 한다. 이제 다음과 같이 색상 선택기 윈도우를 생성할 수 있는 색상 선택기 호출기, 정확하게는 onClick 메소드를 업데이트할 수 있게 되었다.

```
chart.onClick = function(d) {
    // 색상 선택기 직사각형 셀렉션
    var rect = d3.select(this);

    // 색상 선택기 div 셀렉션에 데이터 바인딩
    if (div.empty()) {
        // 색상 선택기 내부 생성
        var content = labColorPickerWindow()
            .onColorChange(function(selection) {
                selection.each(function(d) {
                    rect.data([d]).attr('fill', d);
                });
            });

        // 컨테이너 div가 존재하지 않으면 새로 생성
        div.enter().append('div')
            .attr('class', 'color-picker')
            // set more attributes....
            .call(content);

        // 데이터를 직사각형에 다시 바인딩
```

```
        rect.data([div.datum()]);
    } else {
        // 직사각형의 색상 업데이트
        rect.data([div.datum()])
            .attr('fill', function(d) { return d; });

        // 색상 선택기 윈도우 제거
        d3.select('body')
            .selectAll('div.color-picker').remove();
    }
};
```

이제 색상 선택기를 통해 색상을 선택할 수 있다. 하나 빠진 것이 있는데, 사용자가 색상을 바꾸면서 어떤 작업을 할 수 있도록 처리해주는 부분이 아직 빠져 있다. 이를 위해, onChangeColor 함수와 색상 선택기 윈도우에 대한 접근자 메소드를 추가하고, chart.onClick 메소드의 마지막에서 실행되도록 한다. onChangeColor 함수를 통해 사용자는 색상 선택기에서 선택한 색상으로 다른 컴포넌트의 색상을 바꿀 수 있다.

```
chart.onClick = function(d) {
    // ...

    // 사용자 콜백 호출
    onColorChange(color);
};
```

색상 선택기를 사용하려면 그룹을 포함하는 셀렉션에 색상 선택기를 추가하고 onColorChange 함수를 설정하면 된다.

```
// 색상 선택기 생성
var picker = labColorPicker()
    .color('#fff)
    .onColorChange(function(d) {
        // 페이지 배경색 변경
        d3.select('body').style('background-color', d);
    });
```

```
// 색상 선택기 그룹 생성 및 이동
var grp = svg.append('g')
    .attr('transform', 'translate(30, 30)')
    .call(picker);
```

사용자가 색상 선택기에서 색상을 선택하면 예제 페이지의 배경색이 바뀔 것이다. 이번 절에서는 색상 선택기를 만들기 위해 슬라이더 컴포넌트를 사용했다. 색상 선택기는 색상 선택기 호출기와 색상 선택기 윈도우 두 개의 컴포넌트로 구성된다. 사용자가 색상 선택기 호출기를 클릭하면 색상 선택기 호출기는 색상 선택기 윈도우의 인스턴스를 생성하고, 사용자가 색상 선택기 호출기를 다시 클릭하면 색상 선택기 윈도우 컨테이너를 제거한다.

정리

4장에서는 드래그 반응과 재사용 가능한 차트 패턴을 응용해서 슬라이더 컨트롤을 만들어봤다. 슬라이더 컨트롤은 사용자가 어떤 범위 내에 있는 값을 선택할 수 있게 해준다. 이 슬라이더를 응용해서 Lab 색상 공간의 색을 선택할 수 있는 색상 선택기를 만들었다. 색상 선택기는 슬라이더의 공개된 public 인터페이스만을 사용해서 구현되었기 때문에, 색상 선택기의 구현을 위해 슬라이더의 내부를 알 필요는 없다. 재사용 가능한 컴포넌트를 잘 조합하면 그 컴포넌트 각각의 내부 요소를 자세히 알지 못해도 풍부한 기능을 가진 컴포넌트를 만들어 낼 수 있다.

5장에서는 차트에 쓸 툴팁을 만드는 법을 알아보고, 더 고도화 된 사용자 인터페이스 컴포넌트를 구현해 본다. 브러시brush 기능을 통해 두 지점간의 차이를 측정할 수 있는 영역 차트area chart도 만들어 볼 것이다.

5
사용자 인터페이스 제작

4장에서는 재사용 가능한 컨트롤과 사용자 인터페이스를 만들기 위해 드래그 반응과 SVG 요소를 사용하는 방법을 배웠다. 5장에서는 4장에서 만든 것을 보완할수 있는 추가적인 요소를 만들 것이다. 데이터 시각화를 설계할 때, 화면 영역은가장 부족한 자원 중의 하나다. 화면을 지나치게 많은 요소로 꽉 채우지 않으면서픽셀을 최대한 이용해야 한다. 사용자가 추가적인 정보를 빠르면서도 다른 요소에 지장을 주지 않고 요청할 수 있도록, 상황에 맞게 달라지는 사용자 인터페이스요소를 추가하는 것이 이 문제를 해결하는 전략 중의 하나다. 툴팁tooltip이 바로 그역할을 담당한다. 툴팁은 어떤 아이템에 대한 추가적인 정보를 보여주면서도 전체적인 시각화에 영향을 주지 않는다.

페이지 안에 많은 요소가 배치되면, 사용자는 시각화의 중요한 부분을 놓치거나,개별 요소를 따라가는 데 어려움을 겪을 수 있다. 중요한 부분을 강조하면, 사용자가 페이지 내에서 가장 적절한 요소에 주의를 기울일 수 있도록 유도할 수 있다.

5장에서는 원하는 요소를 강조하는 방법과 재사용 가능한 툴팁을 만들어 볼 것이다. 그리고 차트 영역에서 일정 부분을 선택하고, 선택 범위에 대한 추가적인 정보를 보여주는 브러시brush 도구를 이용해서 차트를 만들어 볼 것이다.

차트 요소 강조

과일과 그 과일 100g당 포함되어 있는 칼로리를 나타내는 원을 그리는 단순한 차트를 만들어보자. 과일 정보를 나타내는 JSON 파일은 다음과 같다.

```
{
  "name": "Fruits",
  "data": [
    {
      "name": "Apple",
      "description": "The apple is the pomaceous fruit..."
      "amount_grams": 100,
      "calories": 52,
      "color": "#FF5149"
    },
    ...
  ]
}
```

과일을 원으로 표현해서 수평으로 배치한다. 원의 면적이 100g당 칼로리를 나타내고, 데이터에 따라 원의 색깔이 정해진다. 지금까지와 마찬가지로, 재사용 가능한 차트 패턴을 적용해서, 차트 속성을 가진 클로저 함수를 만들고, 다음과 같이 차트 렌더링 로직을 포함하는 chart 함수를 만든다.

```
function fruitChart() {

    // 차트 속성
    var width = 600,
        height = 120;
```

```
    // 반지름 범위
    var radiusExtent = [0, 40];

    // 차트 함수
    function chart(selection) {
        selection.each(function(data) {
            // 차트 함수 내용
        });
    }

    // 접근자 메소드

    return chart;
}
```

여기서 만들 과일 차트를 나중에 재사용 할 일은 없을 것 같지만, 재사용 가능한 차트 구조는 차트 변수를 캡슐화하고 더 깨끗한 코드를 작성할 수 있으므로 여전히 유효하다. 다음과 같이 chart 함수 안에서 div 컨테이너 셀렉션을 생성하고, svg 요소를 생성하고, 너비와 높이를 설정한다.

```
// 차트 함수
function chart(selection) {
    selection.each(function(data) {

        // div 셀렉션 및 svg 셀렉션 생성
        var div = d3.select(this),
        svg = div.selectAll('svg').data([data]);

        // enter 셀렉션에 svg 요소 추가
        svg.enter().append('svg');

        // svg 요소의 너비와 높이 설정
        svg.attr('width', width).attr('height', height);

        // 그 외 요소 추가
    });
}
```

원이 수평 방향으로 같은 간격으로 표시되게 하기 위해, 다음의 코드에서 볼 수 있는 것처럼 각 원의 위치를 순서 축척을 이용해서 계산한다.

```
// 수평 위치 계산을 위한 축척 생성
var xScale = d3.scale.ordinal()
    .domain(d3.range(data.length))
    .rangePoints([0, width], 1);
```

rangePoints 메소드는 [0, width]의 범위를 정의역인 d3.range(data.length)에 있는 숫자로 나눈다. 두 번째 인자인 1은 인접한 두 아이템 사이의 거리의 배수를 나타낸다. 칼로리를 원의 면적으로 나타내기 위해서 원의 반지름을 계산하기 위한 축척도 추가한다. 앞에서 이야기한 것처럼, 원의 면적은 우리가 표현하고자 하는 수치에 비례해야 한다.

```
// 칼로리 최대값
var maxCal = d3.max(data, function(d) {
    return d.calories;
});
```

```
// 반지름 계산을 위한 스케일 생성
var rScale = d3.scale.sqrt()
    .domain([0, maxCal])
    .rangeRound(radiusExtent);
```

그룹을 추가하고 원과 레이블label을 표시할 적절한 위치로 이동한다.

```
// 각 원을 위한 컨테이너 그룹 생성
var gItems = svg.selectAll('g.fruit-item').data(data)
    .enter()
    .append('g')
    .attr('class', 'fruit-item')
    .attr('transform', function(d, i) {
        return 'translate(' + [xScale(i), height / 2] + ')';
    });
```

이제 원을 추가하고 과일 이름을 나타내는 레이블과 1회 제공량 당 칼로리를 나타내는 또 다른 레이블을 표시할 수 있다. 레이블을 가운데로 정렬하고 폰트 사이즈를 설정한다.

```
// 아이템 그룹에 원 추가
var circles = gItems.append('circle')
    .attr('r', function(d) { return rScale(d.calories); })
    .attr('fill', function(d) { return d.color; });

// 과일 이름 레이블 추가
var labelName = gItems.append('text')
    .attr('text-anchor', 'middle')
    .attr('font-size', '12px')
    .text(function(d) { return d.name; });

// 칼로리 레이블 추가
var labelKCal = gItems.append('text')
    .attr('text-anchor', 'middle')
    .attr('font-size', '10px')
    .attr('y', 12)
    .text(function(d) { return d.calories + ' kcal'; });
```

이제 차트 화면을 만들 수 있다. 다음 코드와 같이 JSON 파일을 로드하고, 과일 차트를 생성 및 설정하고, div 컨테이너 셀렉션을 생성하고, div 컨테이너 셀렉션을 인자로 넘겨주면서 차트 함수를 호출한다.

```
// JSON 데이터 로딩 및 파싱
d3.json('/chapter05/fruits.json', function(error, root) {

    // 에러 메시지 표시
    if (error) {
        console.error('Error getting or parsing the data.');
        throw error;
    }

    // 차트 생성 및 설정
    var fruits = fruitChart();
    d3.select('div#chart')
        .data([root.data])
        .call(fruits);
});
```

다음과 같은 차트 화면을 볼 수 있지만 아무런 강조점이 없어서 조금 밋밋하다.

▲ 아무런 강조점이 없는 과일 차트의 초안

강조를 위해 원 위에 마우스를 가져가면 원의 색이 동일한 색조hue에서 더 밝아지고 원에 작은 테두리가 나타나게 하고, 마우스가 원 밖으로 나가면 다시 원래 상태로 돌아오는 효과를 추가해 보자. DOM API로도 각 요소에 대한 이벤트 리스너를 바인딩 할 수 있지만, selection.on 메소드를 쓰면 셀렉션에 있는 모든 요소에 한 번에 리스너를 바인딩할 수 있다. 다른 대부분의 D3 함수에서와 마찬가지로, 리스너 함수 안에서의 this 컨텍스트는 셀렉션에 있는 요소로 설정된다. d3.rgb 함수는 16진수 문자열로 RGB 색상을 만들어 준다. brighter 메소드는 색상이 밝아지는 정도를 나타내는 k를 파라미터로 받아 더 밝은 색상을 반환한다. k는 기본값이 1로 설정되어 있어 필수 파라미터는 아니며, RGB 각 채널의 색상 값에 $0.7^{(-k)}$를 곱해서 더 밝은 색상값을 반환한다. brighter 메소드를 이용해서 mouseover 이벤트가 발생할 때 원이 밝게 강조되게 한다.

```
// mouseover와 mouseout 이벤트 리스너 추가
circles
    .on('mouseover', function(d) {
        d3.select(this)
            .attr('stroke-width', 3)
            .attr('fill', d3.rgb(d.color).brighter())
            .attr('stroke', d.color);
    })
    .on('mouseout', function(d) {
        d3.select(this)
            .attr('stroke-width', 0)
            .attr('fill', d.color);
    });
```

원 위로 마우스를 가져가면 해당 과일에 대한 정보가 강조된다.

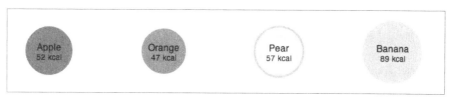

▲ 강조된 과일은 밝은색으로 바뀌고 테두리가 추가된다

단순한 예제였지만, 규모가 큰 차트에서도 강조하는 방법은 동일하다. 강조를 위한 다른 전략도 물론 있다. 예를 들면, CSS 클래스를 추가하거나 제거하는 방법도 가능하다. 이 전략을 사용하면 스타일 적용을 위한 하드코딩을 할 필요가 없다는 점이 유용하다.

툴팁 제작

툴팁tooltip은 사용자가 마우스 포인터를 어떤 요소 위로 가져갔을 때, 그 상황에 맞는 정보를 보여주는 작은 요소다. 툴팁을 쓰면 시각화를 어수선하게 하지 않고도 상세한 정보를 보여줄 수 있다. 이 절에서는 툴팁을 앞에서 다뤘던 재사용 가능한 차트 패턴과는 조금 다른 패턴을 적용해서 만들어 본다. 앞에서 다룬 차트에서는 데이터를 차트 컨테이너 셀렉션에 바인딩했었는데, 이번에는 툴팁을 띄우는 요소와 툴팁을 바인딩할 것이다. 다시 말해, 차트 함수의 인자로 넘겨지는 셀렉션은 툴팁을 띄우는 요소를 포함한다는 것이다. 과일 차트를 예로 들면, 원 위에 마우스 포인터를 가져가면 툴팁이 나타나고, 마우스가 움직임에 따라 툴팁도 따라 움직이고, 마우스가 원 밖으로 나갈 때 툴팁이 사라질 것이다. 툴팁을 재사용 가능한 차트로 만들지만, 컨테이너 셀렉션을 호출하는 대신, 툴팁을 띄우는 원을 셀렉션에 포함하여 인자로 전달할 것이다. 달라진 점을 염두에 두고 툴팁 차트를 만들어 보자.

```
function tooltipChart() {

    // 툴팁 속성

    // 차트 함수
    function chart(selection) {
        selection.each(function(d) {
            // 컨테이너 요소에 마우스 이벤트 바인딩
            d3.select(this)
                .on('mouseover', create)
                .on('mousemove', move)
                .on('mouseout', remove);
        });
    }

    // 접근자 메소드

    return chart;
}
```

인자로 전달되는 셀렉션에 대한 mouseover, mousemove, mouseout에 대한 이벤트 리스너를 추가했다. 각 요소에 바인딩된 데이터는 create, move, remove 리스너에게 전달된다. 이 리스너 함수는 툴팁을 생성하고, 이동하고, 제거한다. 다음과 같이 툴팁을 생성하기 위해 body 요소 하위에 div 컨테이너를 생성하고, 마우스 포인터 위치에서의 오프셋을 설정한다.

```
// 툴팁 차트 생성
var create = function(data) {

    // 툴팁 컨테이너 div 생성
    var tooltipContainer = d3.select('body').append('div')
        .datum(data)
        .attr('class', 'tooltip-container')
        .call(init);

    // 툴팁을 초기 위치로 이동
    tooltipContainer
        .style('left', (d3.event.pageX + offset.x) + 'px')
        .style('top', (d3.event.pageY + offset.y) + 'px');
};
```

툴팁을 마우스 포인터 가까이에 위치시키기 위해 position을 absolute로 지정한다. pointer-event는 none으로 지정해서 마우스 이벤트를 캡처하지 않도록 한다. 그 외 다른 스타일도 style 요소 안에 작성했다. 툴팁의 제목과 내용에 대한 스타일도 지정한다.

```
<style>
.tooltip-container {
    position: absolute;
    pointer-events: none;
    padding: 2px 4px 2px 6px;
    background-color: #eee;
    border: solid 1px #aaa;
}

.tooltip-title {
    text-align: center;
    font-size: 12px;
    font-weight: bold;
    line-height: 1em;
}

.tooltip-content {
    font-size: 11px;
}
</style>
```

초기화 함수에서는 툴팁을 위한 div 컨테이너를 생성하고 제목과 내용을 위한 p 요소를 추가한다. title과 content 접근자 메소드를 추가해서 사용자가 바운딩된 데이터를 기준으로 제목과 내용을 설정할 수 있게 한다.

```
// 툴팁 초기화
var init = function(selection) {
    selection.each(function(data) {
        // 툴팁 컨테이너 생성 및 설정
        d3.select(this)
            .attr('class', 'tooltip-container')
            .style('width', width + 'px');
```

```
        // 툴팁 제목
        d3.select(this).append('p')
            .attr('class', 'tooltip-title')
            .text(title(data));

        // 툴팁 내용
        d3.select(this).append('p')
            .attr('class', 'tooltip-content')
            .text(content(data));
    });
};
```

chart.move 메소드는 마우스 포인터 움직임에 따라 툴팁의 왼쪽 및 위쪽 오프셋을 조정해서 툴팁도 마우스와 함께 움직이게 한다. chart.remove 메소드는 문서에서 툴팁을 제거한다.

```
// 포인터를 따라 툴팁 이동
var move = function() {
    // 툴팁을 셀렉트하고 마우스를 따라 움직이게 한다.
    d3.select('body').select('div.tooltip-container')
        .style('left', (d3.event.pageX + offset.x) + 'px')
        .style('top', (d3.event.pageY + offset.y) + 'px');
};

// 툴팁 제거
var remove = function() {
    d3.select('div.tooltip-container').remove();
};
```

툴팁 사용

툴팁을 과일 차트에 적용해서 사용자가 마우스 포인터를 원 위로 가져가면 툴팁이 나오게 만들어 보자. 과일 차트에 다음과 같이 tooltip 함수를 추가한다.

```
function fruitChart() {

    // 툴팁 생성 및 설정
    var tooltip = tooltipChart()
        .title(function(d) { return d.name; })
```

```
        .content(function(d) { return d.description; });

    // 속성, 차트 함수, 접근자 메소드

    return chart;
}
```

차트 함수 안에서 원에 대한 셀렉션을 인자로 넘겨주면서 tooltip 함수를 호출
한다.

```
function fruitChart() {

    // 차트 속성

    // 차트 함수
    function chart(selection) {
        selection.each(function(data) {
            // 차트 함수 내용

            // 툴팁 이벤트 리스너에 네임스페이스를 부여해서
            // 원의 리스너를 덮어쓰지 않게 한다.
            circles
                .on('mouseover', function(d) { ... })
                .on('mouseout', function(d) { ... })
                .call(tooltip);
        });
    }

    // 접근자 메소드

    return chart;
}
```

 원은 이미 mouseover, mouseout 이벤트에 대한 리스너를 가지고 있음을 기억하자.
tooltip을 있는 그대로 추가하면 기존의 강조 기능을 하던 리스너는 제거되고 새로운 리스
너가 추가되므로, 강조 기능이 사라지게 된다.

동일한 이벤트 타입에 대해 여러 가지의 리스너를 등록하려면, 다음과 같이 툴팁이 관련된 이벤트에 네임스페이스를 추가해야 한다.

```
// 툴팁 차트 함수
function chart(selection) {
    selection.each(function(d) {
        // 마우스 이벤트를 컨테이너 요소에 바인딩
        d3.select(this)
            .on('mouseover.tooltip', create)
            .on('mousemove.tooltip', move)
            .on('mouseout.tooltip', remove);
    });
}
```

이제 과일 차트에 툴팁 기능과 강조 기능이 모두 추가되었다.

▲ 툴팁 표시와 강조 기능을 담당하는 리스너 추가된 과일 차트

브러시를 통한 영역 선택

이 절에서는 주식 가격을 나타내는 영역 차트를 생성하고 브러시brush를 통해 사용자가 특정 구간을 선택해서 그 구간의 정보를 확인할 수 있는 기능을 만들어 본다.

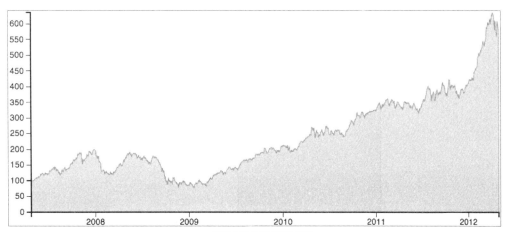

▲ 브러시로 특정 구간 선택

D3 예제 갤러리에서 TSV 파일로 다운로드할 수 있는 애플_{AAPL}의 주가 정보를 사용할 것이다. 다음 코드에서와 같이, 파일에는 날짜와 그 날의 종가가 포함되어 있고, 거의 5년간의 데이터가 저장되어 있다.

```
date close
1-May-12 582.13
30-Apr-12 583.98
27-Apr-12 603.00
26-Apr-12 607.70
...
```

영역 차트 생성

이번 차트 역시 재사용 가능한 차트 구조로 시작한다. 너비, 높이, 여백을 정하고, 접근자 메소드를 추가한다. 전체 코드는 chapter05/02-brushing.html 파일에 있다. 차트 함수 안에서 다음과 같이 svg의 크기를 설정한다.

```
// 차트 생성
function chart(selection) {
    selection.each(function(data) {

        // 컨테이너 요소 생성 및 svg 셀렉션
```

```
            var div = d3.select(this),
                svg = div.selectAll('svg').data([data]);

            // svg 요소 초기화
            svg.enter().append('svg')
                .call(svgInit);

            // svg 요소 초기화
            svg.attr('width', width).attr('height', height);

            // 내부 요소 생성
        });
    }
```

svgInit 함수는 enter 셀렉션에서만 호출되고, 축과 차트 내용에 대한 그룹을 생
성한다. 입력 데이터를 파싱해서 나중에 각 아이템을 변환할 일이 없게 한다. 날짜
를 파싱하기 위해 D3에서 제공하는 d3.time.format 메소드를 사용한다.

```
// 타임 파서 설정
var parseDate = d3.time.format(timeFormat).parse;

// 데이터 파싱
data.forEach(function(d) {
    d.date = parseDate(d.date);
    d.close = +d.close;
});
```

timeFormat 변수는 차트 속성으로 정의된다. 접근자 메소드를 추가해서 사용자가
차트를 다른 데이터셋에도 사용할 수 있게 한다. 입력 데이터 형식이 %d-%b-%y
인데, 각각 날짜, 축약한 월 이름, 연도를 의미한다. 이제 x축과 y축을 만든다.

```
// 축척과 축 생성
var xScale = d3.time.scale()
    .domain(d3.extent(data, function(d) { return d.date; }))
    .range([0, width - margin.left - margin.right]);

// x축 생성
var xAxis = d3.svg.axis()
    .scale(xScale)
```

```
    .orient('bottom');
```

```
// x축 그룹 셀렉션으로 xAxis 함수 호출
svg.select('g.xaxis').call(xAxis);
```

y축에 대해서도 동일한 처리를 하는데, 시간 축척time scale 대신에 선형 축척linear
scale을 적용하고, 축의 방향을 왼쪽으로 지정한다. 이제 차트 내용을 만든다. 영역
경로를 계산하고 차트 그룹에 영역 경로를 추가하는 영역 생성자를 설정한다.

```
// 영역 생성자 생성 및 설정
var area = d3.svg.area()
    .x(function(d) { return xScale(d.date); })
    .y0(height - margin.top - margin.bottom)
    .y1(function(d) { return yScale(d.close); });
```

```
// 영역 경로 생성
svg.select('g.chart').append("path")
    .datum(data)
    .attr("class", "area")
    .attr("d", area);
```

축 그룹의 스타일 클래스를 수정해서 차트 영역의 미관을 개선한다.

```
<style>
.axis path, line{
    fill: none;
    stroke: #222;
    shape-rendering: crispEdges;
}
.axis text {
    font-size: 11px;
}
.area {
    fill: #ddd;
}
</style>
```

테이블 형식으로 구분된 데이터를 파싱해서 데이터를 읽어올 수 있는 d3.tsv 함
수를 써서 데이터셋을 로딩한다. 그리고 차트를 설정하고, 컨테이너 요소 셀렉션
을 만들고 데이터셋과 바인딩한다.

```
// TSV 주가 데이터 로딩
d3.tsv('/chapter05/aapl.tsv', function(error, data) {

    // 데이터 파싱 에러 처리
    if (error) {
        console.error(error);
        throw error;
    }

    // 영역 차트 생성 및 설정
    var chart = areaChart();

    // 컨테이너 div에 차트 바인딩
    d3.select('div#chart')
        .datum(data)
        .call(chart);
});
```

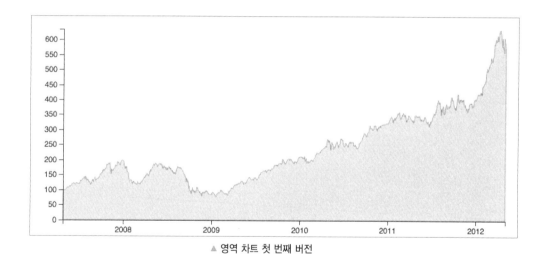

▲ 영역 차트 첫 번째 버전

브러시 추가

브러시brush는 차트에서 특정 영역을 선택할 수 있게 해주는 컨트롤이다. D3는 자체적인 브러시 기능을 가지고 있다. 앞에서 만든 영역 차트의 일부 시간 구간을 브러시로 선택해서, 선택한 구간의 시작점과 끝점에서의 주가와 날짜를 보여줄 것이다. 그리고 구간 내에서의 상대적인 가격 변동을 보여주는 레이블도 추가할 것이다. 브러시 요소를 포함하는 SVG 그룹을 생성하고, svgInit 메소드 안에서 이 그룹을 추가한다.

```
// 브러시 그룹 생성 및 이동
svg.append('g')
    .attr('class', 'brush')
    .attr('transform', function() {
        var dx = margin.left, dy = margin.top;
        return 'translate(' + [dx, dy] + ')';
    });
```

브러시 그룹은 svg 요소의 마지막에 추가되어야 다른 요소에 의해 가려지지 않게 된다. 그룹이 생성되면 다음과 같이 차트 함수 안에서 브러시 컨트롤을 추가한다.

```
function chart(selection) {
    selection.each(function(data) {
        // 차트 함수 내용

        // 브러시 생성 및 설정
        var brush = d3.svg.brush()
            .x(xScale)
            .on('brush', brushListener);
    });
}
```

브러시에 수평축의 축척을 설정하고, 브러시 이벤트 리스너를 추가했다. 브러시에 적절한 축척을 가진 y 속성을 설정하면 수직 구간도 선택할 수 있고, x, y 속성을 모두 설정하면 직사각형 영역을 선택할 수도 있다.

브리시 영역이 변경되면 brushListener 함수가 호출된다. brushstart, brushend 이벤트도 사용할 수 있지만 여기서는 사용하지 않는다. 브러시 그룹 셀렉션의 call 메소드를 호출해서 brush 함수를 브러시 그룹에 적용한다.

```
var gBrush = svg.select('g.brush').call(brush);
```

그룹에서 brush 함수를 호출하면 여러 가지 요소가 생성된다. 차트 배경 직사각형은 브러시 이벤트를 감지하고, 사용자가 브러시 영역을 변경하면 함께 변경되어야 할 확장 영역을 위한 직사각형이 생성된다. 브러시의 시작과 끝 부분에는 사용자가 브러시 경계를 쉽게 선택할 수 있도록 두 개의 보이지 않는 수직 직사각형이 생긴다. 이 두 개의 직사각형은 처음에는 높이가 0이지만 다음과 같이 차트 영역을 커버하도록 높이를 설정한다.

```
// 브러시 직사각형의 높이 변경
gBrush.selectAll('rect')
    .attr('height', height - margin.top - margin.bottom);
```

확장 영역을 수정해서 선택한 구간이 보여지도록 한다. 회색에 투명도는 0.05로 설정한다.

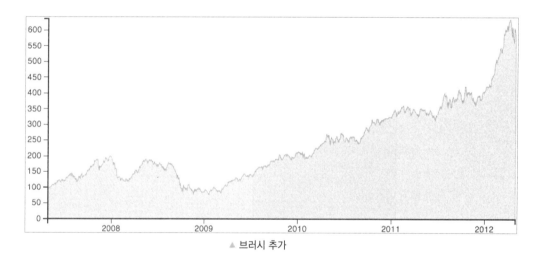

▲ 브러시 추가

브러시 리스너

선택된 구간의 시작점과 끝점에서의 가격을 표시하기 위한 선을 그리고, 선택된 구간의 가격 변화를 표시하는 레이블을 추가해 보자. chart.svgInit 함수 안에서 요소를 추가하고, 몇 가지 속성을 설정하고, 가격과 날짜를 표시하는 텍스트 요소와 가격 표시선을 위한 그룹을 생성한다. 가격 차이를 표시하는 텍스트 요소도 추가한다. 다음 코드와 같이 차트 함수 스코프 내에서 brushListener 함수를 생성한다.

```
// 브러시 리스너 함수
function brushListener() {
    var s = d3.event.target.extent();

    // 브러시 선택 영역 내에 있는 아이템 필터링
    var items = data.filter(function(d) {
        return (s[0] <= d.date) && (d.date<= s[1]);
    });
}
```

브러시 이벤트가 발생하면 브러시 리스너는 d3.event 객체를 통해 이벤트 속성에
접근할 수 있다. 브러시 영역 정보를 읽어서 선택한 구간 내에 있는 날짜들만 걸러
낸다. 화면에는 제한된 숫자의 픽셀만 존재하므로, 브러시 선택은 대략적인 값이
라는 점에 유의하자. 브러시 이벤트가 막 시작할 때는 선택한 시간 영역이 너무 작
아서 데이터가 포함되어 있지 않을 수 있다. 따라서 적어도 두 개의 데이터 아이템
이 영역 내에 들어왔을 때 주가를 계산하게 한다. 다음과 같이 데이터 아이템 배열
에서 첫 번째와 마지막 항목만 선택한다.

```
// 선택 구간의 가격 변동률 계산
if (items.length > 2) {
    // 구간 내 가격 정보 획득
    priceB = items[0].close;
    priceA = Math.max(items[n - 1].close, 1e-8);

    // 가격 표시선과 텍스트 표시
}
```

선택된 구간의 첫 번째와 마지막 요소만 있으면 가격의 상대적인 변화량과 가격
표시선과 레이블의 위치를 정할 수 있다. 가격이 상승했으면 레이블을 파란색으로
표시하고, 하락했으면 빨간색으로 표시한다. 레이블의 위치를 설정하는 코드는 분
량이 많아서 여기에 포함하지는 않는다. 대신에 chapter05/02-brushing.html을
참고하자.

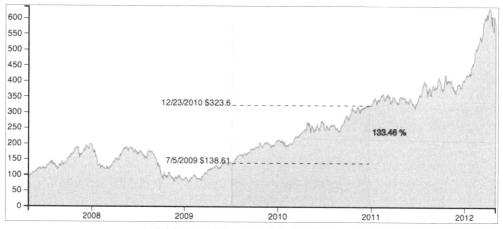

▲ 브러시와 가격 표시선, 가격 등이 추가된 영역 차트

정리

5장에서는 사용자가 마우스 포인터를 움직일 때 마우스가 가리키는 요소가 어떤 요소인지 쉽게 식별할 수 있게 해주고, 어떤 요소가 추가적인 상호 작용을 통해 정보를 더 전해줄 수 있는지 알 수 있도록 필요한 요소를 강조하는 방법을 배웠다. 설정을 통해 다른 차트에서도 사용할 수 있는 재사용 가능한 툴팁 컴포넌트도 만들어봤다.

특정 구간을 선택하기 위한 컨트롤을 만들기 위해 D3에 내장된 브러시 컴포넌트를 사용하는 방법도 배웠고, 브러시 컨트롤을 써서 사용자가 영역 차트 내에서 특정 시간 구간을 선택할 수 있게 했다. 브러시로 선택한 구간의 시작과 끝 부분에서의 수치 변동 등 유용한 정보를 제공하는 방법도 알아봤다.

6장에서는 차트 컴포넌트끼리의 상호 작용을 추가하는 방법을 알아보고, 복잡한 애플리케이션을 만드는 데 D3와 백본Backbone을 함께 사용하는 법도 알아본다.

6
차트끼리의 상호 작용

시각화 프로젝트는 보통 단일 페이지 애플리케이션single page application으로 구현된다. 단일 페이지 애플리케이션은 브라우저가 페이지를 로딩할 때 코드를 로드해서, 사용자가 추가 데이터를 위한 요청을 날리면 전체 페이지를 다시 로딩하는 대신에 해당 데이터만을 가져와서 반영한다. 사용자의 요청에 따라 애플리케이션을 사용할 수 있고, 이는 더 나은 사용자 경험을 제공한다.

단일 페이지 애플리케이션은 일반적으로 사용자 인터페이스를 생성하는 데 필요한 스크립트, 스타일, 마크업을 한꺼번에 가져온다. 사용자가 UI 컴포넌트와 상호 작용하면서 추가 데이터를 요청하면, 클라이언트의 코드는 서버에 데이터 요청을 날리고 데이터가 준비되면 사용자 인터페이스에서 그 데이터와 관련된 부분을 업데이트하는 작업을 모두 백그라운드로 처리한다. 따라서 사용자는 요청이 처리되는 동안에도 애플리케이션을 막힘 없이 계속 사용할 수 있다.

클라이언트 애플리케이션의 복잡도가 높아지자 프론트엔드 개발자들은 클라이언트 측의 컴포넌트의 아키텍처를 개선하게 되었다. 이러한 도전을 가장 성공적으로 극복한 설계 방식 중의 하나가 MVC 패턴과 많은 MVC 변형 패턴이다.

6장에서는 백본Backbone 라이브러리의 기초를 살펴보고 백본과 D3를 함께 사용해서 다수의 컴포넌트가 서로 상호 작용하고, 일관성 있는 시각화 상태를 유지할 수 있는 주가 탐색기를 만들어본다. 또한 사용자가 애플리케이션의 상태를 북마크하고, 내비게이션하고 공유할 수 있도록, 애플리케이션의 특정한 상태를 반영하는 애플리케이션 URL을 업데이트하는 방법을 알아본다.

백본의 기초

백본은 MV* 패턴을 구현해서 애플리케이션을 구조화 할 수 있게 해주는 자바스크립트 라이브러리로서, 애플리케이션의 문제를 분리해서 해결할 수 있도록 도와준다. 백본의 주요 컴포넌트는 모델, 컬렉션, 뷰, 라우터다. 이 컴포넌트들은 이벤트를 발생시키고 반응하는 방식으로 서로 커뮤니케이션한다.

백본이 유일하게 의존하는 외부 라이브러리는 컬렉션, 배열, 함수, 객체에 대한 함수형 프로그래밍 기능을 제공하는 언더스코어Underscore 라이브러리다. 언더스코어는 작은 템플릿 엔진 같은 추가적인 유틸리티도 제공하는데, 앞으로 직접 사용해 볼 것이다. 백본 라우터를 사용하고 DOM을 다루기 위해 제이쿼리jQuery나 Zepto가 반드시 포함되어야 한다.

이벤트

이벤트 모듈은 객체를 확장해서 사용자의 키 입력이나 변수 변경 시 이벤트를 전달하는 것과 같은 커스텀 이벤트를 발생할 수 있게 한다. 백본의 모델, 뷰, 컬렉션, 라우터 컴포넌트는 모두 이벤트를 지원한다. 백본을 페이지에 포함하면 백본 객체를 사용해서 이벤트를 발생시키거나 발생된 이벤트를 처리할 수 있다.

모델

백본에서는 모델은 데이터 컨테이너 역할을 한다. 모델 인스턴스가 생성되면 서버 측의 데이터와 매핑된다. 모델의 속성이 설정되면 모델은 변경 이벤트를 발생시킨다. 변경 이벤트의 종류에 따라 해당 이벤트에 반응하는 처리기들이 이벤트를 처리한다.

모델은 데이터 컨테이너 역할 외에도 데이터의 원래 형식을 검증하거나 변환할 수 있다. 모델은 속성이 변경되었을 때 이벤트를 발생시킬 뿐, 뷰나 자신의 변경에 반응하는 외부 객체에 대해 전혀 알지 못한다.

컬렉션

컬렉션은 모델을 정리한 셋set으로서, 모델 인스턴스를 셋으로 관리할 때 유용하다. 컬렉션 내의 모델 인스턴스 하나가 추가 또는 제거되면 컬렉션은 해당 이벤트를 발생한다.

컬렉션은 내부 원소에 대한 반복 처리와 검색, 그룹화, 합계 등을 수행할 수 있는 유용한 메소드를 포함하고 있다. 컬렉션은 물론 새로운 메소드를 추가해서 확장할 수도 있다. 컬렉션은 데이터 레코드를 조회하고, 데이터 레코드로부터 새로운 모델 인스턴스를 생성하기 위해 서버와 동기화할 수도 있고, 애플리케이션에서 생성된 모델 인스턴스를 서버에 반영하기 위해 서버와 동기화할 수도 있다.

뷰

뷰는 페이지에서 모델의 하나 이상의 속성을 렌더링하는 컴포넌트다. 뷰는 하나의 DOM 요소와 바인딩되고, 그에 상응하는 모델(또는 컬렉션)을 가진다. 보통 뷰는 모델의 하나 또는 그 이상의 속성의 변경을 감지한다. 뷰는 모델(또는 모델의 속성)이 변경될 때 독립적으로 업데이트되며, 페이지 전체를 다시 그리지 않고 해당 뷰를 업데이트한다. 뷰는 DOM 요소와 모델에 대한 참조를 저장한다. D3에서는 DOM 요소가 자신과 바인딩된 데이터에 대한 참조를 포함한다.

뷰는 컨테이너 요소 내에 있는 DOM 요소의 변경을 감지할 수 있다. 자식 요소에 발생하는 DOM 이벤트를 뷰 메소드로 바인딩할 수도 있다. 예를 들어, 뷰가 버튼을 포함하고 있을 때, 버튼의 `click` 이벤트를 뷰의 `toggleClicked` 메소드에 바인딩할 수 있다.

대부분의 백본 애플리케이션에서, 뷰는 템플릿을 이용해 렌더링된다. 여기서는 대부분의 뷰를 템플릿 대신에 D3를 사용해서 렌더링할 것이지만, 언더스코어 템플릿을 사용해서 렌더링된 뷰의 예제도 볼 수 있을 것이다.

라우터

백본 라우터는 애플리케이션 상태가 URL을 가질 수 있게 해주며, 사용자를 애플리케이션의 URL에 접근할 수 있게 해준다. 사용자는 이를 통해 브라우저의 뒤로 가기 버튼으로 올바르게 페이지를 이동할 수 있고, 애플리케이션의 특정한 상태를 북마크로 저장할 수 있고, 또 공유할 수 있게 된다.

한 챕터chapter 분량으로 백본의 모든 요소를 다루기는 어렵다. 백본이나 그 대안에 대해서는 시간을 들여 배워볼 가치가 있다.

 백본을 배우는 데 도움이 될 만한 자료들은 아주 많다. 가장 완전한 참고 자료는 다음과 같다.

- 『Backbone Fundamentals』(http://addyosmani.github.io/backbone-fundamentals): 애디 오스마니(Addy Osmani)가 쓴 이 책은 백본 컴포넌트를 깊이 있게 다루고 있고, 두 개의 완전한 백본 기반 애플리케이션 예제를 제공한다.
- 백본(http://backbonejs.org): 백본의 공식 웹사이트로서 라이브러리 문서와 풍부한 주석이 달려 있는 백본 소스 코드를 볼 수 있다.
- TodoMVC(http://todomvc.com): 애플리케이션 구조를 다루는 자바스크립트 MV* 프레임워크는 너무 많기 때문에, TodoMVC 프로젝트는 프레임워크 선정에 도움이 되도록 동일한 Todo 애플리케이션을 가장 인기 있는 여러 가지의 자바스크립트 MV* 프레임워크로 구현했다.

주식 탐색기 애플리케이션

6장에서는 D3와 백본을 써서 시계열 주가 데이터를 보여주는 단일 페이지 애플리케이션을 만들어본다. 사용자는 각각 다른 주식과 특정 시기를 선택해서 상세한 정보를 볼 수 있다. 페이지는 다음과 같은 몇 가지 컴포넌트로 구성된다.

- **컨텍스트 차트**: 주식의 조회 가능한 전체 주가 정보를 보여준다. 특정 구간을 선택할 수 있도록 브러시 컴포넌트를 가지고 있다.
- **상세 차트**: 컨텍스트 차트에서 선택된 특정 구간의 주가 정보를 확대해서 영역 차트로 보여준다.
- **컨트롤 뷰**: 주식을 선택할 수 있는 컨트롤을 보여준다.
- **주식 이름**: 해당 주식의 회사 이름을 표시한다.

컨트롤 뷰와 타이틀 뷰를 페이지의 맨 위에 표시하고, 상세 차트를 가운데에, 컨텍스트 차트를 맨 아래에 배치할 것이다.

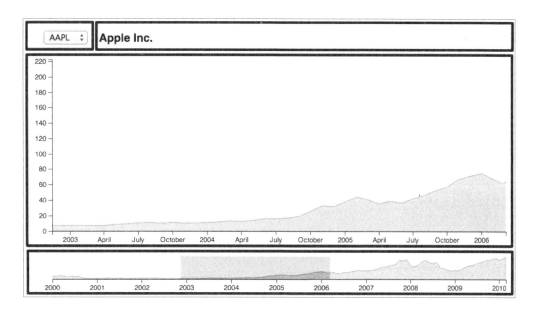

그림에서 보는 것처럼, 동기화가 맞춰져야 하는 컴포넌트가 몇 가지 있다. 선택한 주식을 변경하면, 차트도 함께 업데이트되어야 한다. 컨텍스트 차트에서 특정 구간을 선택하면, 선택한 구간의 가격 정보를 보여주도록 상세 차트가 업데이트되어야 한다. 이러한 주식 탐색기의 애플리케이션 구조를 백본을 이용해서 정립할 것이다.

애플리케이션의 상태는 알아보고 싶은 주식과 시계열 구간의 선택에 의해 정해진다. 애플리케이션의 상태를 저장하기 위해 모델을 생성하고, 각 컴포넌트 별로 하나의 뷰를 생성한다.

 전체적인 전략은 각 뷰가 재사용 가능한 차트 패턴을 적용한 D3 기반 차트의 인스턴스를 포함하는 것이다. initialize 메소드에서 뷰가 모델의 변경을 감지하고, 모델의 속성이 변경되면 render 메소드를 호출하게 한다. 뷰의 render 메소드에서는, 뷰의 컨테이너 요소에 대한 셀렉션을 생성하고, 선택한 주식의 주가 데이터를 바인딩하고, selection.call 메소드를 이용해 chart 함수를 호출한다. D3로 재사용 가능한 차트를 만드는 것부터 시작해 보자.

주가 차트 생성

이 절에서는 애플리케이션에서 사용될 차트를 구현해본다. 이번에는 차트 코드를 별도의 자바스크립트 파일로 분리할 것이다. 이 절에 있는 예제를 따라하려면, chapter06/stocks/js/lib/stockcharts.js와 chapter06/01-charts.html 파일을 열어야 한다.

먼저 종목명 차트를 만들고, 컨텍스트 뷰와 상세 뷰에서 사용될 주식 영역 차트를 구현할 것이다. 종목명 차트는 반드시 필요하지는 않지만, 재사용 가능한 차트와 백본을 통합적으로 이용하는 패턴을 소개할 수 있다는 관점에서 도움이 될 것이다.

종목명 차트

종목명 차트는 주식 종목 이름을 가진 단락 요소를 생성한다. 앞에서 얘기한 것처럼, 단순히 문자열을 작성하기 위해 차트를 쓰는 것은 좋은 생각이 아니지만, SVG

와 관계없는 재사용 가능한 차트를 백본과 함께 사용하는 방법을 보여줄 것이다. 종목명 차트는 설정 가능한 종목명 접근자 함수를 가지고 있어서, 사용자가 컨테이너 셀렉션에 바인딩된 데이터를 이용해서 단락의 내용을 정의할 수 있다. 차트는 다음 코드에서 보는 것과 같이, 재사용 가능한 차트 패턴이 적용되어 있다.

```
function stockTitleChart() {
    'use strict';

    // 종목명 기본 접근자
    var title = function(d) { return d.title; };

    // 차트 함수
    function chart(selection) {
        selection.each(function(data) {
            // 단락 요소의 생성 및 업데이트
        });
    }

    // 종목명 함수 접근자
    chart.title = function(titleAccessor) {
        if (!arguments.length) { return title; }
        title = titleAccessor;
        return chart;
    };

    return chart;
}
```

chart 함수에서는, div 요소를 셀렉트해서 단락 요소에 대한 셀렉션을 생성한다. 다음 코드에서 볼 수 있는 것처럼 stock-title 클래스를 단락 요소에 추가해서 사용자가 스타일을 수정할 수 있게 한다.

```
// 차트 함수
function chart(selection) {
    selection.each(function(data) {

        // 종목명에 대한 셀렉션 생성
        var div = d3.select(this),
```

```
        par = div.selectAll('p.stock-title').data([data]);

        // enter 셀렉션에 단락 요소 추가
        par.enter().append('p')
            .attr('class', 'stock-title'));

        // 단락 요소의 내용 업데이트
        par.text(title);
    });
}
```

차트 인스턴스를 생성하고 설정하고, 컨테이너 요소를 셀렉트하고, 데이터를 바인 딩하고, `selection.call` 메소드로 차트 함수를 호출한다.

```
// 종목명 차트 생성 및 설정
var titleChart = stockTitleChart()
    .title(function(d) { return d.name; });

// 컨테이너 요소를 셀렉트하고 데이터 바인딩 후 셀렉션에 대해 차트 함수 호출
d3.select('div#chart')
    .data([{name: 'Apple Inc.'}])
    .call(titleChart);
```

주식 영역 차트

주식 영역 차트는 시계열 주가 정보를 영역 차트로 표현한다. 5장에서 특정 시간 구간을 선택하기 위해 브러시 동작을 이용하고, 해당 구간에서의 가격 변동에 대한 추가 정보 설명을 표시하는 영역 차트를 구현했었다. 주식 탐색기 애플리케이션에서는 5장에서 만든 차트를 개선해서 사용할 것이다.

이번에는 너비, 높이, 여백 속성과 그에 대한 접근자 메소드 외에도, 축, 브러시 동작과 브러시 동작 시 수행해야 하는 작업을 사용자가 정의할 수 있는 설정 가능한 브러시 리스너 함수도 구현해 볼 것이다. 그리고 사용자가 차트의 특정 기간을 확대해 볼 수 있는 기능도 구현해 본다.

앞에서 설명한 모든 메소드를 추가해서 두 개의 차트 인스턴스를 만들 수 있는데, 하나는 사용자가 원하는 기간을 선택하는 데 사용되고, 나머지 하나는 선택된 기간 내의 정보를 더 상세하게 보여준다. chapter06/01-charts.html 파일에는 기간을 선택하기 위한 차트 인스턴스 하나가 생성되어 있다.

```
var contextAreaChart = stockAreaChart()
    .height(60)
    .value(function(d) { return d.price; })
    .yaxis(false)
    .onBrushListener(function(extent) {
        console.log(extent);
    });
```

접근자 메소드를 통해 높이를 설정하고, y축을 비활성화하고, 브러시 리스너 함수를 정의한다. 브러시 리스너 함수는 선택한 기간 정보를 브라우저 콘솔에 표시한다.

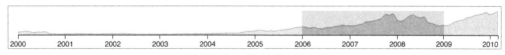

▲ 브러시 동작이 추가된 첫 번째 주가 영역 차트

동일한 차트의 두 번째 인스턴스로 생성한 차트는 첫 번째 차트에서 선택된 특정 기간에 대한 정보를 보여준다. 이 차트에서는 브러시 동작을 제거하고, 기간의 시작점, 데이터값, 날짜 접근자를 지정하고, from에서 to까지의 기간 동안의 주가 정보를 표시한다.

```
// 기간 설정
var from = new Date('2002/01/01'),
    to = new Date('2004/12/31');

// 특정 기간 동안의 상세 정보를 표시하는 차트 생성 및 설정
var detailAreaChart = stockAreaChart()
    .value(function(d) { return d.price; })
    .date(function(d) { return new Date(d.date); })
    .timeExtent([from, to])
    .brush(false);
```

첫 번째 차트 인스턴스는 두 번째 차트 인스턴스에서 표시할 기간을 지정하는 것이 목적이다. 곧 실제 구현해보겠지만, 그보다 먼저 차트의 기간을 조절하는 것에 대한 의미를 먼저 이야기해 보자.

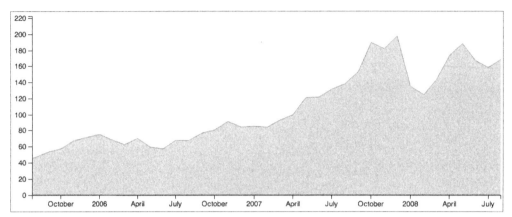

▲ y축이 활성화되어 있고, 브러시 동작이 제거된 두 번째 주가 영역 차트

차트에서 표시할 기간을 변경하면, 차트의 상태도 그에 따라 변하는 것이 자연스럽다. 첫 번째 차트의 브러시를 드래그하면, 브러시의 시작점과 끝점이 두 번째 차트의 시작점과 끝점이 된다. 브러시의 간격을 좁히면, 동일한 두 번째 차트의 너비에서 좁은 간격 사이의 정보를 보여주므로 두 번째 차트는 더 확대된 것처럼 보인다.

주가 영역 차트는 재사용 가능한 차트로 구현된다. 대부분의 차트의 구조는 앞 절에서 보여줬던 차트와 비슷하므로 반복되는 내용은 생략하고 설명한다.

```
function stockAreaChart() {
    'use strict';

    // 차트 기본 속성
    var width = 700,
        height = 300,
        margin = {top: 20, right: 20, bottom: 20, left: 20};

    // 시간 간격
    var timeExtent;
```

```
    // 축과 브러시 활성화
    var yaxis = true,
        xaxis = true,
        brush = true;

    // 기본 접근자 함수
    var date = function(d) { return new Date(d.date); };
    var value = function(d) { return +d.value; };

    // 기본 브러시 리스너
    var onBrush = function(extent) {};

    function chart(selection) {
        selection.each(function(data) {
            // 차트 함수 내용
        });
    }

    var svgInit = function(selection) { ... };

    // 접근자 메소드

    return chart;
}
```

두 번째 차트인 상세 차트가 첫 번째 차트인 컨텍스트 차트와 동시에 움직이려면, 상세 차트에서도 차트 전체를 그리되 컨텍스트 차트에서 지정한 기간에 해당하는 차트만 표시해야 한다. 차트 영역에서 벗어난 부분은 표시되지 않도록 클립clip 경로를 정의할 것이다. 클립 경로는 자기 경로 내부에 있는 내용만 화면에 표시하는 역할을 한다.

```
var svgInit = function(selection) {
    // 클립 패스 정의
    selection.append('defs')
        .append('clipPath')
        .attr('id', 'clip')
        .append('rect')
```

```
        .attr('width', width - margin.left - margin.right)
        .attr('height', height - margin.top - margin.bottom);

    // 차트와 축 그룹 생성
};
```

클립되어 표시될 요소는 clip-path 속성으로 클립 패스를 참조할 수 있어야 한다. chart 함수에서는 컨테이너 요소의 셀렉션을 생성하고, enter 셀렉션에 SVG 요소를 생성한다. SVG 요소의 너비와 높이를 설정하고, 축과 차트와 브러시 그룹을 이동한다. 축척과 축(활성화 된 경우에만)을 생성하고 차트 영역 경로 생성자를 생성하고 설정한다.

```
// 차트 함수 내용
// 축 추가
if (xaxis) { svg.select('g.xaxis').call(xAxis); }
if (yaxis) { svg.select('g.yaxis').call(yAxis); }

// 영역 생성자
var area = d3.svg.area()
    .x(function(d) { return xScale(date(d)); })
    .y0(yScale(0))
    .y1(function(d) { return yScale(value(d)); });
```

경로에 대한 셀렉션을 생성하고, 시계열 데이터 배열에 바인딩한다. enter 셀렉션에 경로를 추가하고 클래스를 stock-area로 지정한다. 영역 생성자를 이용해서 경로 데이터를 설정하고, 앞에서 정의한 clipPath 변수로 clip-path 속성값을 설정한다.

```
// 경로 셀렉션 생성
var path = svg.select('g.chart').selectAll('path')
    .data([data]);

// enter 셀렉션에 경로 요소 추가
path.enter().append('path')
    .attr('class', 'stock-area');

// 경로 데이터 문자열과 클립 설정
path.attr('d', area)
    .attr('clip-path', 'url(#clip)');
```

이제 브러시 리스너 함수를 생성한다. 브러시 리스너 함수에서는 브러시 영역을 파악하여 사용자가 설정할 수 있는 onBrush 함수에 브러시 영역을 파라미터로 전달한다. 브러시 동작을 초기화하고 브러시 이벤트에 brushListener 함수를 바인딩한다.

```
// 브러시 리스너 함수
function brushListener() {
    timeExtent = d3.event.target.extent();
    onBrush(timeExtent);
}

// 브러시 동작
var brushBehavior = d3.svg.brush()
    .x(xScale)
    .on('brush', brushListener);
```

차트 시간 간격의 초기값은 설정할 수 있게 하고, 초기값이 있으면 브러시의 시간 간격을 그 초기값으로 설정한다.

```
// 브러시 시간 간격 설정
if (timeExtent) {
    brushBehavior.extent(timeExtent);
}
```

브러시 그룹에서 selection.call 메소드를 호출하여 브러시 동작을 호출하고, 브러시의 높이를 설정한다.

```
if (brush) {
    svg.select('g.brush').call(brushBehavior);

    // 브러시 직사각형의 높이 변경
    svg.select('g.brush').selectAll('rect')
        .attr('height', h);
}
```

앞에서 다뤄왔던 차트는 D3만을 사용해서 재사용 가능한 차트 패턴에 따라 구현되었지만, 이번에는 백본 애플리케이션에서 차트를 만들 것이다. 이 차트는 다른 애플리케이션에서도 독립형 차트로 사용될 수 있다.

애플리케이션 구조 준비

백본 프로젝트에서는 모델, 뷰, 컬렉션, 라우터를 위한 디렉토리를 만드는 것이 관례다. Chapter 06 디렉토리 안에 stock 디렉토리를 만들고 그 안에 애플리케이션 파일을 담아보자.

```
stocks/
    css/
    js/
        views/
        models/
        collections/
        routers/
        lib/
        app.js
    data/
    index.html
```

models, views, collections, routers 폴더는 각각 백본의 models, views, collections, routers를 포함한다. D3 차트와 기타 자바스크립트 파일은 js/lib 폴더에 넣는다. 주가 데이터를 가지고 있는 JSON 파일은 data 폴더에 저장한다. index.html 파일은 애플리케이션의 마크업 내용을 구성한다.

인덱스 페이지

페이지의 헤더에는 스타일시트 파일과 애플리케이션에 사용할 자바스크립트 라이브러리가 포함된다. 페이지를 더 빨리 생성하기 위해 브라우저 별로 통일성 있는 폰트, 크기, 기본 색상을 표시할 수 있고 그리드 시스템grid system을 쓸 수 있게 해주는 CSS 라이브러리를 사용할 것이다. 그리드 시스템은 각 열column의 사이즈를 직접 지정하지 않고도 표준 열 크기를 가진 행과 열을 정의할 수 있게 해주는 스타일의 모음이다. 여기서는 무겁지 않게 최소한의 CSS 모듈만을 가지고 있는 야후의 Pure CSS 모듈을 그리드 시스템으로 사용할 것이다. CSS 모듈은 인덱스 페이지에서만 사용된다. 부트스트랩Bootstrap이나 익숙한 다른 라이브러리가 있다면 div의 클래스나 각 컨테이너의 크기와 동작 등을 그 라이브러리로 대체해서 구현해도 된다.

애플리케이션을 담을 컨테이너를 생성하고, 반응형 동작을 가능하게 해주는 pure-g-r 클래스를 지정한다. 사용자 화면이 넓으면 정보가 옆으로 펼쳐져서 보이고, 사용자 화면이 좁으면 정보가 아래로 누적되어 보인다. 두 개의 자식 컨테이너를 추가로 생성하는데, 하나는 주식 선택과 제목을 담당하고, 다른 하나는 주가 영역 차트를 보여주는데, 둘 모두 전체 너비를 모두 사용하는 pure-u-1 클래스를 지정한다. pure 컨테이너는 div의 너비를 정의하기 위해 분수를 사용하며, 부모 컨테이너 너비의 80%를 쓰는 자식 컨테이너의 클래스는 pure-u-4-5가 된다.

```html
<div class="pure-g-r" id="stock-app">
    <!-- 주식 선택 컨트롤과 차트 제목 -->
    <div class="pure-u-1">
        <div id="stock-control"></div>
        <div id="stock-title"></div>
    </div>
    <div class="pure-u-1 charts">
        <div id="stock-detail"></div>
        <div id="stock-context"></div>
    </div>
</div>
```

애플리케이션 파일은 가장 나중에 포함해서 남아 있는 리소스들이 로딩되는 동안 마크업이 로딩될 수 있도록 한다.

```html
<!-- 애플리케이션 컴포넌트 -->
<script src="/chapter06/stocks/js/models/app.js"></script>
<script src="/chapter06/stocks/js/models/stock.js"></script>
<script src="/chapter06/stocks/js/collections/stocks.js"></script>
<script src="/chapter06/stocks/js/views/stocks.js"></script>
<script src="/chapter06/stocks/js/views/app.js"></script>
<script src="/chapter06/stocks/js/routers/router.js"></script>
<script src="/chapter06/stocks/js/app.js"></script>
```

모델과 컬렉션 생성

모델은 애플리케이션 데이터와 그 데이터와 관련된 로직을 포함한다. 우리가 만들 애플리케이션에서는 주가 정보를 표시하는 모델과 시각화 상태를 저장하는 애플리케이션 모델이 필요하다. 그리고 애플리케이션에 사용할 수 있는 주식 인스턴스를 저장할 컬렉션도 필요하다. 전역 네임스페이스를 더럽히지 않기 위해, 애플리케이션 컴포넌트를 app이라는 변수에 담아 캡슐화한다.

```
var app = app || {};
```

이 코드를 애플리케이션에 있는 모든 파일에 추가하면 모델, 컬렉션, 뷰를 가진 객체를 확장할 수 있게 된다.

주식 모델

주식 모델은 각 주식에 대한 기본 정보를 포함한다. 구체적으로는 주식 종목 이름(Apple Inc.), 종목 코드(AAPL), 주가의 시계열 정보를 조회할 수 있는 URL(aapl.json)이 포함된다. 모델은 Backbone.Model을 확장해서 생성할 수 있다.

```
// 주가 정보 모델
app.Stock = Backbone.Model.extend({

    // 주식 종목 코드, 종목 이름, URL 기본값
    defaults: {symbol: null, name: null, url: null},

    // 주식 종목 코드는 유일하므로 ID로 사용
    idAttribute: 'symbol'
});
```

모델은 필요한 속성을 명시하고 기본값은 null로 설정했다. 반드시 이렇게 해야 할 필요는 없지만 어떤 속성이 포함되는지 알 수 있어 유용하다. 그리고 주식 종목 코드를 ID로 사용한다. 초기화 코드는 이것으로 충분하다. 주식 종목 코드는 유일하므로, 나중에 주식 종목 코드를 ID로 해서 주가 정보를 쉽게 조회할 수 있다. 주식 인스턴스는 생성자에 객체를 넘겨주는 방식으로 생성할 수 있다.

```
var appl = new app.Stock({
    symbol: 'AAPL',
    name: 'Apple',
    url: 'aapl.json'
});
```

접근자 메소드로 속성값을 설정할 수 있다.

```
aapl.set('name', 'Apple Inc.');
aapl.get('name'); // Apple Inc. 반환
```

우리가 만들 애플리케이션에서는 개별 주식 인스턴스를 직접 생성하는 대신 컬렉션을 이용해서 생성할 것이다.

주식 컬렉션

컬렉션을 정의하려면 모델을 지정해야 한다. 컬렉션을 정의할 때 컬렉션 레코드를 가져올 수 있는 곳의 URL을 설정할 수 있는데, 이 URL은 보통 RESTful API인 경우가 많다. 여기서는 URL은 주가 레코드를 가지고 있는 JSON 파일 경로로 지정한다.

```
// 주식 컬렉션
app.StockList = Backbone.Collection.extend({
    model: app.Stock,
    url: '/chapter06/stocks/data/stocks.json'
});
```

개별 주식은 하나씩 컬렉션에 추가될 수 있고 컬렉션 URL을 통해 다른 서버에서 가져올 수도 있다. 컬렉션 인스턴스를 생성할 때 URL을 지정할 수 있다.

```
// 주식 목록 인스턴스 생성
var stockList = new app.StockList({});

// 컬렉션에 원소 하나 추가
stockList.add({
    symbol: 'AAPL',
    name: 'Apple Inc.',
    url: 'aapl.json'
});
stockList.length; // 주식 목록의 길이는 1
```

주식 종목 코드를 idAttribute라는 변수로 정의했으므로, 주식 인스턴스는 주식의 ID를 통해 조회할 수 있다. 여기서는 주식 모델의 ID가 주식 종목 코드이므로 다음과 같이 주식 종목 코드를 통해 주식 인스턴스를 조회할 수 있다.

```
var aapl = stockList.get('AAPL');
```

모델은 컬렉션의 URL을 토대로 자신의 URL을 구성한다. 기본 URL 값은 collectionUrl/modelId와 같은 형식을 갖는다. 서버가 RESTful API를 제공할 경우, 이 RESTful API를 URL로 지정하면 레코드를 생성, 업데이트, 삭제할 수 있다.

애플리케이션 모델

애플리케이션의 상태를 저장하고 관리하는 데 애플리케이션 모델을 사용한다.

애플리케이션 모델은 Backbone.Model 객체를 확장해서 정의하고, 기본값을 지정한다. stock 속성은 현재 주식의 종목 코드AAPL를 저장하고, data 속성은 현재 주식의 시계열 정보를 저장한다.

```
// 애플리케이션 모델
app.StockAppModel = Backbone.Model.extend({

    // 모델 기본값
    defaults: {
        stock: null,
        from: null,
        to: null,
        data: []
    },

    initialize: function() {
        this.on('change:stock', this.fetchData);
        this.listenTo(app.Stocks, 'reset', this.fetchData);
    },

    // 부가적인 메소드
    getStock: function() {...},
    fetchData: function() {...}
});
```

162

주식 컬렉션 데이터를 위한 템플릿을 설정할 수 있다. 우리가 만들 템플릿의 기준 URL은 chapter06/stocks/data/이다. 앞에서 설명한 것처럼 data 디렉토리에는 사용 가능한 주식의 데이터를 담고 있는 JSON 파일이 있다.

```
// 주식 컬렉션 데이터 템플릿
urlTemplate: _.template('/chapter06/stocks/data/<%= url %>'),
```

해당 주식의 시계열 정보를 가져오기 위해 fetchData 메소드를 추가했다. 현재 주식 데이터를 전달하는 템플릿을 호출하고, 파싱된 URL을 이용해서 주식 시계열 정보를 조회한다. 주식 데이터를 가져오기 위해 d3.json 메소드를 사용하고, 데이터가 준비되었음을 뷰에 알려주는 data 속성에 값을 설정한다.

```
fetchData: function() {
    // 현재 주식 데이터를 가져온다.
    var that = this,
        stock = this.getStock(),
        url = this.urlTpl(stock.toJSON());

    d3.json(url, function(error, data) {
        if (error) { return error; }
        that.set('data', data.values);
    });
}
```

뷰 구현

백본 뷰와 D3 차트를 통합하기 위해 다음과 같은 전략을 적용한다.

1. 차트 인스턴스를 생성해서 뷰의 속성으로 설정한다.
2. 초기화 메소드에서 뷰가 모델 애플리케이션의 변화를 감지하게 하고, 모델이 업데이트 되면 뷰를 렌더링하게 한다.

페이지 컴포넌트를 위한 뷰는 chapter06/stocks/js/views/stocks.js에 있고, 애플리케이션 뷰 코드는 chapter06/stocks/js/views/app.js에 있다.

타이틀 뷰

타이틀 뷰는 단순히 주식 종목 코드와 종목 이름을 표시하고, 시각화의 제목으로 사용된다. 차트의 인스턴스를 생성 및 설정하고 chart 속성에 차트 인스턴스에 대한 참조를 저장한다. initialize 메소드에서는 모델의 stock 속성이 업데이트되면, render 메소드를 호출하게 한다.

render 메소드에서는 뷰의 컨테이너 요소를 포함하는 셀렉션을 생성해서, 현재 주식 정보를 가지고 있는 데이터셋과 바인딩하고, selection.chart 메소드를 호출한다.

```
app.StockTitleView = Backbone.View.extend({

    chart: stockTitleChart()
        .title(function(d) {
            return _.template('<%= symbol %><%= name %>', d);
        }),

    initialize: function() {
        this.listenTo(this.model, 'change:stock', this.render);
        this.render();
    },

    render: function() {
        d3.select(this.el)
            .data([this.model.getStock().toJSON()])
            .call(this.chart);

        return this;
    }
});
```

애플리케이션 모델의 stock 속성을 변경하면 change:stock 이벤트가 발생하고, 이 이벤트는 뷰가 render 메소드를 호출하게 하고, 결국 D3 차트를 업데이트하게 한다. 이 뷰에서는 재사용 가능한 차트 패턴을 적용하는 것은 사실 과분하다. 실무에서는 템플릿을 가진 작은 백본 뷰를 이용할 수 있다. 그럼에도 불구하고 재사용 가능한 차트 패턴을 적용한 이유는 백본 뷰와 함께 작동하는 재사용 가능한 차트의 사례를 간단하게나마 보여주기 위해서다.

▲ 렌더링된 주식 타이틀 뷰

주식 선택기 뷰

이번에는 색다르게 D3를 사용하지 않고 선택기를 만들어 보자. 주식 선택기 뷰는 사용 가능한 주식을 선택 목록으로 보여주고, 사용자가 목록에서 주식을 선택하면 애플리케이션 모델의 stock 속성을 업데이트한다. 주식 선택기 뷰는 템플릿을 사용하는데, 템플릿을 만들기 위해 index.html 파일 내에 text/template 타입의 스크립트 요소를 생성하고, ID(여기서는 stock-selector-tpl)를 할당한다.

```
<script type="text/template" id="stock-selector-tpl">
<select id="stock-selector">
    ...
</select>
</script>
```

언더스코어 템플릿은 <%= name %> 형식을 이용해서 변수를 렌더링할 수 있고, <% var a = 1; %> 형식으로 자바스크립트 코드를 실행할 수도 있다. 그래서 stocks 배열의 각 원소에 대해 callback 함수를 평가할 수 있다.

```
<!-- 주식 선택기 생성 및 선택 옵션 추가 -->
<% _.each(stocks, function(s) { %>
    <option value="<%= s.symbol %>"><%= s.symbol %></option>
<% }); %>
```

stocks 배열의 각 원소에 대해 주식 종목 코드를 값으로 하는 선택 옵션을 추가한다. 템플릿을 애플리케이션 데이터와 함께 렌더링하면, 다음과 같은 HTML 마크업이 생성된다.

```html
<select id="stock-selector">
    <option value="AAPL">AAPL</option>
    <option value="MSFT">MSFT</option>
    <option value="IBM">IBM</option>
    <option value="AMZN">AMZN</option>
</select>
```

백본 뷰에서는 stock-selector-tpl ID를 가진 스크립트의 내용을 가져오고, 나중에 쓰기 위해 템플릿을 컴파일하고, 컴파일 된 템플릿에 대한 참조를 template 속성에 저장한다.

```javascript
// 주식 선택기 뷰
app.StockSelectorView = Backbone.View.extend({

    // 뷰 템플릿 컴파일
    template: _.template($('#stock-selector-tpl').html()),

    // DOM 이벤트 리스너
    events: {
        'change #stock-selector': 'stockSelected'
    },

    // 초기화 및 렌더링 메소드
});
```

events 속성은 뷰 내부 요소의 DOM 이벤트와 뷰의 메소드를 연결한다. 여기서는 stock-selector 라는 선택 요소(<select>)의 change 이벤트(사용자가 주식 선택을 변경할 때 발생)를 stockSelected 메소드와 바인딩한다.

Initialize 메소드에서는 app.Stocks 컬렉션이 reset 이벤트를 발생시키면 뷰가 렌더링하게 한다. 이 이벤트는 새로운 데이터를 가져오거나({ reset: true }로 설정되어 있을 때), 명시적으로 reset이 호출되면 발생한다. 새로운 주식이 추가되면 선택 가능한 옵션도 업데이트되어야 한다. 그리고 애플리케이션 모델의 stock 속성의 변경도 감지해야 한다. 현재의 주식은 언제나 선택 요소에서 선택되어 있는 옵션과 동일해야 한다.

```
initialize: function() {
    // Listen for changes to the collection and the model
    this.listenTo(app.Stocks, 'reset', this.render);
    this.listenTo(this.model, 'change:stock', this.render);
    this.render();
}
```

render 메소드에서는 컨테이너 요소를 선택해서 렌더링된 템플릿을 요소의 내용으로 설정하고, 드랍다운drop-down 컨트롤을 표시하는 마크업을 생성한다. 그리고 stock 속성이 app.Stocks 모델의 데이터를 포함하는 배열로 설정되어 있는 자바스크립트 객체를 전달한다. 마지막으로 선택 옵션에 대해 반복문을 돌면서 현재 선택된 주식 종목 코드가 표시되게 한다.

```
render: function() {
    // this 컨텍스트를 self에 저장
    var self = this;

    // <select> 요소 렌더링
    this.$el.html(this.template({stocks: app.Stocks.toJSON()}));

    // 선택 옵션 업데이트
    $('#stock-selector option').each(function() {
        this.selected = (this.value === self.model.get('stock'));
    });
}
```

백본 모델과 컬렉션 인스턴스는 모델 또는 컬렉션 속성을 자바스크립트 객체로 변환하는 JSON 메소드를 가지고 있다. 이 메소드는 오버로드overload를 통해 현재 속성 외에 계산된 다른 속성을 추가할 수 있다. each 콜백에서는 this 컨텍스트가 현재의 DOM 요소(<option>요소)로 설정된다. render 함수 내에서는 this 컨텍스트에 대한 참조를 self 변수에 저장해서 나중에 참조할 수 있다.

AMZN ↕ **Amazon.com, Inc.**

▲ 주식 종목 코드로 주식을 선택할 수 있는 주식 선택기 뷰

주식 컨텍스트 뷰

컨텍스트 뷰는 상세 뷰에서 보여질 시간 범위를 선택할 수 있게 해주는 작은 영역 차트를 포함한다.

stockAreaChart의 인스턴스를 생성하고 설정하는 데 앞에서 설명한 것과 동일한 전략을 적용하고, 생성된 인스턴스에 대한 참조를 뷰의 chart 속성에 저장한다.

```
app.StockContextView = Backbone.View.extend({

    // 주식 영역 차트 초기화
    chart: stockAreaChart()
        .height(60)
        .margin({top: 5, right: 5, bottom: 20, left: 30})
        .date(function(d) { return new Date(d.date); })
        .value(function(d) { return +d.price; })
        .yaxis(false),

    // 모델이 변경되면 뷰를 렌더링한다.
    initialize: function() { ... },

    render: function(e) { ... }
});
```

initialize 메소드에서는 뷰가 애플리케이션 모델에 대한 변경을 감지하고, 차트 브러시 리스너를 설정해서 모델의 from, to 속성을 업데이트한다.

```
initialize: function() {

    // 컨테이너 요소의 너비
    var width = parseInt(d3.select(this.el).style('width'), 10);

    // 모델의 기간 정보를 업데이트하는 브러시 리스너 함수 바인딩
    var self = this;

    this.chart
        .width(width)
        .brushListener(function(extent) {
            self.model.set({from: extent[0], to: extent[1]});
        });

    // 모델 변경 시 뷰 렌더링
    this.listenTo(this.model, 'change', this.render);
},
```

D3를 이용해서 `this.el` 컨테이너 요소의 너비를 구하고 차트의 너비를 설정한다. 이렇게 하면 차트가 사용자의 뷰포트viewport 전부를 사용할 수 있게 된다.

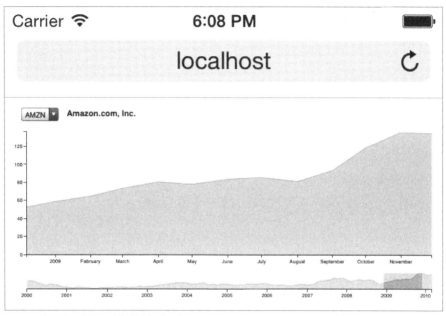

▲ 사파리 모바일 브라우저에서 차트가 컨테이너의 너비 전부를 사용하는 모습(아이폰 에뮬레이터)

render 메소드는 차트의 시간 범위를 업데이트해서 모델의 현재 상태를 반영하고, 뷰의 컨테이너 요소에 대한 셀렉션을 생성해서 주식 데이터와 데이터 바인딩하고, `selection.call`을 호출한다.

```
render: function() {
    // 시간 범위 업데이트
    this.chart
        .timeExtent([
            this.model.get('from'),
            this.model.get('to')
        ]);

    // 컨테이너 요소 셀렉션 및 차트 함수 호출
    d3.select(this.el)
        .data([this.model.get('data')])
```

```
        .call(this.chart);
    return this;
}
```

모델의 from, to 속성은 오직 컨텍스트 뷰에 의해서만 변경될 수 있다.

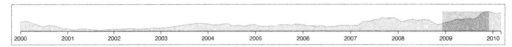

▲ 브러시를 이용해 시간 범위를 설정할 수 있는 주식 컨텍스트 뷰

주식 상세 뷰

주식 상세 뷰는 주어진 시간 범위 내에 있는 주가 정보만 영역 차트로 표시한다. 주식 상세 뷰는 주식 컨텍스트 뷰에서 선택된 시간 범위에 따라 변하도록 설계된다.

stockAreaChart 인스턴스를 생성하고 설정하고, 여백, 주가, 날짜 접근자를 지정하고, 브러시 동작을 비활성화한다.

```
// 주식 상세 차트
app.StockDetailView = Backbone.View.extend({

    // 주식 영역 차트 초기화
    chart: stockAreaChart()
        .margin({top: 5, right: 5, bottom: 30, left: 30})
        .value(function(d) { return +d.price; })
        .date(function(d) { return new Date(d.date); })
        .brush(false),

    // 모델 변경 시 뷰 렌더링
    initialize: function() { ... },

    render: function() { ... }
});
```

컨텍스트 뷰에서 했던 것처럼 initialize 메소드 안에서 모델 변경이 일어나면 render 메소드를 호출한다.

```
initialize: function() {

    // 컨테이너 요소의 너비
    var width = parseInt(d3.select(this.el).style('width'), 10);

    // 차트 너비를 컨테이너 너비와 같게 설정
    this.chart.width(width);

    // 애플리케이션 모델 변경 시 렌더링
    this.listenTo(this.model, 'change', this.render);
},
```

render 메소드에서는 차트 시간 범위를 업데이트 해서 보여지는 차트의 범위가 애플리케이션 모델의 from, to 속성의 값과 같아진다.

```
render: function() {

// 차트 시간 범위 업데이트
var from = this.model.get('from'),
    to = this.model.get('to');

this.chart.timeExtent([from, to]);

// 컨테이너 요소 셀렉션 생성 및 차트 생성
d3.select(this.el)
    .data([this.model.get('data')])
    .call(this.chart);
}
```

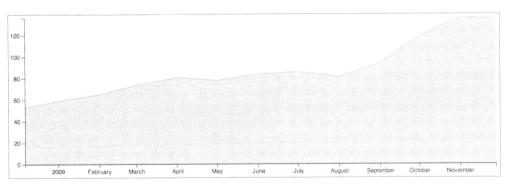

▲ 선택된 시간 범위 내의 주가 정보를 보여주는 상세 뷰

object.listenTo(other, 'event', callback)를 쓸 때, callback 함수 내의 this 컨텍스트는 이벤트를 감지하는 object 객체임을 기억하자.

애플리케이션 뷰

애플리케이션 뷰는 애플리케이션의 각 컴포넌트에 대한 뷰의 인스턴스를 생성하는 역할을 담당한다.

initialize 메소드는 app.Stocks 컬렉션의 리셋 이벤트를 바인딩하고, { reset: true } 옵션을 파라미터로 컬렉션의 fetch 메소드를 호출한다. 컬렉션은 url 속성을 이용해서 서버에 데이터를 요청한다. 데이터가 완전히 로드되면, reset 이벤트를 발생시키고 애플리케이션 뷰는 render 메소드를 호출한다.

```
// 애플리케이션 뷰
app.StockAppView = Backbone.View.extend({

    // 컬렉션 리셋 이벤트 감지
    initialize: function() {
        this.listenTo(app.Stocks, 'reset', this.render);
        app.Stocks.fetch({reset: true});
    },

    render: function() { ... }
});
```

render 메소드에서는 각 컴포넌트 뷰의 인스턴스를 생성한다. 이 시점에서 애플리케이션의 현재 주가 종목 코드가 정의되어 있지 않을 수 있으므로, 이럴 때는 첫 번째 주식의 종목 코드를 모델의 stock 속성으로 설정한다.

제목, 주식 종목 선택기, 컨텍스트 차트, 상세 차트에 대한 뷰를 초기화하고, 모델 인스턴스의 참조와 뷰가 렌더링될 DOM 요소를 넘겨준다.

```
render: function() {

    // 컬렉션의 첫 번째 주식
    var first = app.Stocks.first();
```

```javascript
// 모델에 stock 값이 없으면 첫 번째 주식의 종목 코드를 stock 값으로 설정
if (!this.model.get('stock')) {
    this.model.set('stock', first.get('symbol'));
}

// 제목 뷰 생성 및 초기화
var titleView = new app.StockTitleView({
    model: this.model,
    el: 'div#stock-title'
});

// 주식 선택기 뷰 생성 및 초기화
var controlView = new app.StockSelectorView({
    model: this.model,
    el: 'div#stock-control'
});

// 컨텍스트 뷰 생성 및 초기화
var contextView = new app.StockContextView({
    model: this.model,
    el: 'div#stock-context'
});

// 상세 뷰 생성 및 초기화
var detailView = new app.StockDetailView({
    model: this.model,
    el: 'div#stock-detail'
});

// 주식 데이터 가져오기
this.model.fetchData();
return this;
}
```

마지막으로 주식 데이터를 가져와서 컨텍스트 뷰와 상세 뷰가 렌더링되게 한다. 앞에서 설명한대로, 데이터가 준비되면 모델은 data 속성을 설정하고 차트의 내용을 업데이트하게 되어 있다.

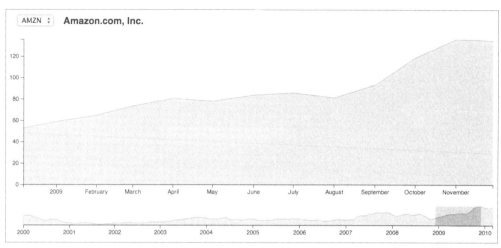

▲ 렌더링된 애플리케이션의 전체 뷰

라우터 정의

우리가 만들고 있는 애플리케이션에서는 시각화의 상태는 주식 종목 코드와 컨텍스트 차트에서 선택한 시간 범위에 의해 좌우된다. 이 절에서는 애플리케이션의 상태와 URL을 연결해서 사용자가 뒤로가기 버튼을 이용해 차트 상태를 올바르게 변경하고, 북마크를 저장하고, 애플리케이션의 특정 상태를 공유할 수 있게 한다.

애플리케이션의 라우터는 각 해시 URL(백본은 해시가 아닌 원래 URL도 지원한다)에 대한 콜백을 할당해서 정의할 수 있다. 여기서는 두 개의 라우터를 정의한다. 하나는 주식을 설정하고 나머지 하나는 애플리케이션의 전체 상태를 설정한다. 사용자가 브라우저 주소창 끝에 #stock/AAPL이라는 해시를 입력하면, setStock 메소드가 호출되고, 'AAPL' 문자열이 전달된다. 두 번째 라우터는 #stock/AAPL/from/Mon Dec 01 2003/to/Tue Mar 02 2010의 형태로 입력할 수 있으며, 라우터의 setState 메소드를 호출한다.

```
app.StockRouter = Backbone.Router.extend({
    // 애플리케이션 라우터 정의
    routes: {
        'stock/:stock': 'setStock',
        'stock/:stock/from/:from/to/:to': 'setState'
```

```
    },

    // 콜백 초기화 및 라우팅
});
```

라우터도 initialize 메소드를 가지며, 이 메소드는 애플리케이션의 URL과 애플리케이션 모델의 동기화를 담당한다. 라우터용 모델을 만들고, 라우터가 모델의 변경 이벤트를 감지하도록 설정한다. 처음에는 데이터가 로딩되어 있지 않을 수 있으므로(이 시점에서는 from과 to 속성도 아직 정의되어 있지 않다), 이때는 주식 종목 코드만 설정할 수 있다. 데이터 로딩이 끝나면, from, to 속성이 변경되고 라우터가 setState 메소드를 호출한다.

```
// 모델 변경을 감지하고 URL 라우터 업데이트
initialize: function(attributes) {
    this.model = attributes.model;
    this.listenTo(this.model, 'change', function(m) {
        if (m.get('from') && m.get('to')) {
            this.setState(m.get('stock'), m.get('from'),
            m.get('to'));
        } else {
            this.setStock(m.get('stock'));
        }
    });
},
```

setStock 메소드는 모델의 symbol 속성을 업데이트한다. navigate 메소드는 주식 정보의 변경을 반영하기 위해 브라우저 URL을 업데이트한다. 시간 범위를 애플리케이션 상태의 변수로 사용하고 있다는 점을 상기해 보자. 사용자가 어떤 시간 범위를 선택하고, 브라우저의 뒤로가기 버튼을 클릭하면 상세 뷰의 차트는 그 전에 선택되었던 시간 범위의 차트로 변경되지만, 컨텍스트 뷰에서 선택한 시간 범위는 그 전에 선택되었던 시간을 나타내도록 변경되지 않으므로 일관성이 깨지게 된다. 어떤 변수가 URL에 포함되어야 하는지는 대부분의 사용자가 직관적으로 기대하는 애플리케이션 동작에 따라 정해지는 것이 좋다. 예를 들어 지금 같은 경우에는, 시간 범위의 변경이 아니라 시간 범위를 변경하게 한 컨텍스트 뷰에서의 드래그 시작, 드래그 종료 시점으로 애플리케이션의 상태를 업데이트 하는 것이 좋은 대안일 수 있다.

```
// 애플리케이션에 사용되는 주가 종목 코드를 설정하고 URL 변경
setStock: function(symbol) {
    var urlTpl = _.template('stock/<%= stock %>');
    this.model.set({stock: symbol});
    this.navigate(urlTpl({stock: symbol}), {trigger: true});
},
```

setState 메소드는 URL에서 from, to 파라미터를 날짜 데이터로 파싱해서 모델의 stock, from, to 속성을 설정한다. 문자열을 날짜 데이터로 변환할 때는 날짜 데이터 생성자가 인식할 수 있는 형식(예를 들면, YYYY-MM-DD)을 사용할 수 있는데, 이렇게 하면 모델이 변경되어 URL을 업데이트하기 위해 날짜 데이터 생성자가 인식할 수 있는 형식으로 from, to의 값을 정해줘야 한다. 간단하게 toDateString 메소드를 써서 해결한다. 모델 상태를 설정하고 나면 URL을 구성하고 navigate 메소드로 브라우저 URL을 업데이트한다.

```
// 애플리케이션 상태 설정 및 URL 업데이트
setState: function(symbol, from, to) {

    from = new Date(from),
    to = new Date(to);

    this.model.set({stock: symbol, from: from, to: to});

    var urlTpl = _.template('stock/<%= stock %>/from/<%= from%>/to/
                  <%= to %>'),
        fromString = from.toDateString(),
        toString = to.toDateString();
    this.navigate(urlTpl({stock: symbol, from: fromString, to: toString}),
        {trigger: true});
}
```

간단한 라우터를 추가하는 것만으로도 사용자가 북마크를 하고 페이지의 특정 상태를 공유하고 뒤로가기 버튼으로 직전의 상태로 이동할 수 있게 되어, 애플리케이션의 사용성이 훨씬 높아졌다.

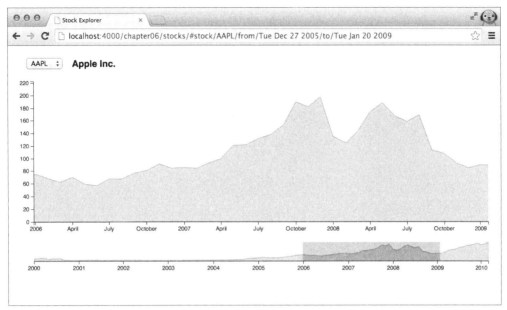

▲ 애플리케이션의 상태가 브라우저 URL에 표시된다

애플리케이션 초기화

애플리케이션 모델, 컬렉션, 뷰, 라우터를 만들었으므로 이제 애플리케이션 컬렉션, 모델과 뷰에 대한 인스턴스를 만들 수 있다. 애플리케이션 초기화 코드는 chapter06/stocks/js/app.js 파일을 참고한다.

먼저 app.StockList 컬렉션의 인스턴스를 만들어보자.

```
// 주식 컬렉션의 인스턴스 생성
app.Stocks = new app.StockList();
```

주식 컬렉션은 나중에 조회할 때 사용된다.

애플리케이션 모델과 애플리케이션 뷰의 인스턴스를 만든다. 뷰의 모델과 컨테이너 요소의 ID를 지정해서 애플리케이션 모델을 초기화한다.

```
// 애플리케이션 모델 인스턴스 생성
app.appModel = new app.StockAppModel();
```

```
// 애플리케이션 뷰 생성
app.appView = new app.StockAppView({
    model: app.appModel,
    el: 'div#stock-app'
});
```

마지막으로 애플리케이션 모델을 첫 번째 인자로 전달하면서 라우터를 초기화하고, 백본이 hashchange 이벤트를 모니터링하게 한다.

```
// 라우터 초기화
var router = new app.StockRouter({model: app.appModel});
Backbone.history.start();
```

정리

6장에서는 D3와 백본을 이용해서 단일 페이지 애플리케이션을 만드는 방법을 알아봤다. 재사용 가능한 차트 패턴을 적용해서 차트를 백본의 뷰에 포함시키고, 백본의 구조를 활용해서 모든 시각화 컴포넌트의 상태를 동기화할 수 있었다.

이를 통해, 주식 정보를 탐색할 수 있는 애플리케이션을 만들었다. 사용자는 보고 싶은 주식을 선택하고 시간 범위를 지정해서 주가 정보에 대한 시계열 정보를 탐색할 수 있다. 백본을 이용하면 시각화의 상태를 저장하고 뷰와 일관성을 유지할 수 있다.

그리고 라우터를 이용해서 시각화의 상태를 URL에 연결해서, 사용자가 애플리케이션의 특정 상태를 저장하고, 북마크하고, 뒤로가기 버튼으로 탐색했던 애플리케이션 상태로 이동할 수 있게 했다.

7장에서는 레이아웃과 재사용 가능한 차트를 포함하는 차트 패키지를 만들어 볼 것이다. 차트 패키지의 배포, 설치, 업그레이드, 의존성 관리를 쉽게 할 수 있도록 설정하는 방법도 함께 알아볼 것이다.

7

차트 패키지 제작

질 좋은 소프트웨어를 만드는 데에는 코드 작성과 더불어 몇 가지 다른 작업이 필요하다. 다른 사람들과 함께 일을 하려면 코드 저장소 관리, 테스팅, 코드와 일관성을 유지하는 문서 작성 등의 작업이 필요하다. D3로 차트와 시각화를 만들 때에도 이런 작업이 필요하다. 차트 패키지는 다른 사람이 사용하기 쉽게, 그리고 사용자가 각자의 프로젝트와 통합하기 쉽게 만드는 것이 좋다. 7장에서는 차트 패키지를 만드는 데 도움을 주는 작업 흐름과 도구에 대해 설명하고 다음과 같은 작업 내용을 알아본다.

- **저장소 생성**: 차트 패키지를 만드는 데 사용할 버전 관리 시스템. 상황에 따라 중앙 저장소를 설정할 수도 있다.
- **API 설계**: 논리 단위에서 코드를 어떻게 조직화할 것인지, 패키지 기능을 어떤 방식으로 외부에 노출할 것인지 결정한다.

- **코드 작성**: 패키지 컴포넌트와 기능을 구현한다.

- **테스팅**: 의도하지 않은 방식으로 동작하는 위험 및 새로운 기능 추가 후 기존 기능의 오동작 위험을 최소화하기 위해 패키지 컴포넌트의 테스트가 필요하다.

- **빌딩**: 패키지를 빌드할 때 소스 코드를 그대로 담지는 않는다. 소스 파일을 하나의 파일로 합치고 압축해서 용량을 최소화하는 작업이 필요하다.

- **패키지 호스팅**: 패키지는 내부 사용 용도로 만들어졌다고 하더라도 다른 사용자도 접근할 수 있어야 한다.

그리고 이런 작업을 수행하는 데 알아야 할 몇 가지 관례와 용어가 있다.

- **변경 사항 커밋**commit: 핫 픽스hot fix나 새로운 기능을 다음 릴리스나 프로젝트 개발 버전에 적용하는 작업 흐름으로, 변경을 반영하기 전에 수행해야 할 테스팅 또는 코드 리뷰를 포함할 수 있다.

- **릴리스 생성**: 소프트웨어의 새 버전을 생성하고 태깅tag하고 릴리스하는 절차로 릴리스 버전 번호를 정하고 따르는 것을 포함한다.

- **코드 작성**: 팀 내부에서 정한 코딩 규약이나 관례를 말한다.

대부분의 작업이나 프로토콜은 팀과 프로젝트의 유형에 따라 달라지게 마련이지만, 이런 작업들 중의 일부는 상황에 관계없이 어디에나 적용될 수 있다.

7장에서는 코딩 규약 검사, 테스팅, 빌드 도구를 사용해서 D3 기반의 차트 패키지를 직접 만들어본다. 7장에서 사용할 도구가 아주 쓸만하다는 것이 입증된 도구이고 실제로 현장에서 널리 쓰이고 있지만 몇몇 작업에 대해서는 다른 도구를 사용해도 무방하다. 따라서 작업 흐름에 적합한 도구 세트는 찾아보고 다른 것을 적용해도 괜찮다.

개발 작업 흐름

이 절에서는 먼저 차트 패키지를 만들고 배포하는 데 필요한 작업 흐름을 개략적으로 알아보고, 버전 번호를 정하는 관례, 릴리스 생성 절차, 다른 프로젝트와의 의존성 관리를 도와주는 도구, 테스팅 실행 도구, 패키지 빌드 자동화 도구에 대해 차례로 살펴본다.

코드 작성

가장 먼저 프로젝트 디렉토리 구조와 패키지 최초 구성 내용을 만든다. 차트 패키지 개발 과정에서 아래의 활동을 수행해야 한다.

- 새 기능 구현 또는 기존 코드 수정
- 소스 코드 가이드라인 준수 여부 점검
- 새 기능에 대한 테스트 구현 또는 기존 기능에 대한 추가적인 테스트 생성
- 수정 내용이 올바르게 동작하고 공용 API에 대한 부작용이 없음을 보증하는 테스트 수행
- 여러 개의 소스 파일을 차트 패키지를 포함하는 하나의 자바스크립트 파일로 통합
- 파일 용량 최소화

새 기능을 구현하거나 버그를 수정할 때는 코드를 수정하고, 에러를 점검하고 테스트를 실행한다. 그리고 이런 수정-점검-테스트를 새 기능의 구현이나 버그 수정이 완료될 때까지 반복한다. 그리고 나서 코드를 다시 한 번 점검하고 테스트한 후에 패키지를 빌드하고 변경을 커밋한다.

앞에서 이야기한 것처럼 이런 작업을 자동화해 주는 도구가 많이 있다. 프론트엔드 작업 흐름을 더 쉽게 할 수 있게 해주는 도구는 아주 많이 있으며, 모든 개발자들이 각자 선호하는 도구가 있다. 7장에서는 개발 작업을 전체적으로 조율하는 데 다음과 같은 Node.js 모듈을 사용할 것이다.

- **바우**Vows: 비동기, 행위 주도behavior driven 방식의 Node.js용 자바스크립트 테스팅 프레임워크. 차트 패키지 테스트에 바우를 사용할 것이다.
- **그런트**Grunt: Node.js용 태스크 실행기. 그런트와 몇 가지 플러그인을 써서 소스 파일을 점검하고, 한 파일로 합치고, 용량을 최소화하고 패키지 테스트하는 작업을 수행할 것이다.
- **바우어**Bower: 프론트엔드 패키지 관리 시스템. 사용자가 쉽게 차트 패키지를 설치하고 (D3에 대한) 의존성 관리를 할 수 있도록 바우어를 이용할 것이다.

릴리스 생성

개발 작업 흐름의 진행에 따라 릴리스를 생성하게 되는데, 릴리스는 차트 패키지가 배포되어 사용될 수 있는 상태를 의미한다. 릴리스는 보통 이전 버전과 얼마나 다른 지를 알려주는 버전 번호로 식별한다.

시맨틱 버전 번호

버전 번호는 많은 의존성을 가진 시스템에서 특히 중요하다. 어떤 패키지의 특정 버전에서 제공되는 기능에 너무 많이 의존하게 되면, 패키지의 새 버전을 릴리스하지 않고는 패키지의 업데이트를 할 수 없는 버전 락version lock이 생길 수 있다. 다시 말해, 패키지를 이용해서 우리가 만든 소프트웨어가, 업데이트 버전의 패키지와도 호환이 맞을 것이라고 가정하고 패키지를 업데이트하면, 우리 소프트웨어가 호출하는 API에 변경이 생겨서 궁극적으로 호환되지 않는 경우가 생긴다.

시맨틱 버저닝Semantic Versioning은 패키지를 업데이트하는 것이 안전한지를 버전 번호에서 유추할 수 있게 해주는 의미 중심의 버전 번호 지정 규약이다. 시맨틱 버저닝 2.0.0의 완전한 명세(명세 그 자체도 버전 번호가 매겨져 있다)는 http://semver.org/에서 확인할 수 있다. 시맨틱 버저닝 규약은 다음과 같다.

각 릴리스에는 MAJOR.MINOR.PATCH 형식의 버전 번호가 할당해야 한다. 선택적으로 '-' 다음에 어떤 식별자를 사용할 수도 있다(예: 1.0.0-beta). 버전 번호는 정수로 표시하며 다음의 규칙에 따라 번호를 증가시킨다.

- MAJOR(메이저): API에 구 버전과 호환되지 않는 변경이 생겼을 때 MAJOR 번호를 증가시킨다.
- MINOR(마이너): API에 대한 변경 없이 새로운 기능이 추가되었을 때 MINOR 번호를 증가시킨다.
- PATCH(패치): 공용 API에 대한 변경 없이 패키지가 개선되거나 버그가 수정되었을 때 PATCH 번호를 증가시킨다.

MAJOR 버전 번호를 증가시킬 때는 MINOR와 PATCH 번호는 0으로 초기화하고, MINOR 번호를 증가시킬 때는 PATCH 번호를 0으로 초기화한다. 릴리스의 내용이 변경되면 반드시 버전 번호도 함께 변경해야 한다. 즉, 내용이 수정되면 새로운 버전으로 릴리스되어야 한다.

이 규약을 따르면 사용자가 2.1.34에서 2.1.38로 업그레이드하는 것이 안전하다는 것을 알 수 있고, 2.1.38에서 2.2.0으로 업그레이드하는 것도 (새 버전의 패키지가 구 버전 호환성 유지 기능을 제공하는 경우 포함) 안전하다는 것을 알 수 있다. 하지만 2.2.0에서 3.0.1로 업그레이드하는 것은 안전하지 않으므로, 업그레이드를 하기 전에 새 버전의 변경 사항이 기존 코드와 호환성이 유지되는지 점검해야 한다. 다음 절에서는 패키지의 최초 내용을 생성하고 패키지 테스트와 빌드를 담당하는 도구의 설정 방법을 알아본다.

패키지 내용 생성

열 지도heat map와 레이아웃 함수를 포함하고 있는 작은 패키지를 만들어 보자. 먼저 프로젝트의 이름을 선정하고, 비어 있는 디렉토리를 생성하고, 저장소를 만드는 것으로 시작한다. 패키지의 이름은 Windmill(풍차)이라고 하자. 디렉토리를 만들면 최초 내용을 생성할 수 있다. 코드를 컴포넌트로 분류하고 차트와 도우미 함수helper function를 개별적인 파일에 작성한다. 소스 코드는 폴더 단위로 분류하고 하나의 컴포넌트는 하나의 폴더로 구성한다. 나중에 여러 폴더에 나뉘어 있는 파일을 올바른 순서로 하나의 파일로 합쳐서 패키지의 모든 컴포넌트가 포함되어 있는 windmill.js 파일을 생성할 것이다.

```
src/
    chart/
        chart.js
        heatmap.js
    layout/
        layout.js
        matrix.js
    svg/
        svg.js
        transform.js
    start.js
    end.js
```

version 속성을 추가하고 시맨틱 버전 명세를 따르는 버전 번호를 지정한다.

```
!function() {
    var windmill = {version: '0.1.0'}; // 시맨틱 버저닝
    // 차트
    windmill.chart = {};
    windmill.chart.heatmap = function() {...};
    // 다른 컴포넌트
}();
```

이 파일은 브라우저에서 읽어올 수도 있고 Node.js를 사용해서 읽어올 수도 있다. 어떤 방식으로 읽어오더라도 익명 함수가 호출되지만 그것 외에 새로운 무언가가 실행되지는 않는다. 노드Node에서 패키지 기능을 외부에 노출시키려면 모듈의 컨텍스트에서 D3를 노드 패키지로써 읽어와야 하고, windmill 객체의 내용을 외부에 노출해야 한다. 이렇게 하면 다른 노드 모듈(예를 들면, 테스트)이 우리가 만든 패키지를 노드 모듈로써 읽을 수 있게 된다. 파일이 브라우저에서 로딩된다면 D3는 웹을 통해 접근 가능하며, windmill 속성을 전역 객체에 추가하고 그 값을 패키지 내용으로 설정하면 된다. 전역 스코프scope에서 익명 함수를 실행하면 this 컨텍스트가 전역 객체로 설정된다는 것에 유의하자.

```
!function() {
    var windmill = {version: '0.1.0'}; // semver

    // 차트
    windmill.chart = {};
    windmill.chart.heatMap = function() {...};

    // 다른 컴포넌트

    // 패키지 컴포넌트를 외부에 노출
    if (typeof module === 'object' && module.exports) {
        // 노드 모듈로써 로딩되는 경우
        this.d3 = require('d3');
        module.exports = windmill;
    } else {
        // 브라우저에서 로딩되는 경우
        this.windmill = windmill;
    }
}();
```

이 파일을 생성하려면 소스 파일을 순서에 맞게 합쳐야 한다. src/start.js 파일은
하나로 합쳐진 내용을 담을 즉시 실행 함수의 시작 부분과 릴리스 할 때마다 갱신
되어야 하는 패키지 버전 정보를 가지고 있다.

```
!function() {
    var windmill = {version: '0.1.0'}; // 시맨틱 버저닝
```

각 컴포넌트는 windmill 변수에 필요한 속성을 추가하게 된다. 예를 들어, src/
chart/chart.js 파일은 아래와 같은 속성을 포함한다.

```
// 차트
windmill.chart = {};
```

src/chart/heatmap.js 파일은 chart 속성에 함수를 추가한다.

```
windmill.chart.heatmap = function() {...};
```

matrix 레이아웃도 같은 방식으로 포함되어야 한다. src/end.js 파일은 합쳐진 파
일의 가장 마지막 부분에 해당하는 내용을 가지고 있다. 파일이 Node.js 모듈로써
로딩된다면 module.exports 변수가 정의되어야 한다. 여기서는 D3 라이브러리

를 가져오고, windmill 패키지를 외부에 노출한다. 파일이 브라우저에서 로딩되면 windmill 객체를 window 객체에 추가해서 전역 변수로써 접근될 수 있게 한다.

```javascript
// 패키지 컴포넌트를 외부에 노출
if (typeof module === 'object'&& module.exports) {
    // Node 모듈로써 로딩되는 경우
    this.d3 = require('d3');
    module.exports = windmill;
} else {
    // 브라우저에서 로딩되는 경우
    window.windmill = windmill;
    }
}();
```

열 지도 차트

열 지도heat map는 두 개의 서수ordinal number 변수의 함수에 의존하는 한 개의 기수quantitative number 변수를 차트로 도식화하는 것이 목적이다.

열 지도는 한 개의 변수와 두 개의 변수 사이의 의존 관계를 시각화할 수 있는 차트다. 열 지도는 각 셀의 색상이 한 개의 주요 변수의 값에 비례하고, 행과 열은 나머지 두 개의 변수를 나타내는 행렬matrix과 비슷하다. 다음 스크린샷을 참고하자.

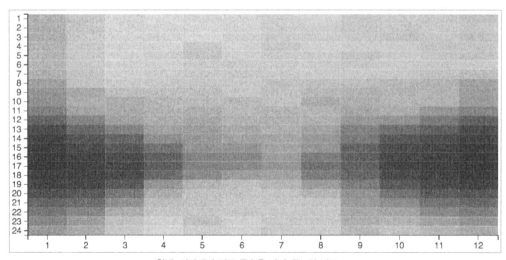

▲ 월별, 시간대별 평균 풍속을 나타내는 열 지도

열 지도는 보여주고 싶은 대상 변수target variable와 행과 열로 표시되는 변수 사이의 패턴이나 의존 관계를 쉽게 인식할 수 있게 해준다. 열 지도 차트에 대한 코드는 src/chart/heatmap.js에 작성하기로 한다. 열 지도 차트도 재사용 가능한 차트로 만들 계획이지만, 이번에는 각 차트 속성에 필요한 비슷한 작업 반복을 피하기 위해 접근자 메소드를 자동으로 생성해 볼 것이다. 먼저 열 지도 차트를 windmill.chart 객체의 속성으로 추가해 보자.

```
// 열 지도 차트
windmill.chart.heatmap = function() {
    'use strict';

    function chart(selection) {
        // ...
    }

    return chart;
};
```

heatmap 함수는 보통의 경우 행렬을 입력 데이터로 받고, 열 지도는 보통 입력 데이터로서 행렬을 받는다. 행렬은 중첩 배열이나 각 셀이 리스트의 한 아이템으로 표시되는 종방향 표기법columnar representation으로 표현될 수 있다. 각 아이템은 행, 열 그리고 행렬의 각 셀의 내용을 나타내는 값으로 구성된다(이 방식은 특히 희소 행렬sparse matrix을 나타내는 데 적합하다). 기본 입력 값은 아래와 같이 행, 열, 값의 세 가지 속성을 가지는 객체의 배열이다.

```
var data = [
    {row: 1, column: 1, value: 5.5},
    {row: 1, column: 2, value: 2.5},
    // 중간 생략...
    {row: 6, column: 4, value: 7.5}
];
```

어떤 속성이 행, 열, 값에 해당하는지 사용자가 결정할 수 있도록 설정 가능한 접근자 메소드를 추가한다. 접근자 메소드를 자동 생성할 것이므로 차트 속성을

attributes 객체에 저장해 둔다. 이 요소는 접근자 메소드를 자동 생성하는 데 사용된다.

```
// 열 지도 차트
windmill.chart.heatmap = function() {
    'use strict';

    // 기본 속성 컨테이너
    var attributes = {
        width: 600,
        height: 300,
        margin: {top: 20, right: 20, bottom: 40, left: 40},
        colorExtent: ['#000', '#aaa'],
        value: function(d) { return d.value; },
        row: function(d) { return d.row; },
        column: function(d) { return d.column; }
    };

    // 차트 함수

    return chart;
}
```

너비, 높이, 외부 여백(margin - 마진), 색상 범위에 대한 기본 값을 설정하고, 행, 열, 값에 대한 기본 접근자 메소드를 정의했다.

각 속성에 대한 메소드를 생성해 보자. 자동으로 생성된 접근자 메소드는 수동으로 직접 작성한 접근자 메소드와 동일하게 동작해야 한다. 그리고 단순히 값을 읽고 쓰는 것 외에 로직을 포함하고 싶으면 접근자 메소드를 덮어쓸 수도 있어야 한다. 지금까지 width 속성에 대한 접근자 메소드를 아래와 같이 구현해왔다.

```
chart.width = function(w) {
    if (!arguments.length) { return width; }
    width = w;
    return chart;
};
```

인자가 주어지지 않으면 chart.width 메소드는 width 변수의 현재 값을 반환한다. 인자를 전달해주면 width 값이 인자로 주어진 값으로 변경되고, 메소드 체이닝methd chaining을 위해 차트를 반환한다. attributes 객체가 차트 속성에 대한 정보를 가지고 있으므로, chart.width 메소드를 다음과 같이 변경해야 한다.

```
chart['width'] = function(val) {
    if (!arguments.length) { return attributes['width']; }
    attributes['width'] = val;
    return chart;
};
```

width 속성을 하드코딩한 것이 마음에 들지 않는다. 실행하면 동작은 하겠지만 값을 받아서 width 속성의 값을 변경해주는 함수가 필요하다. 특정 속성에 대해 접근자 함수를 반환하는 함수를 작성해 보자.

```
// 주어진 속성에 대한 접근자 메소드 생성
function createAccessor(attr) {
    // 접근자 함수
    function accessor(value) {
        if (!arguments.length) { return attributes[attr]; }
        attributes[attr] = value;
        return chart;
    }
    return accessor;
}
```

이제 다음과 같이 width 속성에 대한 접근자 메소드를 설정할 수 있다.

```
// 너비(width)에 대한 접근자 함수
chart['width'] = createAccessor('width');
```

attributes 객체의 속성에 대해서도 하나씩 접근자 메소드를 생성해야 한다. 해당 속성에 대한 접근자가 이미 존재하는지 먼저 체크하고, 해당 속성이 프로토타입 체인 상에서 상위 접근자 메소드의 속성이 아니라 attributes 객체의 속성인지 확인한다.

```
// 각 속성에 대한 접근자 메소드 생성
for (var attr in attributes) {
    if ((!chart[attr]) && (attributes.hasOwnProperty(attr))) {
        chart[attr] = createAccessor(attr);
    }
}
```

위와 같이 attributes 객체의 각 속성에 대해 접근자 메소드를 생성할 수 있다. 접근자 메소드는 get과 set으로 값을 돌려주거나 설정할 뿐, 값 유효성 검증 validation이나 다른 로직은 포함되어 있지 않다. 따라서 어떤 속성에 대해 더 많은 로직을 가지고 있는 복잡한 접근자 메소드가 필요하다면 추가할 수 있으며, 직접 추가한 복잡한 접근자 메소드는 덮어써지지 않는다.

차트 함수는 div 컨테이너를 셀렉션해서 차트를 포함하는 svg 요소를 생성한다. 앞에서 했던 방식처럼, svg 요소의 초기화를 chart.svgInit 메소드에 캡슐화한다.

```
// 차트 함수
function chart(selection) {
    selection.each(function(data) {
        // SVG의 enter 셀렉션에 SVG 요소를 초기화하여 추가
        var div = d3.select(this),
            svg = div.selectAll('svg').data([data])
                .enter().append('svg')
                .call(chart.svgInit);
    });
}
```

chart.svgInit 메소드에서는 svg 요소의 크기를 설정하고 차트를 위한 그룹 생성, 가로/세로 축을 생성한다.

```
// svg 요소 초기화
chart.svgInit = function(svg) {

    // 차트 영역의 너비와 높이 계산
    var margin = chart.margin(),
        width = chart.width() - margin.left - margin.right,
        height = chart.height() - margin.top - margin.bottom,
        translate = windmill.svg.translate;
```

```
// svg 요소의 크기 설정
svg
    .attr('width', chart.width())
    .attr('height', chart.height());

// 차트 컨테이너 그룹 추가
svg.append('g')
    .attr('class', 'chart')
    .attr('transform', translate(margin.left, margin.top));

// X축 컨테이너 추가
svg.append('g')
    .attr('class', 'axis xaxis')
    .attr('transform', translate(margin.left, margin.top +
height));

// Y축 컨테이너 추가
svg.append('g')
    .attr('class', 'axis yaxis')
    .attr('transform', translate(margin.left, margin.top));
};
```

차트의 너비, 높이, 외부 여백 값을 계산하기 위해 앞에서 만든 접근자 메소드를
사용했다. 이 값들은 차트 코드 내에서 attributes 객체를 통해서 알아낼 수도 있
지만, chart 객체를 통해서는 접근할 수 없다. 차트 함수에서는 차트 영역의 너비
와 높이를 계산하고 행, 열, 값 접근자 메소드를 캐시하여 짧은 이름의 변수에 할
당한다. 짧은 이름의 변수에 캐시해두지 않으면 attributes.row(d)나 chart.
row(d)와 같이 필요할 때마다 함수를 호출해야 한다.

```
// 차트 영역의 너비와 높이 계산
var margin = chart.margin(),
    width = chart.width() - margin.left - margin.right,
    height = chart.height() - margin.top - margin.bottom;

// 접근자 메소드를 짧은 이름의 변수에 캐시
var row = chart.row(),
    col = chart.column(),
    val = chart.value();
```

서수 축척과 rangeBands 치역을 이용해서 직사각형의 위치 및 색상에 대한 축척을 생성한다. 이렇게 하면 한 구간을 균등하게 나눠진 n개의 구간으로 나눌 수 있다. n은 정의역에서 유일한 값의 개수를 나타낸다.

```
// 가로 위치
var xScale = d3.scale.ordinal()
    .domain(data.map(col))
    .rangeBands([0, width]);

// 세로 위치
var yScale = d3.scale.ordinal()
    .domain(data.map(row))
    .rangeBands([0, height]);

// 색상 축척
var cScale = d3.scale.linear()
    .domain(d3.extent(data, val))
    .range(chart.colorExtent());
```

다음과 같이 rect 요소의 enter 셀렉션에 직사각형을 생성할 수 있다.

```
// enter 셀렉션에 열 지도를 위한 rect 요소 추가
var rect = gchart.selectAll('rect').data(data)
    .enter().append('rect');
```

앞에서 만든 행, 열, 값을 위한 축척과 접근자 메소드를 써서 직사각형의 너비, 높이, 위치를 설정한다. 너비와 높이는 축척에 의해 계산되는 값을 이용한다.

```
// 열 지도의 속성값 설정
rect.attr('width', xScale.rangeBand())
    .attr('height', yScale.rangeBand())
    .attr('x', function(d) { return xScale(col(d)); })
    .attr('y', function(d) { return yScale(row(d)); })
    .attr('fill', function(d) { return cScale(val(d)); });
```

마지막으로 가로 및 세로 축을 추가한다.

```
// 가로 축 생성
var xAxis = d3.svg.axis()
    .scale(xScale)
```

```
    .orient('bottom');
svg.select('g.xaxis').call(xAxis);

// 세로 축 생성
var yAxis = d3.svg.axis()
    .scale(yScale)
    .orient('left');
svg.select('g.yaxis').call(yAxis);
```

열 지도 예제 파일을 만들어 보자. examples/heatmap.html 파일에 chart01을 id로 하는 div 컨테이너를 생성한다.

```
<div id="chart01"></div>
```

샘플 데이터 배열과 차트 인스턴스를 생성하고, 차트의 너비, 높이, 색상 범위를 설정한다.

```
// 샘플 데이터 배열 생성
var data = [];
for (var k = 0; k < 20; k += 1) {
    for (var j = 0; j < 20; j += 1) {
        data.push({
            row: k,
            column: j,
            value: Math.cos(Math.PI * k * j / 60)
        });
    }
}

// 열 지도 차트 생성 및 설정
var heatmap = windmill.chart.heatmap()
    .width(600)
    .height(300)
    .colorExtent(['#555, '#ddd']);
```

색상은 낮은 값은 어두운 회색, 높은 값은 파란색 까지를 범위로 한다. 행렬 데이터는 두 개의 행과 네 개의 열에 대한 값을 가지고 있다. 행렬의 셀 값이 비어 있으면 그 셀은 그려지지 않는다. 컨테이너 요소를 셀렉트해서 데이터 배열을 바인딩하고 selection.call 메소드로 열 지도 차트를 실행한다.

```
// 컨테이너 셀렉션에 데이터를 바인딩하고 열 지도 생성
d3.select('div#chart01').data([data])
    .call(heatmap);
```

앞에서 만든 열 지도는 400개의 셀을 가지고 있고 각 셀의 색은 그 셀에 지정된
값을 나타낸다. 다음의 스크린샷을 통해 확인할 수 있다.

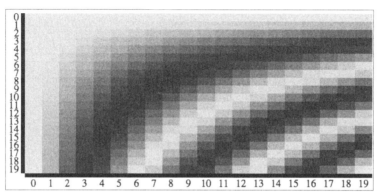

▲ 기본 스타일로 그려진 열 지도

축 모양새를 가다듬기 위해 스타일 시트 파일을 포함해 보자. 사용자가 차트를 사
용할 때 CSS 파일이 필요할 것이므로 사용자를 위한 스타일도 만들어야 한다. 사용
자도 자신의 클라이언트 애플리케이션에 사용하는 차트의 모양새를 수정할 수 있
어야 한다. windmill.css 파일을 css 디렉토리에 저장하고 다음과 같이 작성한다.

```
/* 축 선 스타일 */
.axis path, line {
    fill: none;
    stroke: #222222;
    shape-rendering: crispEdges;
}
/* x축 스타일 */
.xaxis {
    font-size: 12px;
    font-family: sans-serif;
}
```

```
/* y축 스타일 */
.yaxis {
    font-size: 12px;
    font-family: sans-serif
}
```

스타일 수정으로 축의 모양을 개선하니 열 지도 차트가 다음과 같이 한결 보기 좋
아졌다.

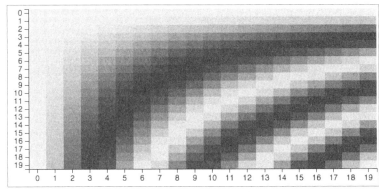

▲ 스타일을 개선한 열 지도 차트

행렬 레이아웃

열 지도 차트는 행과 열에 데이터가 유일하게 하나만 존재한다고 가정한다. 하나의
행과 열에 하나 이상의 데이터가 존재할 경우 두 개의 직사각형이 겹칠 수 있다.

설정 가능한 집계 함수aggregation function를 이용해서 하나의 셀에 존재하는 다수의
데이터 값을 합칠 수 있는 레이아웃을 만들어 보자. 예를 들어 다음과 같은 데이터
셋이 있을 때:

```
var data = [
    {row: 1, column: 2, value: 5},
    {row: 1, column: 2, value: 4},
    {row: 1, column: 2, value: 9},
    // ...
];
```

matrix 레이아웃은 동일한 셀에 있는 여러 개의 데이터 값을 합, 개수, 평균, 최소값, 최대값 등의 연산을 통해 하나의 값으로 변환해준다. matrix 레이아웃은 src/layout/matrix.js에 작성한다. 열 지도 차트에서 만들 때와 마찬가지로, 먼저 matrix를 layout 객체의 속성으로 추가한다. 지금까지 써 왔던 재사용 가능한 차트 패턴을 그대로 적용한다. 다만, 차트 함수를 layout 함수로 바꾸고, layout 함수는 입력 데이터를 집계한 결과 배열을 반환한다는 점이 다르다.

```
windmill.layout.matrix = function() {
    'use strict';

    function layout(data) {
        //...
        return groupedData;
    }
    return layout;
};
```

열 지도 차트 작성 시 소개했던 접근자 메소드 자동 생성 기법을 적용한다. 기본 접근자 메소드를 다음과 같이 추가한다.

```
// 기본 접근자 메소드
var attributes = {
    row: function(d) { return d.row; },
    column: function(d) { return d.column; },
    value: function(d) { return d.value; },
    aggregate: function(values) {
        var sum = 0;
        values.forEach(function(d) { sum += d; });
        return sum;
    }
};
```

행, 열, 값에 대한 접근자 함수는 입력 데이터 각각에 대한 행, 열, 값을 계산한다. aggregate 함수는 배열을 인자로 받아서 집계 연산을 통해 합친 하나의 값을 반환한다. 기본 aggregate 함수는 인자로 받은 배열의 각 원소를 합계를 계산한다.

```
// 레이아웃 함수
function layout(data) {
    // 결과 출력용 배열
    var groupedData = [];

    // 입력 값이 집계된 배열
    return groupedData;
}
```

먼저 행과 열 기준으로 값을 그룹화한다. 입력 받은 배열의 각 원소인 d에 대해 반복을 돌면서 행, 열, 값을 계산하고 groupedData 배열에 저장한다. 입력 받은 배열의 반복 과정 중에서 d 원소의 행, 열이 groupedData 배열 내에 있는 item 원소의행, 열과 같으면 item 원소의 values 배열에 d 원소의 값을 추가한다.

```
// 행, 열 기준으로 그룹화
data.forEach(function(d) {

    // 행, 열, 값 계산
    row = attributes.row(d);
    col = attributes.column(d);
    val = attributes.value(d);

    // groupedData 내에 현재 반복 중인 배열 요소의 행, 열 값과
    // 같은 행, 열 값을 가지는 요소의 존재 여부
    found = false;

    groupedData.forEach(function(item, idx) {
        if ((item.row === row) && (item.col === col)) {
            item.values.push(val);
            found = true;
        }
    });

    // groupedData에 행, 열 값이 없는 요소는 groupedData에 새로 추가
    if (!found) {
        groupedData.push({
            row: row,
            col: col,
```

```
                values: [val]
            });
        }
    });
```

이제 aggregate 함수를 이용해서 값을 집계할 수 있다. aggregate 함수는 배열을 인자로 받아서 단일 값을 반환한다. 마지막으로 value 속성을 제거한다.

```
// 값 집계
groupedData.forEach(function(d) {
    // 집계된 값 계산
    d.value = attributes.aggregate(d.values);
    delete d.values;
});
```

열 지도 차트에서 썼던 것과 비슷한 코드로 레이아웃을 위한 접근자 메소드를 자동으로 생성한다.

```
// 접근자 함수 생성
function createAccessor(attr) {
    function accessor(value) {
        if (!arguments.length) { return attributes[attr]; }
        attributes[attr] = value;
        return layout;
    }
    return accessor;
}

// 각 속성에 대한 접근자 자동 생성
for (var attr in attributes) {
    if ((!layout[attr]) && (attributes.hasOwnProperty(attr))) {
        layout[attr] = createAccessor(attr);
    }
}
```

matrix 레이아웃 예제를 하나 만들어 보자. examples/layout.html 파일에 다음과 같이 샘플 데이터를 만든다.

```
// 샘플 데이터 배열
var data = [
    {a: 1, b: 1, c: 10},
```

```
    {a: 1, b: 1, c: 5},
    // ...
    {a: 2, b: 2, c: 5}
];
```

샘플 데이터 배열에는 하나의 셀에 하나 이상의 값이 있는 것을 주목하자. 각 셀에
할당된 모든 값들의 평균을 구하는 함수를 정의한다.

```
// 평균을 계산하는 집계 함수 정의
var average = function(values) {
    var sum = 0;
    values.forEach(function(d) { sum += d;});
    return sum / values.length;
}
```

matrix 레이아웃 인스턴스를 생성하고 row 접근자 함수는 배열의 각 원소의 a 속
성 값을 반환하고, column 함수는 b 속성 값을 반환하고, value 함수는 c 속성 값을
반환하도록 정의한다. 앞에서 만든 average 함수를 aggregate 함수로 정의한다.

```
// matrix 레이아웃 인스턴스 생성 및 설정
var matrix = windmill.layout.matrix()
    .row(function(d) { return d.a; })
    .column(function(d) { return d.b; })
    .value(function(d) { return d.c; })
    .aggregate(average);
```

샘플 데이터를 파라미터로 전달해서 matrix 레이아웃을 호출하면 행, 열, 값을 가
진 객체의 배열을 반환한다.

```
var grouped = matrix(data);
```

반환받은 배열에는 각 행, 열에 할당된 값들의 평균이 계산되어 있다.

```
// 결과 값
grouped = [
    {col: 1, row: 1, value: 7.5},
    // ...
    {col: 2, row: 2, value: 10}
];
```

`matrix` 레이아웃은 값을 집계할 수 있게 해주고, 열 지도 차트에 사용할 데이터를 쉽게 포맷할 수 있게 해준다. 이제 패키지를 빌드하고 배포하는 도구에 대해 알아 보자.

프로젝트 셋업

이번 절에서는 패키지를 빌드하는 데 사용할 도구들을 설치하고 설정해 볼 것이 다. 기본적인 명령행 인터페이스는 다룰 수 있고, 노드Node js가 설치되어 있는 것 으로 가정하고 진행한다. 노드는 웹사이트(http://nodejs.org/download/)에서 다운 로드해 설치할 수 있고, 유닉스 류의 시스템에서는 패키지 관리자를 이용해서 설 치할 수 있다.

노드 모듈 설치

노드 패키지 매니저npm, Node Package Manager는 노드 프로젝트들 사이의 의존 관계 를 관리해주는 프로그램이다. 우리가 만들고 있는 프로젝트가 다른 프로젝트에서 사용될 수도 있으므로 npm에 패키지 관련 정보를 제공해줘야 한다. package.json 파일에 프로젝트 이름, 버전, 의존성에 대한 내용을 작성해야 한다. 일단 이름과 버전만 추가한다.

```
{
    "name": "windmill",
    "version": "0.1.0",
    "dependencies": {},
    "devDependencies": {}
}
```

npm을 이용해서 그런트, 바우, 바우어, D3를 설치한다. 패키지를 설치할 때, 설치 하는 패키지에 대한 의존성을 지정하고 저장할 수 있다. `--save-dev` 옵션을 지정 하면 해당 패키지에 대해 개발용 의존성을 지정할 수 있다.

```
$ npm install --save-dev grunt vows bower
```

우리가 만드는 패키지는 D3에 의존한다. 따라서 누군가 우리의 패키지를 사용하려면 D3가 필요하게 된다. 앞에서 --save-dev 옵션으로 설치한 패키지는 개발 중에만 사용하고 개발 완료 후에는 사용되지 않으며, D3는 개발 완료 후에도 사용하므로 --save 옵션으로 설치한다.

```
$ npm install --save d3
```

설치된 패키지 모듈은 프로젝트 최상위 레벨에 새로 생긴 node_modules라는 디렉토리에 저장된다.

```
node_modules/
    bower/
    d3/
    grunt/
    vows/
```

package.json 파일도 다음과 같이 업데이트된다.

```
{
    "name": "windmill",
    "version": "0.1.0",
    "dependencies": {
        "d3": "~3.4.1"
    },
    "devDependencies": {
        "grunt": "~0.4.2",
        "vows": "~0.7.0"
    }
}
```

각 의존성이 패키지의 버전을 명시하고 있는 점을 눈여겨보자. Node.js 패키지는 시맨틱 버저닝Semantic Versioning 명세를 따라야 한다. 빌드 작업을 위해 필요한 모듈은 나중에 추가하기로 한다.

그런트로 빌드

그런트Grunt는 Node.js에서 사용하는 태스크task 관리 프로그램이다. 그런트를 쓰면 편리하게 태스크를 정의하고 실행할 수 있다. 그런트를 사용하려면 프로젝트 정보가 담긴 package.json 파일과 관리할 태스크 정보를 설정하는 Gruntfile.js 파일이 필요하다. Gruntfile.js는 다음과 같은 형태로 작성되는데, 모든 그런트 태스크는 module.exports 함수 내에 기술되어야 한다.

```
module.exports = function(grunt) {
    // 그런트 초기화 및 태스크 정보
};
```

그런트 태스크는 보통 grunt.initConfig 메소드로 전달되는 설정 데이터를 필요로 한다. package.json 파일에서 패키지 설정 정보를 가져오면, 목표 파일에 있는 배너를 생성하거나 태스크를 실행할 때 콘솔에 표시되는 정보를 화면에 표시할 수 있다.

```
module.exports = function(grunt) {
    // 그런트 초기화 설정
    grunt.initConfig({
        pkg: grunt.file.readJSON('package.json')
    });
};
```

개발에 필요한 모든 태스크 설정을 최소한의 노력으로 할 수 있게 해주는 그런트 플러그인은 수백 가지가 있다. 그런트 플러그인의 전체 목록은 http://gruntjs.com/plugins에서 확인할 수 있다.

소스 파일 합치기

grunt-contrib-concat 플러그인은 소스 파일을 하나로 합쳐준다. 설치 방법은 Node.js의 모듈 설치 방법과 같다.

```
$ npm install --save-dev grub-contrib-concat
```

플러그인을 사용하려면 다음과 같이 플러그인을 활성화하고 추가적인 설정을 해 줘야 한다.

```
module.exports = function(grunt) {
    grunt.initConfig({
        pkg: grunt.file.readJSON('package.json'),
        concat: {
            // grunt-contrib-concat 설정
        }
    });
    // 그런트 플러그인 활성화
    grunt.loadNpmTasks('grunt-contrib-concat');
};
```

grunt-contrib-concat 설정을 추가한다. concat 객체는 하나 이상의 타깃target 을 지정할 수 있고, 각 타깃은 소스들로 이루어진 배열과 합쳐진 파일의 경로 정보 를 포함한다. src에 명시된 파일들이 순서대로 합쳐진다.

```
// 그런트 설정 초기화
grunt.initConfig({

    // 패키지 설정 정보 가져오기
    pkg: grunt.file.readJSON('package.json'),

    // concat 태스크 설정
    concat: {
        js: {
            src: [
                'src/start.js',
                'src/svg/svg.js',
                'src/svg/transform.js',
                'src/chart/chart.js',
                'src/chart/heatmap.js',
                'src/layout/layout.js',
                'src/layout/matrix.js',
                'src/end.js'
            ],
            dest: 'windmill.js'
        }
    },
});
```

패키지 이름과 버전 정보를 주석으로 추가하는 데 유용한 배너 추가 옵션도 있다. concat 태스크는 다음과 같은 명령으로 실행할 수 있다.

```
$ grunt concat
Running "concat:js" (concat) task
File "windmill.js" created.
Done, without errors.
```

타깃이 여러 개일 경우 concat 다음에 타깃을 명시해서 독립적으로 빌드할 수도 있다.

```
$ grunt concat:js
Running "concat:js" (concat) task
File "windmill.js" created.
Done, without errors.
```

원래 소스 파일의 공백과 주석이 보존되면서 순서대로 합쳐져서 windmill.js 파일이 생성된다.

라이브러리 압축

자바스크립트 라이브러리는 두 개의 버전으로 배포하는 것이 일반적인 관례다: 하나는 디버깅을 위한 주석 등 원래의 소스 정보를 모두 가지고 있는 버전이고, 나머지 하나는 운영에서 사용되는 버전이다. 압축 버전(또는 난독화 버전)을 만들려면 grunt-contrib-uglify 플러그인이 필요하다. grunt-contrib-concat 패키지와 마찬가지로 grunt-contrib-uglify 플러그인을 설치하고 Gruntfile.js 파일을 수정해서 활성화해 보자.

```
module.exports = function(grunt) {
    // ...
    // 그런트 플러그인 활성화
    grunt.loadNpmTasks('grunt-contrib-concat');
    grunt.loadNpmTasks('grunt-contrib-uglify');
};
```

uglify 설정도 grunt.initConfig 메소드 내에 함께 기술한다. uglify도 하나 이상의 타깃을 지정할 수 있다. options 속성에 uglify의 작동 방식을 정의할 수 있다. 여기서는 원래 소스 코드의 변수명을 그대로 보존하기 위해 다음과 같이 mangle을 false로 설정한다. mangle 옵션이 true로 설정되면 변수명이 축약된 이름으로 바뀌게 된다.

```
// Uglify 설정
uglify: {
    options: {
        mangle: false
    },
    js: {
        files: {
            'windmill.min.js': ['windmill.js']
        }
    }
}
```

압축 태스크는 concat 태스크에서와 같은 명령으로 실행할 수 있다.

```
$ grunt uglify
Running "uglify:js" (uglify) task
File windmill.min.js created.
Done, without errors.
```

uglify 태스크 실행 결과로 원래 소스 파일의 절반 크기로 압축된 windmill.min.js 파일이 생성된다.

JSHint로 코드 검사

자바스크립트로 코딩하다보면 기대했던 대로 동작하지 않을 때가 많다. 실수로 세미콜론을 찍는 것을 잊어버릴 수도 있고, var를 써야만 하는 곳에 실수로 쓰지 않을 수도 있다. 린터linter 프로그램은 여러 가지 코딩 규약을 적용해서 잠재적인 오류나 안전하지 않은 데이터 구조의 생성을 감지할 수 있게 해 준다. 프로그램이 올바르게 작성되었다면 정적 코드 분석 도구가 감지할 것은 당연히 없게 된다.

JSHint는 코딩 규약으로 자바스크립트 코드를 점검해서 잠재적인 문제를 예방할 수 있게 해준다. JSHint의 동작도 사용자의 자체적인 코딩 규약에 맞게 조정할 수 있다.

 JSHint는 더글라스 크락포드(Douglas Crockford)가 코딩 표준에 대한 몇 가지 사항들을 점검하기 위해 만든 JSLint를 기반으로 만들어졌다. 더글라스 크록포드가 사용하는 코딩 스타일은 그의 책 『더글라스 크락포드의 자바스크립트 핵심 가이드』(한빛미디어, 2008)를 참고한다.

JSHint는 jshintrc 파일을 작성해서 설정할 수 있다. jshintrc 파일은 JSHint의 동작 방식을 지정할 수 있는 여러 가지 설정 내용을 담고 있는 JSON 형식의 파일이다. jshintrc 파일의 예는 다음과 같다.

```
{
    "curly": true,
    "eqeqeq": true,
    "undef": true,
    // ...
}
```

curly 옵션은 조건문이나 반복문에 한 행의 문만 포함되어 있을 때도 중괄호curly brace를 강제로 사용하게 한다. eqeqeq 옵션은 객체를 비교할 때 ==이나 != 대신 === 와 !== 를 사용하게 한다. 아직 특정한 코딩 규약을 정하지 못한 상황에서는 http://www.jshint.com/docs/options/에 있는 JSHint 옵션을 참고해서 jshintrc 파일을 새로 만드는 것도 좋은 방법이다. 이 책에서는 사용한 옵션이 어떤 기능인지 설명하고 있으므로 어떤 옵션을 설정하는 것이 적합한지 판별할 수 있다.

최근의 많은 편집기 프로그램들은 코드 작성 중에 코드를 점검해주는 라이브 린트 기능을 지원하지만, 변경 사항을 커밋commit하기 전에 린트 프로그램으로 코드를 점검하는 것이 좋다. 여기서는 grunt-contrib-jshint 모듈을 이용해서 코드를 검사할 것이다. 다음과 같이 jshint grunt 플러그인을 활성화한다.

```
// grunt 플러그인 활성화
grunt.loadNpmTasks('grunt-contrib-concat');
grunt.loadNpmTasks('grunt-contrib-uglify');
grunt.loadNpmTasks('grunt-contrib-jshint');
```

Gruntfile.js 파일과 테스트 및 차트 소스 코드를 검사하도록 플러그인을 설정한다.

```
jshint: {
    all: [
        'Gruntfile.js',
        'src/svg/*.js',
        'src/chart/*.js',
        'src/layout/*.js',
        'test/*.js',
        'test/*/*.js'
    ]
}
```

명령 창에서 다음과 같이 검사를 실행할 수 있다.

```
$ grunt jshint
Running "jshint:all" (jshint) task
>> 11 files lint free.
Done, without errors.
```

패키지 테스트

소프트웨어 패키지를 배포하게 되면 꽤 큰 책임이 뒤따른다. 차트 패키지의 사용자는 우리가 작성한 소스 코드에 의존하고 모든 것이 예상대로 동작할 것이라고 믿는다. 아무리 면밀하게 검토한다고 해도, 새로운 기능을 만들거나 버그를 수정하면 기존 기능에 악영향을 미칠 가능성이 있다. 이러한 위험을 최소화 할 수 있는 유일한 방법은 소스 코드를 꼼꼼하게 테스트하는 것 뿐이다.

테스트는 새로운 기능을 만들면서 테스트를 작성하고 변경을 확정하기 전에 테스트를 실행할 수 있도록 작성과 실행이 편해야 한다. 자바스크립트에 사용할 수 있는 여러 가지 테스트 스위트가 있는데, 이 절에서는 Node.js에서 실행되는 비동기 방식의 행위 기반asynchronous behavior-driven 테스트 스위트인 바우Vows를 사용한다.

간단한 테스트 작성

바우에서는 가장 큰 테스트 단위를 스위트_{suite}라고 한다. 아무 라이브러리도 사용하지 않고 자바스크립트만을 사용해서 간단한 테스트를 만들어보자. test 디렉토리에 universe-test.js 파일을 만든다.

vows와 assert 모듈을 로딩해서 지역 변수에 할당한다.

```
// 모듈 로딩
var vows = require('vows'),
    assert = require('assert');
```

이제 스위트를 만들어 보자. 기본 규약은 파일 당 하나의 스위트를 만들고, 스위트 설명 내용을 파일 이름과 같게 작성하는 것이다. vows.describe 메소드를 호출해서 스위트를 생성할 수 있다.

```
// 스위트 생성
var suite = vows.describe('Universe');
```

테스트는 배치_{batch} 형태로 스위트에 추가된다. 스위트는 0개 이상의 배치로 구성되며, 각 배치는 순차적으로 실행된다. suite.addBatch 메소드를 사용해서 배치를 스위트에 추가할 수 있다. 테스트 할 순서에 맞게 배치를 추가하면 된다.

```
suite.addBatch({
    //...
});
```

배치는 0개 이상의 컨텍스트_{context}로 구성된다. 컨텍스트는 테스트의 대상이 되는 동작이나 상태를 나타낸다. 컨텍스트는 병렬적으로 실행되고 비동기적이기 때문에 실행 순서를 예측할 수 없다. 다음과 같이 컨텍스트를 배치에 추가할 수 있다.

```
suite.addBatch({
    'the answer': {
        //...
    }
});
```

컨텍스트는 하나의 토픽topic을 가진다. 토픽은 테스트 할 요소를 반환하는 값이나 함수를 의미한다. vow는 실질적인 테스트이고 해당 토픽을 확인하는 함수다. 다음과 같이 토픽을 컨텍스트에 추가할 수 있다.

```
suite.addBatch({
    'the answer': {
        topic: 42,
        //...
    }
});
```

이 예제에서는 the answer 컨텍스트에 있는 모든 vow는 42라는 값을 인자로 받는다. 토픽이 undefined, null 또는 숫자가 아니어야 한다는 vow를 추가하고, 마지막으로 토픽이 42인지 확인한다.

```
suite.addBatch({
    'the answer': {
        topic: 42,
        "shouldn't be undefined": function(topic) {
            assert.notEqual(topic, undefined);
        },
        "shouldn't be null": function(topic) {
            assert.notEqual(topic, null);
        },
        "should be a number": function(topic) {
            assert.isNumber(topic);
        },
        "should be 42": function(topic) {
            assert.equal(topic, 42);
        }
    }
});
```

test 디렉토리에 있는 모든 테스트를 개별적으로 실행하는 대신 하나의 엔티티로서 실행하려면 스위트를 내보내기 해야 한다.

```
suite.export(module);
```

test 경로를 인자로 주면 테스트를 개별적으로도 실행할 수 있다.

```
$ vows test/universe-test.js --spec
◊ Universe

  the answer to the Universe
√ shouldn't be undefined
√ shouldn't be null
√ should be a number
√ should be 42


√ OK » 4 honored (0.007s)
```

토픽이 에러를 반환하도록 값을 수정해서 확인해 보자.

```
suite.addBatch({
    'the answer': {
        topic: 43,
        //...
    }
});
```

테스트 결과는 어떤 vow가 성공하고 어떤 vow가 실패했는지를 보여준다. 실패한
vow에 대해서는 더 자세한 사항을 보여준다. 에러가 발생하도록 일부러 토픽 값을
변경한 이번 테스트에서는 3개의 vow는 성공하고 하나는 실패한다.

```
◊ Universe

  the answer
√ shouldn't be undefined
√ shouldn't be null
√ should be a number
✗ should be 42
        » expected 42,
    got 43 (==) // universe-test.js:27


✗ Broken " 3 honored · 1 broken (0.564s)
```

단순한 예제를 통해 어떻게 스위트, 컨텍스트, 토픽, vow를 생성하는지 알아봤다.
이제 똑같은 방식으로 열 지도 차트를 테스트해 보자.

열 지도 차트 테스트

열 지도 차트를 테스트하려면 앞에서 한 예제보다 더 많은 등장인물이 필요하다. D3와 windmill 라이브러리를 노드 모듈로 로딩해야 한다.

D3는 데이터를 기준으로 DOM 요소를 수정할 수 있게 해주는 라이브러리다. Node 애플리케이션에서는 브라우저도 없고, 따라서 DOM도 존재하지 않는다. DOM 트리를 포함하는 문서를 만들려면 JSDOM 모듈이 필요하다. 하지만 D3 모듈을 로딩할 때 JSDOM을 포함하는 문서를 생성해주므로 직접 JSDOM을 로딩할 필요는 없다.

열 지도 차트 테스트를 만들기 위한 준비 과정으로 test/chart/heatmap-test.js 파일을 생성하고 vows, assert, d3 모듈을 로딩한다. 우리가 만든 차트 라이브러리도 로컬 파일로 로딩한다.

```
// 필요한 모듈 가져오기
var vows = require("vows"),
    assert = require("assert"),
    d3 = require("d3"),
    windmill = require("../../windmill");
```

차트 데이터 배열도 추가한다. 차트 데이터 배열은 바우와 컨텍스트에서는 접근할 수 있지만 외부로 노출하지는 않는다.

```
// 예제 데이터 배열
var data = [
    {row: 1, column: 1, value: 5.5},
    {row: 1, column: 2, value: 2.5},
    // ...
    {row: 2, column: 4, value: 7.5}
];
```

테스트 스위트는 열 지도 차트를 위한 여러 개의 테스트를 포함한다. 테스트 스위트에 대한 설명으로 테스트할 메소드에 대한 경로를 반드시 지정해야 할 필요는 없지만, 테스트가 실패했을 때 오류 발생 위치를 쉽게 찾을 수 있게 해 주므로 테스트할 메소드 경로를 테스트 스위트 설명으로 지정하는 것은 적용해 볼 만한 좋은 테스트 작성 관습이라고 할 수 있다.

```
// 열 지도 차트를 위한 테스트 스위트
var suite = vows.describe("windmill.chart.heatmap");
```

테스트할 컨텍스트를 포함하는 배치batch를 추가한다. 첫 번째 컨텍스트 토픽에서는 div를 하나 생성하고, 기본 옵션으로 차트를 생성하고, 데이터 배열을 div에 바인딩하고, 차트를 생성한다.

```
// 배치 추가
suite.addBatch({
    "the default chart svg": {
        topic: function() {

            // 차트 인스턴스와 샘플 데이터 배열 생성
            var chart = windmill.chart.heatmap();

            // div 컨테이너를 전달하면서 차트 함수 호출
            d3.select("body").append("div")
                .attr("id", "default")
                .data([data])
                .call(chart);

            // 테스트를 위한 svg 요소 반환
            return d3.select("div#default").select("svg");
        },

        // Vows...
    }
});
```

svg의 존재 여부, svg의 너비와 높이가 기본 설정 값과 같은지, 차트와 축을 위한 group 요소를 포함하는지, 차트를 나타내는 직사각형의 수가 데이터 배열의 원소의 개수와 같은지를 테스트하는 vow를 생성한다.

```
// 배치 추가
suite.addBatch({
    "the default chart svg": {
        topic: function() {...},
        "exists": function(svg) {
            assert.equal(svg.empty(), false);
        },
        "is 600px wide": function(svg) {
            assert.equal(svg.attr('width'), '600');
        },
        "is 300px high": function(svg) {
            assert.equal(svg.attr('height'), '300');
        },
        "has a group for the chart": function(svg) {
            assert.equal(svg.select("g.chart").empty(), false);
        },
        "has a group for the xaxis": function(svg) {
            assert.equal(svg.select("g.xaxis").empty(), false);
        },
        "has a group for the yaxis": function(svg) {
            assert.equal(svg.select("g.yaxis").empty(), false);
        },
        "the group has one rectangle for each data item": function(svg) {
            var rect = svg.select('g').selectAll("rect");
            assert.equal(rect[0].length, data.length);
        }
    }
});
```

테스트를 통해 차트가 바르게 설정되고 차트 내부 요소의 구조가 예상대로 만들어
졌는지 확인할 수 있다.

```
$ vows test/chart/heatmap-test.js --spec

◊ windmill.chart.heatmap

  the default chart svg
√ exists
√ is 600px wide
√ is 300px high
```

```
√ has a group for the chart
√ has a group for the xaxis
√ has a group for the yaxis
√ the group has one rectangle for each data item

√ OK » 7 honored (0.075s)
```

실제 애플리케이션에서는 더 많은 설정 사항에 대한 테스트를 추가해야 한다.

matrix 레이아웃 테스트

matrix 레이아웃은 DOM이나 D3가 필요하지 않기 때문에 더 간단하게 테스트할
수 있다. 다음과 같이 필요한 모듈을 가져오고 테스트 스위트를 생성하는 것으로
테스트를 시작해 보자.

```
// 테스트 스위트 생성
var suite = vows.describe("windmill.layout.matrix");
```

테스트를 위한 샘플 데이터 배열도 정의하자.

```
// 샘플 데이터 배열 생성
var data = [
    {a: 1, b: 1, c: 10},
    // ...
    {a: 2, b: 2, c: 5}
];
```

평균을 구하는 함수도 정의한다.

```
var avgerage = function(values) {
    var sum = 0;
    values.forEach(function(d) { sum += d; });
    return sum / values.length;
};
```

기본 레이아웃 속성 검사를 위한 배치와 컨텍스트를 추가하고 컨텍스트의 토픽에
있는 레이아웃을 생성한다.

```
// 기본 레이아웃을 테스트하기 위한 배치
suite.addBatch({
    "default layout": {
        topic: function() {
            return windmill.layout.matrix();
        },
```

레이아웃이 함수인지, 그리고 row, column, value 메소드를 가지고 있는지 검사하는 vow를 추가한다.

```
"is a function": function(topic) {
    assert.isFunction(topic);
},
"has a row method": function(topic) {
    assert.isFunction(topic.row);
},
"has a column method": function(topic) {
    assert.isFunction(topic.column);
},
"has a value method": function(topic) {
    assert.isFunction(topic.value);
}
    }
});
```

그런트로 테스트 실행

Gruntfile.js에 테스트 실행 자동화를 위한 태스크를 추가한다. 먼저 grunt-vows 모듈을 설치한다.

$ npm install --save-dev grunt-vows

Gruntfile.js에서 grunt-vows 플러그인을 활성화한다.

```
// 그런트 플러그인 활성화
grunt.loadNpmTasks('grunt-contrib-concat');
// ...
grunt.loadNpmTasks("grunt-vows");
```

test 디렉토리에 있는 모든 테스트를 실행하도록 태스크를 설정한다. 테스트를 직접 실행할 때 했던 것처럼, 상세한 결과 확인을 위해 spec 옵션을 추가한다.

```
vows: {
    all: {
        options: {reporter: 'spec'},
        src: ['test/*.js', 'test/*/*.js']
    }
},
```

명령창에서 vows 태스크를 실행한다.

```
$ grunt vows
Running "vows:all" (vows) task
(additional output not shown)
Done, without errors.
```

테스트를 통과했다는 것이 버그 없는 코드임을 보장해주지는 않는다. 하지만 예상과 다르게 동작하는 부분을 추적하는 데는 확실히 도움을 준다. 완성도 높은 소프트웨어는 보통 수천 개의 테스트 과정을 거친다. 예를 들면 D3의 경우 약 2,500개의 테스트를 포함하고 있다.

태스크의 순서 등록

지금까지 우리 프로젝트에 필수적인 태스크를 생성하고 설정했는데 테스트 절차를 더 자동화할 수 있다. 예를 들면, 코드를 수정하는 동안 코드를 다시 검사하고 테스트해야 하지만, 변경 사항을 저장소에 최종 푸시push할 때까지 최소화minified 버전은 필요하지 않다. 태스크를 test와 build 두 개의 그룹으로 나눠보자. test 태스크는 코드를 검사하고 소스 파일을 합치고, 테스트를 수행한다. 태스크를 등록하려면 이름을 지정하고 실행할 하위 태스크의 목록을 추가해야 한다.

```
// 테스트 태스크
grunt.registerTask('test', ['jshint', 'concat', 'vows']);
```

명령창에서 test 태스크를 실행하면 하위 태스크인 jshint, concat, vows 태스크가 순서대로 실행된다.

```
$ grunt test
```

비슷한 방법으로 build 태스크를 등록하자. build 태스크는 jshint, concat, vows, uglify 태스크를 순서대로 실행하고, 배포할 수 있는 최종 버전의 파일을 만들어낸다.

```
// 배포할 파일 생성
grunt.registerTask('build', ['jshint', 'vows', 'concat', 'uglify']);
```

기본 태스크도 추가할 수 있다. 단순히 build 태스크를 수행하는 기본 태스크를 추가한다.

```
// 기본 태스크
grunt.registerTask('default', ['build']);
```

기본 태스크를 실행하려면 인자 없이 그런트를 호출해야 한다. 그런트 플러그인은 수백 가지도 넘는데, 이미지 최적화, 파일 복사, LESS나 SASS 파일을 CSS로 컴파일, CSS 파일 최소화, 파일 변경 모니터링, 태스크 자동 실행 등 자동화할 수 있는 거의 모든 분야에 대한 플러그인이 존재한다. 소스 파일의 버전 넘버 변경 작업이나 소스 파일이 수정되었을 때 자동으로 태스크가 수행되도록 자동화할 수도 있다.

태스크 자동화는 단순히 시간만 절약해주는 것이 아니라 태스크 수행의 실질적인 정확성을 높여주고, 동료들 사이에 통일된 작업 흐름을 공유할 수 있게 해주며, 개발자가 개발에 집중할 수 있게 해주어 개발 과정의 재미를 계속 유지할 수 있게 해준다.

프론트엔드 의존성 관리

우리가 만든 패키지가 웹 애플리케이션에서 사용되려면, 패키지가 의존하고 있는 라이브러리인 D3와 사용하는 D3의 버전을 명시해야 한다. 지난 수 년간 웹 프로젝트에서는 의존성을 웹 페이지 내에 선언해서, 의존하는 라이브러리의 다운로드 및 설치를 사용자가 직접 하도록 해왔다. 바우어(http://bower.io)는 웹 애플리케이션에서 사용하는 패키지 관리자다. 바우어는 패키지의 설치와 업데이트를 쉽게 할 수 있게 해준다. 바우어는 노드 모듈이고 npm 명령을 통해 로컬에 설치할 수도 있고, npm install -g bower 명령을 통해 전역적으로 설치할 수도 있다.

```
$ npm install --save bower
```

앞의 명령을 실행하면 바우어가 node_modules 디렉토리에 설치된다. 패키지 메타데이터와 의존성 정보를 포함하고 있는 bower.json 파일을 만들어야 하는데, 바우어가 제공하는 다음 명령으로 쉽게 처리할 수 있다.

```
$ bower init
```

앞의 명령을 실행하면 패키지의 이름, 버전, 메인 파일, 키워드 등에 대한 몇 가지 질문이 나온다. 생성된 파일은 다음과 같이 패키지의 필수 정보를 담게 된다.

```
{
    "name": "windmill",
    "version": "0.1.0",
    "authors": [
        "Pablo Navarro"
    ],
    "description": "Heatmap Charts",
    "main": "windmill.js",
    "keywords": ["chart","heatmap","d3"],
    "ignore": [
        "**/.*","**/.*",
        "node_modules",
        "bower_components",
        "app/_bower_components",
        "test",
        "tests"
    ],
    "dependencies": {}
}
```

바우어는 프론트엔드 패키지의 등록부_{registry}를 가지고 있어서 검색을 통해 의존하는 라이브러리를 설치할 수도 있다. 예를 들어 D3 패키지를 다음과 같이 검색할 수 있다.

```
$ bower search d3
Search results:
d3 git://github.com/mbostock/d3.git
nvd3 git://github.com/novus/nvd3
d3-plugins git://github.com/d3/d3-plugins.git
...
```

검색하면 패키지 이름, 깃_{Git} 저장소 주소 정보를 알려준다. 패키지 이름이나 깃 저장소 주소로 원하는 패키지를 설치할 수 있다. D3는 다음과 같이 설치할 수 있다.

```
$ bower install --save d3
```

앞의 명령을 실행하면 bower_components 디렉토리가 생기고(전역 설정 내용에 따라 다를 수도 있음), bower.json 파일이 D3 라이브러리에 대한 정보를 포함하도록 업데이트된다. D3를 노드 의존성과 바우어 의존성 모두에 포함시킨 것에 유의하자. 노드 의존성에 D3를 추가한 것은 D3에 의존하고 있는 차트를 테스트하기 위해서이고, 바우어 의존성에 D3를 추가한 것은 다른 패키지가 우리가 만든 패키지를 설치할 때 D3도 자동으로 설치되게 하기 위해서다.

```
{
    "name": "windmill",
    "version": "0.1.0",
    ...
    "dependencies": {
        "d3": "~3.4.1"
    }
}
```

패키지에 포함할 D3의 버전을 지정할 수 있다. 예를 들어 3.4.0 버전을 설치하려면 다음과 같은 방식으로 명령을 실행한다.

```
$ bower install d3#3.4.0
```

우리가 만든 패키지를 바우어로 설치할 수 있게 하기 위해서 등록부에 반드시 등록해야 할 필요는 없다. 깃 저장소를 이용해서 등록되지 않은 패키지도 설치할 수 있다.

```
$ bower install https://github.com/mbostock/d3.git
```

바우어를 통한 설치에는 로컬 깃 저장소 주소를 쓸 수도 있고, ZIP이나 TAR 파일을 쓸 수도 있다.

```
$bower install /path/to/package.zip
```

바우어는 bower_components 디렉토리에 필요한 의존 라이브러리를 설치한다. 설치한 라이브러리를 사용하려면 bower_components 디렉토리에 대한 참조를 이용하거나, 그런트 태스크를 이용해서 필요한 파일을 다른 위치에 복사해야 한다. 여기서는 bower_components 디렉토리를 직접 참조하는 방식을 이용한다.

다른 프로젝트에서 패키지 사용

이번 절에서는 windmill 패키지를 사용하는 간단한 웹 페이지를 만들어 본다. 비어 있는 디렉토리를 생성해서 저장소를 초기화 하고 README.md 파일을 만드는 걸로 시작해 보자. bower init을 이용해서 bower.json 파일을 생성하고 웹 페이지에 사용할 bootstrap을 설치한다:

```
$ bower install --save bootstrap
```

앞의 명령을 실행하면 bootstrap과 bootstrap이 의존하고 있는 라이브러리들을 bower_components 디렉토리에 다운로드한다. windmill 라이브러리는 깃 저장소 주소를 이용해서 설치한다.

```
$ bower install --save https://github.com/pnavarrc/windmill.git
```

windmill의 최신 버전과 `windmill`이 의존하는 버전의 D3가 다운로드될 것이다. 필요한 라이브러리를 설치하고 난 후 bower_components 디렉토리는 다음과 같이 구성된다.

```
bower_components/
    bootstrap/
    d3/
    jquery/
    windmill/
```

index 페이지에서는 어떤 도시의 2013년 평균 풍속을 보여줄 것이다. 풍속 데이터는 data 디렉토리의 wind.csv 파일에 저장한다. CSV 파일은 날짜, 측정 시간, 평균 풍속(m/s 단위) 이렇게 세 개의 열로 되어 있다.

```
Date,Hour,Speed
1/1/13,1,0.2554
1/1/13,2,0.1683
...
```

index 파일의 헤더에 D3와 `windmill`의 CSS 파일, 자바스크립트 파일을 포함한다.

```
<link href="/bower_components/windmill/css/windmill.css" rel="stylesheet">

<script src="/bower_components/d3/d3.min.js" charset="utf-8"></script>
<script src="/bower_components/windmill/windmill.min.js"></script>
```

페이지 body에는 제목과 컨테이너 div를 추가한다.

```
<div class="container">
    <h1>Wind Speed</h1>
    <div id="chart01"></div>
</div>
```

차트와 레이아웃을 생성하고 설정한다. 평균 풍속을 월 단위와 하루 중 시간 단위로 표시하기 위해, 행은 시간 단위를 표시하고, 열은 월을 표시한다. average 함수를 써서 같은 월 같은 시간대의 평균 풍속을 집계한다.

```
// 평균을 집계하는 함수
function average(values) {
    var sum = 0;
    values.forEach(function(d) { sum += d; });
    return sum / values.length;
}
// 매트릭스 레이아웃
var matrix = windmill.layout.matrix()
    .row(function(d) { return +d.Hour; })
    .column(function(d) { return +d.Date.getMonth(); })
    .value(function(d) { return +d.Speed; })
    .aggregate(average);
```

열 지도 차트를 생성하고 너비, 높이, 색상의 값을 지정해서 초기화한다.

```
// 열 지도 차트 생성 및 설정
var heatmap = windmill.chart.heatmap()
    .column(function(d) { return d.col; })
    .width(700)
    .height(350)
    .colorExtent(['#ccc', '#222']);
```

d3.csv 메소드를 이용해서 데이터를 로딩하고 날짜를 파싱한다. 다음과 같이 컨
테이너 div에 대한 셀렉션에 데이터를 바인딩한다.

```
// CSV 데이터 로딩
d3.csv('/data/wind.csv', function(error, data) {

    // 에러 처리
    if (error) { return error; }
    // 날짜 파싱
    data.forEach(function(d) {
        d.Date = new Date(d.Date);
    });

    // 컨테이너 셀렉션에 열 지도 차트 생성
    d3.select('div#chart01')
        .data([matrix(data)])
        .call(heatmap);
});
```

결과 차트는 월별, 시간대 별 풍속의 변화를 보여준다. 오후 2시와 8시 사이에 풍속이 강하고, 3월과 9월 사이에는 풍속이 약하다는 경향을 한 눈에 알 수 있다.

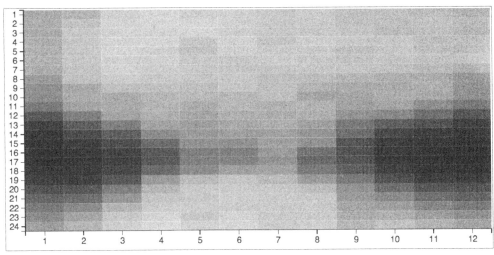

▲ 2013년 월별, 시간대별 평균 풍속 열 지도 차트

정리

7장에서는 레이아웃과 열 지도 차트라는 두 개의 컴포넌트를 가진 간단한 패키지를 만들어봤다. 프론트엔드 패키지를 만들고 배포하는 과정에 필요한 작업 흐름과 태스크에 대해서도 알아봤다. 파일 합치기, 코드 오류 검사, 테스트, 압축을 위해 그런트를 사용했고, 테스트 스위트 생성을 위해 바우의 사용법도 알아봤다. 우리가 만든 패키지가 다른 서드파티 프론트엔드 프로젝트에서 쉽게 사용될 수 있도록 바우어를 활용했다.

그리고 우리가 만든 패키지를 이용해서 월별, 시간대별 평균 풍속을 나타내는 열 지도 차트를 보여주는 미니 프로젝트를 만들어봤다.

8장에서는 서드파티 데이터를 이용해서 데이터 중심data-driven 애플리케이션을 만드는 방법을 알아보고 깃허브 페이지와 제킬Jekyll을 이용해서 웹 애플리케이션을 호스팅하는 방법도 함께 살펴볼 것이다.

8

데이터 기반 애플리케이션

8장에서는 유엔 인간 개발 데이터 API_{United Nations Human Development Data API}를 이용해서 데이터 기반 애플리케이션을 만들어 본다. 재사용 가능한 차트 컴포넌트 작성을 위해 D3를 사용하고, 애플리케이션 상태를 구조화하고 관리하기 위해 백본_{Backbone}을 적용한다. 템플릿과 간단한 마크업 언어를 이용해서 웹 애플리케이션을 만들 수 있는 제킬_{Jekyll}을 사용하는 방법도 알아본다. 우리가 만든 정적인 사이트를 아마존 S3_{Simple Storage Service}와 깃허브_{GitHub} 페이지를 이용해서 호스팅하는 방법도 함께 살펴본다.

웹 애플리케이션 생성

이 절에서는 국가별 인간 개발 지수_{HDI, Human Development Index}의 변화를 탐색해 볼 수 있는 데이터 시각화를 만들어 보고, 인간 개발 지수의 구성 요소인 기대 수명, 교육 수준, 소득 수준 등에 대한 정보를 보여줄 것이다. 앞에서 설명한 것처럼 D3

와 백본을 사용할 것이다.

HDI는 국가별 삶의 질을 비교 측정하기 위해 기대 수명, 교육 수준, 소득 수준을 기초로 만든 복합 통계 지수다. UN의 개발 프로그램UN Development Program에서는 이 지수를 이용해서 권역별로 국가들의 순위 변화를 측정하고 보고서를 만든다.

이번 시각화에서는 한 특정 국가를 다른 국가와 비교해서 지수의 변화를 알아볼 수 있게 할 것이다. 유엔 인간 개발 데이터 API를 이용해서 순위가 매겨진 국가의 HDI의 시계열 데이터를 가져온다.

차트는 순위가 매겨진 모든 국가의 HDI 지수를 보여주고, 선택한 국가는 다른 색 으로 강조해서 보여준다. 오른쪽 정보 창에는 HDI의 주요 구성요소인 기대 수명, 평균 및 예상 교육 기간, 1인당 국민 총 소득Gross National Income을 보여준다. 거의 2백개에 가까운 국가가 있기 때문에 검색어 자동 완성 기능이 포함된 검색 기능을 추가할 것이다. 검색 결과에서 특정 국가를 선택하면 차트와 오른쪽 정보 창의 내 용을 업데이트 해서 보여준다.

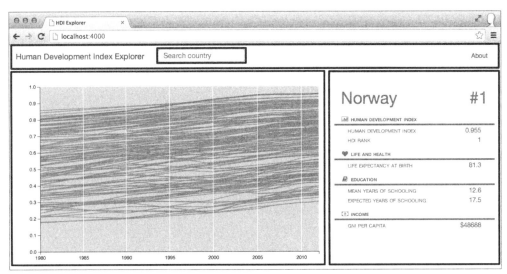

▲ HDI 차트 예시 화면

D3와 백본을 적용하고, 6장에서 살펴봤던 것과 똑같은 패턴을 따라서 애플리케이션을 만들어 볼 것이다. 필요한 기능과 디자인 요소 구현을 위해 다른 라이브러리도 사용한다.

프로젝트 준비

소프트웨어를 만드는 과정에서는 우리가 했던 작업과 다른 사람이 한 작업을 지속적으로 수정하게 된다. 프로젝트 수준에서 이런 변경을 통합하고 이전 버전으로 복구할 수 있는 기능이 바로 버전 관리 시스템version control system의 핵심 기능이다. 버전 관리 시스템도 여러 가지 도구가 있는데, 각자의 독특한 기능들을 가지고 있다.

깃Git은 아주 인기 있는 버전 관리 시스템이다. 깃은 중앙의 서버가 반드시 필요하지 않으므로 분산 버전 관리 시스템으로 분류된다. 저장소의 각 사본이 사실 상 중앙의 서버 역할을 겸한다. 이 절에서는 깃을 버전 관리 시스템으로 사용한다. 깃에 대한 소개를 이 책에 모두 담을 수는 없으므로 깃의 자세한 내용은 깃 웹사이트를 참고한다(http://git-scm.com).[1]

8장 내용 중 일부는 깃이나 깃 기반의 소스 코드 호스팅 저장소인 깃허브GitHub에만 적용할 수 있는 내용이다. 특히 이번 프로젝트의 준비 과정에서 수행할 깃허브 페이지를 이용한 정적 페이지 호스팅은 깃허브에만 특화된 내용이다. 8장에서 만들 예제 애플리케이션은 사실 버전 관리 시스템이나 호스팅 서비스가 없더라도 구현할 수 있다.

깃허브에 저장소를 생성하는 것으로 애플리케이션 개발을 시작하자. 저장소를 생성하려면 http://www.github.com에 로그인(아직 계정이 없다면 회원 가입부터)하고, +New Repository를 클릭한다. 필수 정보인 저장소 이름과 옵션 정보인 저장소 설명을 입력하고, 라이선스를 선택하고, README 파일을 추가한다. 저장소와 함께 URL이 생성되는데, 이 URL을 이용해서 저장소를 로컬에 clone(복제)하고 로컬에서 작업한다. 8장을 위해 책에서 사용하는 저장소의 URL은 https://github.

---

1 한국어로 된 깃 매뉴얼은 http://git-scm.com/book/ko를 참고한다. - 옮긴이

com/pnavarrc/hdi-explorer.git이다. 저장소를 clone하면 깃허브의 초기 셋업 내용이 포함된 새 디렉토리가 생성된다.

```
$ git clone https://github.com/pnavarrc/hdi-explorer.git
```

다른 방법으로는 비어 있는 디렉토리를 만들고 거기에 깃 저장소를 만들 수도 있다.

```
$ mkdir hdi-explorer
$ cd hdi-explorer
$ git init
```

이 방식으로 깃허브를 사용하려면 로컬에서 작업한 소스를 원격으로 보낼 수 있는 remote(원격) 저장소를 추가해야 한다. 원격 저장소는 인터넷에 있을 수도 있고 내부 네트워크에 있을 수도 있으며, 다른 사람들이 우리가 작성한 코드에 접근할 수 있게 해준다. 관습적으로 주요 원격 저장소에 origin이라는 이름을 붙인다. 다음과 같이 origin 원격 저장소를 추가하고, 첫 번째 버전을 원격에 push할 수 있다.

```
$ git remote add origin https://github.com/pnavarrc/hdi-explorer.git
$ git push -u origin
```

어느 방식을 사용하더라도, 이제 작업할 수 있는 저장소가 마련되었다는 사실은 같다.[2]

7장에서 프론트엔드 의존성 관리를 위해 바우어를 사용했던 것을 기억할 것이다. 여러 가지 라이브러리를 사용하겠지만, 먼저 bower init을 실행해서 bower.json 파일을 만든다. 프로젝트의 이름, 버전, 작성자, 설명, 홈페이지 주소를 설정한다. bower.json 파일은 다음과 같이 우리 프로젝트의 정보를 포함하게 된다.

```
{
    "name": "hdi-explorer"
    "version": "0.1.0"
    "authors": [
    "Pablo Navarro <pnavarrc@gmail.com>"
    ],
```

---

2 첫 번째 방식인 git clone을 사용하면 내부적으로 원격 저장소 추가 등의 작업도 함께 자동으로 수행된다. – 옮긴이

```
    "description": "Human Development Index Explorer"
    "main": "index.html"
    "homepage": "http://pnavarrc.github.io/hdi-explorer"
    "private": true,
    "dependencies": {}
}
```

앞서 언급한 것과 같이 차트를 만들고 애플리케이션의 구조를 만들기 위해 D3와 백본을 사용한다. 다음과 같이 의존 라이브러리를 설치한다.

```
$ bower install --save-dev d3 backbone underscore
```

bower_components 디렉토리가 만들어지고, 의존하는 라이브러리 패키지가 설치된다. HDI 컴포넌트의 디자인과 아이콘을 위해 부트스트랩Bootstrap과 Font Awesome도 설치한다. 부트스트랩은 제이쿼리에 의존하고 있으므로 바우어가 제이쿼리jQuery를 자동으로 설치해 줄 것이다.

```
$ bower install --save-dev bootstrap font-awesome typeahead.js
```

검색어 입력 자동완성 기능을 위해 트위터Twitter의 Typeahead 라이브러리를 이용할 것이다. --save-dev 옵션을 주고 설치하면 bower.json 파일의 내용 중 개발용 의존 관계를 나타내는 devDependencies의 내용이 함께 업데이트된다. --save-dev 옵션을 준 라이브러리도 일반적인 의존 관계와 다를 게 없지만, 나중에 모든 의존 라이브러리를 하나의 파일에 담기 위해 --save-dev 옵션을 사용해서 개발용 의존 관계에 필요한 라이브러리를 추가한다.

```
{
    "name": "hdi-explorer"
    // ...
    "devDependencies": {
        "d3": "~3.4.1"
        "bootstrap": "~3.1.0"
        "backbone": "~1.1.0"
        "underscore": "~1.5.2"
        "font-awesome": "~4.0.3"
        "typeahead.js": "~0.10.0"
    }
}
```

바우어를 쓰면 안전하게 의존 관계를 관리할 수 있다. 바우어는 시맨틱 버전 번호 부여를 필수 요건으로 하고 있으며, 구버전 호환성이 보장된 배포판만 업데이트한다.

제킬을 이용한 정적 사이트 생성

앞에서 데이터 기반 애플리케이션을 만드는 방법과 작업을 쉽게 해 주는 도구의 사용법에 대해 알아봤다. 이번 절에서는 제킬을 써서 웹사이트를 생성하는 방법과 제킬과 깃허브 페이지를 함께 사용해서 웹 애플리케이션을 호스팅하는 방법을 알아본다.

제킬은 루비Ruby로 작성되었으며, 간단하게 블로그 같은 정적 사이트를 만들 수 있는 도구다. 제킬을 쓰면 웹 서버나 데이터베이스의 설치 및 설정 없이도 콘텐츠를 담고 있는 웹사이트나 블로그를 만들 수 있다. 웹 페이지를 만들려면 간단한 마크업 언어를 써서 작성한 다음 HTML로 컴파일 하면 된다. 제킬은 템플릿을 사용할 수도 있으며 HTML 코드도 부분적으로 지원한다.

리눅스나 OS X에서는 명령행에서 제킬을 설치할 수 있다. 제킬은 루비로 작성되었으므로 제킬을 사용하려면 먼저 루비와 RubyGems이 설치되어야 한다. 다음의 명령으로 제킬을 설치할 수 있다.

```
$ gem install Jekyll
```

리눅스나 OS X 외의 다른 플랫폼에서의 설치는 제킬 공식 문서(http://jekyllrb.com/docs/installation/)를 참고한다. 제킬은 프로젝트 기본 디렉토리 구조(boilerplate)와 예제 콘텐츠 및 템플릿(Jekyll new --help 참고)을 제공하지만, 여기서는 백지 상태에서 직접 템플릿, 콘텐츠를 만들고 설정해 볼 것이다. 먼저 제킬의 디렉토리 구조를 만들어 보자.

```
hdi-explorer/
    _includes/
        navbar.html
    _layouts/
```

```
        main.html
    _data/
    _drafts/
    _posts/
    index.md
    _config.yml
```

_config.yml 파일은 JSON과 비슷하지만, 추가적인 타입과 주석을 지원하고 중괄호 대신 들여 쓰기를 사용하는 직렬화 표준인 YAML(http://www.yaml.org)로 작성된 설정 파일이다. _config.yml 파일에는 제킬이 콘텐츠를 생성해 내는 방법과 사이트 전체 범위에서 사용되는 변수를 정의한다. 우리 프로젝트에서는 _config.yml 파일에 몇 가지 제킬 옵션과 우리가 만들 사이트의 이름, 기준 URL, 저장소를 정의한다.

```
# 제킬 설정
safe: true
markdown: rdiscount
permalink: pretty

# Site 정보
name: Human Development Index Explorer
baseurl: http://pnavarrc.github.io/hdi-explorer
github: http://github.com/pnavarrc/hdi-explorer.git
```

safe 옵션은 모든 제킬 플러그인을 비활성화하고, markdown 옵션은 우리가 사용할 마크다운 언어를 지정하고, permalink 옵션은 생성할 URL의 타입을 지정한다. 이외에도 시간대time zone와 적용 배제 파일excluded file 등 다른 설정을 위한 옵션이 포함되어 있다.

_layouts 디렉토리에는 콘텐츠로 치환될 자리 채우미placeholder를 가진 페이지 템플릿이 포함되어 있다. 어떤 레이아웃을 사용할 것인 지는 각 페이지의 YAML front matter라고 불리는 특정 영역에서 선언할 수 있다. 템플릿은 {{ content }} 태그와 같은 변수를 포함하고 있고, {% include navbar.html %}와 같은 태그도 포함하고 있다. 변수의 내용은 front matter에 정의할 수 있고, _config.yml에 정의할 수도 있다. include 태그는 _includes 디렉토리에 있는 파일로 해당 영

역을 대체한다. 예를 들어, main.html 템플릿은 다음과 같은 기본 페이지 구조를
가지고 있다.

```html
<!DOCTYPE html>
<html lang="en">
<head>
    <meta charset="utf-8">
    <title>{{ page.title }}</title>
    <link href="{{ site.baseurl }}/hdi.css" rel="stylesheet">
</head>
<body>
    <!-- Navigation Bar -->
    {% include navbar.html %}

    <!-- Content -->
    <div class="container-fluid">
        {{ content }}
    </div>
</body>
</html>
```

{{ site.baseurl }} 변수의 값은 _config.yml 파일에 정의되어 있고, {{ page.
title }} 변수는 템플릿을 이용하는 실제 페이지의 front matter에 정의된 값
으로 치환되며, {{ content }} 변수는 템플릿을 이용하는 실제 페이지의 내용으
로 치환된다. _config.yml 파일에 http://pnavarrc.github.io/hdi-explorer를 가
리키는 baseurl 변수를 정의했다. 제킬 콘텐츠 생성을 위해 이 템플릿을 사용하
면, baseurl 변수의 값인 http://pnavarrc.github.io/hdi-explorer가 {{ site.
baseurl }}을 대체하게 된다. 생성된 페이지에서는 CSS 파일에 대한 경로가
http://pnavarrc.github.io/hdi-explorer/hdi.css로 올바르게 표시된다. Liquid
템플릿 언어에 대한 자세한 내용은 http://liquidmarkup.org/를 참고한다.

_includes 디렉토리는 다른 페이지에 포함될 HTML 프래그먼트fragments가 포함
되어 있다. HTML 프래그먼트는 머리말header, 꼬리말footer이나 내비게이션 바
navigation bar 등 페이지의 일부분을 모듈화할 때 아주 유용하다. 여기에서는 내비게
이션 바 역할을 할 navbar.html 파일을 작성한다.

```
<!-- 내비게이션 바 -->
<nav class="navbar navbar-default" role="navigation">
    <div class="container-fluid">
        <!-- ... 다른 요소들 -->
        <a class="navbar-brand" href="#">{{ site.name }}</a>
        <!-- ... -->
    </div>
</nav>
```

navbar.html 파일의 내용은 템플릿에 {% include navbar.html %}로 표시된 부분을 대체한다. _includes 디렉토리에 있는 파일은 Liquid 태그를 포함할 수 있다.

_posts 디렉토리에는 블로그 포스트가 저장된다. 각 블로그 포스트는 연도-월-일-제목.MARKDOWN의 이름 형식으로 저장되어야 한다. 제킬은 각 포스트의 이름을 기준으로 각 포스트의 작성일과 URL을 계산한다. _data 디렉토리는 사이트 전체 범위에 사용되는 추가적인 변수 정보를 포함하고, _draft 디렉토리는 나중에 발행할 포스트 초안을 보관하고 있다. 이번 프로젝트에서는 포스트나 초안은 만들지 않을 것이다.

index.md 파일은 프로젝트의 레이아웃을 이용해 렌더링될 콘텐츠를 포함하고 있다. 파일의 시작 부분에 3개의 대시dash로 표기되어 있는 YAML front matter가 있다. 이 부분은 YAML 코드로 인터프리트 되어 템플릿을 렌더링하는 데 사용된다. 예를 들면, 메인 템플릿에는 {{ page.title }}라는 자리 채우미가 있는데, 페이지가 렌더링되면 제킬은 {{ page.title }}를 front matter에 정의된 title 변수의 값으로 치환한다. front matter 이후의 내용은 템플릿에 {{ content }} 태그로 표시된 부분을 대체하게 된다.

```
---
layout: main
title: HDI Explorer
---

<!-- Content -->
Hello World
```

front matter에는 여러 개의 변수를 정의할 수 있지만, 페이지를 렌더링하기 위해 어떤 레이아웃을 적용할지 제킬이 알아야 하기 때문에 layout 변수는 필수다. 여기에서는 main.html 레이아웃을 적용하고, 페이지 제목을 HDI Explorer라고 정한다. 페이지의 내용은 HTML로 작성할 수도 있고 Markdown이나 Textile 같은 text-to-HTML 언어로 작성할 수도 있다. 레이아웃과 내용을 만들었으면 제킬에게 사이트를 생성하도록 지시한다.

```
$ jekyll build
```

이 명령을 실행하면 _layouts이나 _includes처럼 제킬과 직접적으로 관련되는 디렉토리 외에 모든 콘텐츠를 포함하는 _site 디렉토리가 생성된다. 이번 생성에서는 index.html 파일이 포함되어 있을 것이다. 생성된 index.html은 index.md, navbar.html, _config.yml 파일의 내용과 main.html 레이아웃이 적용되어 있다. 생성된 파일의 내용은 다음과 같다.

```html
<!DOCTYPE html>
<html lang="en">
<head>
    <meta charset="utf-8">
    <title>HDI Explorer</title>
    <link href="http://pnavarrc.github.io/hdi-explorer/hdi.css"
rel="stylesheet">
</head>
<body>
    <!-- Navigation Bar -->
    <nav class="navbar navbar-default" role="navigation">
        <div class="container-fluid">
            <!-- ... more elements -->
            <a class="navbar-brand" href="#">
                Human Development Index Explorer
            </a>
            <!-- ... -->
        </div>
    </nav>
```

```
    <!-- Content -->
    <div class="content">
        <!-- Content -->
        <p>Hello World</p>
    </div>
</body>
</html>
```

생성된 파일은 순수한 HTML임을 알 수 있다. 제킬을 쓰면 페이지를 모듈화할 수 있고, 내용을 분리할 수 있어서, 페이지의 실제 내용 작성에만 집중할 수 있게 해준다.

제킬은 생성된 페이지를 로컬에서 서비스할 수 있게 해준다. 이렇게 하려면 baseurl 변수가 설정 파일에 정의된 값이 아니라 localhost의 주소를 사용하도록 설정해야 한다. 주소는 프로젝트 디렉토리를 기준으로 상대 주소로 표시되므로 기준 URL에 빈 문자열을 할당해서 다음과 같이 실행할 수 있다.

```
$ jekyll serve --watch --baseurl=
```

이제 주소창에 http://localhost:4000을 입력하면 앞에서 생성한 사이트에 접속할 수 있다. 다음 절에서는 D3와 백본을 사용해서 콘텐츠를 작성하고, 자바스크립트 파일, CSS style 파일과 제킬 템플릿, 이번 절에서 생성한 페이지를 통합해 볼 것이다.

애플리케이션 컴포넌트 작성

백본 애플리케이션 컴포넌트와 차트를 분리해 보자. 모델, 컬렉션, 뷰와 셋업 정보를 js/app 디렉토리에 구성한다.

```
js/
    app/
        models/
            app.js
            country.js
        collections/
            countries.js
```

```
views/
    country.js
    countries.js
app.js
setup.js
```

js/app/app.js 파일에는 애플리케이션 컴포넌트를 담을 객체 하나를 정의한다.

```
// Application container
var app = {};
```

js/app/setup.js 파일에는 이벤트 바인딩, 서로 다른 컴포넌트끼리의 콜백 등 모델, 컬렉션, 뷰의 인스턴스가 저장된다. 모델, 컬렉션, 뷰에 대해서는 나중에 다시 자세히 다룰 것이다.

모델 및 컬렉션 작성

애플리케이션 모델은 애플리케이션의 상태를 나타낸다. 우리가 만들 애플리케이션에서는 사용자가 선택한 국가가 애플리케이션의 상태를 나타낸다. 국가를 나타내는 세 글자의 국가 코드가 애플리케이션 모델의 유일한 속성이 된다.

파일명: js/app/models/app.js <원문에는 없지만 구분을 위해 역자가 추가함>
```
// 애플리케이션 모델
app.ApplicationModel = Backbone.Model.extend({
    // 선택한 국가의 코드
    defaults: {
        code: ''
    }
});
```

애플리케이션에서는 두 개의 모델을 사용할 것이다. CountryInformation 모델은 현재의 HDI 값과 주요 컴포넌트에 대한 정보를 나타내고, CountryTrend 모델은 국가에 대한 정보와 HDI 측정치의 시계열 자료를 포함한다.

유엔 인간 개발 데이터 API가 이 모델들에 대한 데이터 소스가 된다. 유엔 인간 개발 데이터 API를 통해 빈곤, 교육, 보건, 사회 통합, 이민migration 등 여러 가지 정보를 얻을 수 있다. API 주소와 사용 예제는 유엔 인간 개발 데이터 API 웹사이트

(http://hdr.undp.org/en/data/api)를 참고한다. API는 데이터를 필터링할 수 있는 정보를 매개변수로 받아서 데이터를 다양한 형식으로 반환한다.

CountryInformation 모델은 API 중 인간 개발 지수 및 그 구성 요소Human Development Index and its Components에서 정보를 가져온다. 예를 들면, name=Germany 라는 매개변수를 넘겨주면서 API를 호출할 수 있다. http://data.undp.org/resource/wxub-qc5k.json?name=Germany로 요청을 보내면 JSON 형식으로 정보를 받을 수 있다.[3]

```
[
    {
        "_2011_expected_years_of_schooling_note" :"e",
        "_2012_life_expectancy_at_birth" :"80.6",
        "_2012_gni_per_capita_rank_minus_hdi_rank" :"10",
        "_2012_hdi_value" :"0.920",
        "type" : "Ranked Country",
        "abbreviation" : "DEU",
        "_2010_mean_years_of_schooling" :"12.2",
        "_2011_expected_years_of_schooling" :"16.4",
        "name" : "Germany",
        "_2012_hdi_rank" :"5",
        "_2012_gross_national_income_gni_per_capita" :"35431",
        "_2012_nonincome_hdi_value" :"0.948"
    }
]
```

이제 앞에서 받은 JSON 파일에 있는 정보를 이용해서 name, code 속성과 몇 가지 정보를 포함하는 모델을 정의한다. 다음과 같이 국가별 URL을 만들기 위해 url, baseurl, urltpl 속성을 추가한다.

```
파일명: js/app/models/country.js
// Country Information 모델
app.CountryInformation = Backbone.Model.extend({

    // name과 code는 기본 속성
```

---

3 현재 이 URL에는 접속할 수 없으며, 대신 내용은 약간 다르지만, https://data.undp.org/resource/myer-egms. json?country=Germany에서 확인할 수 있다. – 옮긴이

```
        defaults: {
            code: '',
            name: ''
        },

        // 모델 데이터를 가져올 URL
        url: '',

        // 기준 URL
        baseurl: 'http://data.undp.org/resource/wxub-qc5k.json',

        // URL 템플릿
        urltpl: _.template('<%= baseurl %>?Abbreviation=<%= code %>')
});
```

각 국가는 국가 코드를 나타내는 abbreviation 필드를 포함한다. 우리는 이 코드를 국가의 ID로 사용할 것이다. JSON 객체의 속성 이름에는 정보가 포함되어 있다. 예를 들어, _2012_life_expectancy_at_birth 속성은 측정 연도를 포함하고 있다. 모델의 인스턴스를 생성하고 fetch 메소드를 호출하면 JSON으로 된 정보를 조회하고, 조회된 JSON 객체의 각 속성에 상응하는 속성을 추가한다. 이 방식은 문제의 소지가 있는데, 정보가 배열로 되어 있고, 모든 국가가 최신 측정 자료를 가지고 있는 것이 아니기 때문이다. 독일을 예로 들면, 배열 안에 있는 유일한 객체는 _2012_life_expectancy_at_birth라는 속성을 포함하고 있지만 다른 국가의 경우 최신 측정 자료가 2012년이 아니라 2010년으로 되어 있다.

따라서 데이터를 동일한 방식으로 표시하려면, 모델의 속성 값을 설정하기 전에 JSON으로 받아온 객체의 속성 이름에서 연도를 제거해야 한다. 데이터를 API 서버에서 가져온 후에 호출되는 parse 메소드가 이 작업을 담당한다. parse 메소드는 API를 통해 가져온 배열의 첫 번째 원소인 객체에서 연도 정보를 제거해서 속성 이름을 life_expectancy_at_birth로 바꿔준다.

파일명: js/app/models/country.js
```
// 응답을 파싱해서 모델 콘텐츠를 설정하는 parse 메소드
parse: function(response) {
```

```
    // 응답의 첫 번째 원소에서 정보를 가져온다.
    var item = response.pop(),
        data = {
            code: item.abbreviation,
            name: item.name
        };

    // 속성 이름 파싱
    for (var attr in item) {
        if (attr[0] === '_') {
            // 속성 이름에서 연도를 제거
            data[attr.slice(6)] = item[attr];
        }
    }

    // 파싱된 데이터 반환
    return data;
}
```

애플리케이션에서 선택한 국가로 모델을 업데이트할 메소드도 추가하자. setState 메소드는 다음과 같이 애플리케이션 모델을 받아서 선택한 국가의 URL 을 만드는 데 국가 코드 속성을 이용하고, 새로운 정보를 가져온다.

파일명: js/app/models/country.js
```
setState: function(state) {
    // URL을 만들고 데이터를 가져온다.
    this.url = this.urltpl({
        baseurl: this.baseurl,
        code: state.get('code')
    });
    this.fetch({reset: true});
}
```

CountryTrend 모델을 만들어서 각 국가의 HDI 추이를 저장하고 Countries 컬렉 션을 만들어서 CountryTrend 인스턴스를 저장한다. CountryTrend 모델은 국가 코드와 이름, 국가가 선택되었는지 아닌지를 나타내는 플래그flag와 연도별 HDI 측정치 정보를 포함한다. 그리고 국가 코드를 ID 속성으로 이용한다.

파일명: js/app/models/country.js

```
// CountryTrend 모델
app.CountryTrend = Backbone.Model.extend({

    // CountryTrend 모델의 기본 값
    defaults: {
        name: '',
        code: '',
        selected: false,
        hdiSeries: []
    },

    // 국가 코드를 ID로 사용
    idAttribute: 'code'
});
```

Countries 컬렉션은 여러 개의 CountryTrend 인스턴스를 포함한다. 컬렉션은 모델 인스턴스의 정보를 가져올 수 있는 종단점endpoint 정보를 가지고 있다. 새로운 CountryTrend 인스턴스가 생성되기 전에 자동으로 호출되는 parse 메소드를 CountryTrend 모델 안에 정의한다. parse 메소드는 새로운 모델 인스턴스의 속성을 갖는 객체를 생성한다. Countries 컬렉션에 저장될 데이터는 다음과 같은 구조를 갖는다.

```
{
    _1990_hdi: "0.852"
    _1980_hdi: "0.804"
    _2000_hdi: "0.922"
    // ...
    _2012_hdi: "0.955"
}
```

HDI 측정 연도가 객체의 키 이름에 포함되어 있다. 다른 속성도 있지만 일단은 무시하자. 속성 이름에서 연도를 추출할 수 있도록 '_'를 사용할 것이다.

파일명: js/app/models/country.js

```javascript
// 모델 인스턴스 생성 전에 국가 속성 정보 파싱
parse: function(response) {

    var data = {
        code: response.country_code,
        name: response.country_name,
        selected: false,
        hdiSeries: []
    };

    // HDI 측정치 계산
    for (var attr in response) {
        var part = attr.split('_'),
        series = [];

        if ((part.length === 3) && (part[2] === 'hdi')) {
            data.hdiSeries.push({
                year: parseInt(part[1], 10),
                hdi: parseFloat(response[attr])
            });
        }
    }

    // 데이터 아이템 정렬
    data.hdiSeries.sort(function(a, b) {
        return b.year - a.year;
    });

    return data;
}
```

data 객체는 국가 코드, 이름, 선택 여부와 연도와 HDI 측정치로 구성된 객체를 포함하는 HDI 측정치 시계열 자료로 구성된다. Countries 컬렉션은 각 국가의 CountryTrend 인스턴스를 저장한다. 데이터는 인간 개발 지수 추이Human Development Index Trend 종단점을 통해 가져온다. 우리는 컬렉션 모델에 데이터를 가져올 종단점 URL과 국가 코드를 가지고 있는 아이템을 필터링할 parse 메소드를 설정한다. 오직 하나의 아이템만 선택할 수 있도록 해 주는 메소드도 추가한다.

파일명: js/app/collections/countries.js

```javascript
// Countries 컬렉션
app.Countries = Backbone.Collection.extend({

    // 모델
    model: app.CountryTrend,

    // JSON 데이터 종단점 URL
    url: 'http://data.undp.org/resource/efc4-gjvq.json',

    // 국가 코드가 없는 아이템은 걸러낸다.
    parse: function(response) {
        return response.filter(function(d) {
            return d.country_code;
        });
    },

    // 선택한 국가 설정
    setSelected: function(code) {

        var selected = this.findWhere({selected: true});

        if (selected) {
            selected.set('selected', false);
        }

        // 새로 선택한 아이템 설정
        selected = this.findWhere({code: code});
        if (selected) {
            selected.set('selected', true);
        }
    }
});
```

이제 모델을 위한 뷰을 만들어 볼 차례다.

뷰 작성

애플리케이션은 순위에 있는 국가들의 HDI 측정치 추이를 보여주는 차트, 오른쪽
에 배치할 상세 정보 창, 검색 창 이렇게 세 개의 뷰로 구성된다.

CountriesTrendView는 Countries 컬렉션의 뷰로서, 순위가 매겨진 국가들의 HDI 측정치 추이를 보여준다. 6장에서 봤던 것처럼, D3 차트의 인스턴스를 포함하는 Backbone View를 작성할 것이다.

파일명: js/app/views/countries.js

```
// Countries Trend 뷰
app.CountriesTrendView = Backbone.View.extend({

    // 초기화 및 렌더링
    initialize: function() {
        this.listenTo(this.collection, 'reset', this.render);
        this.listenTo(this.collection, 'change:selected', this.render);
    }
});
```

initialize 메소드에서는 컬렉션의 reset 이벤트와 컬렉션의 원소 하나가 선택되었을 때 발생하는 change:selected 이벤트를 처리한다. 두 가지 경우 모두에 대해 뷰를 렌더링한다. D3 차트의 인스턴스 hdi.chart.trends를 뷰에 추가하고 설정하자.

파일명: js/app/views/countries.js

```
app.CountriesTrendView = Backbone.View.extend({

    // 초기화 및 렌더링

    // 차트 초기화
    chart: hdi.chart.trend()
        .series(function(d) { return d.hdiSeries; })
        .x(function(d) { return d.year; })
        .y(function(d) { return d.hdi; }),

    // 초기화 및 렌더링 메소드
});
```

짧게 설명하기 위해 `hdi.chart.trend` 차트의 자세한 설명은 생략하겠지만, 지금까지 해온 것과 마찬가지로 재사용 가능한 차트 패턴을 적용할 것이고 차트의 동작을 위한 접근자 메소드를 사용할 것이다. 차트는 순위가 매겨진 모든 국가의 HDI 측정치 시계열 자료를 보여주고, 선택한 국가의 데이터는 강조해서 보여줄 것이다.

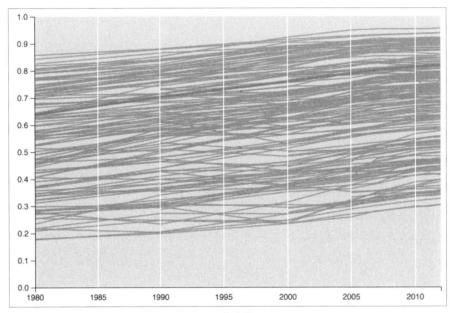

▲ HDI 추이 차트

`render` 메소드에서는 뷰의 컨테이너 요소의 너비 값을 가져와서 차트의 너비 값을 업데이트한다. 컨테이너 요소의 셀렉션을 컬렉션 데이터와 바인딩하고 차트 함수를 호출한다.

파일명: js/app/views/countries.js

```
// 차트 너비 업데이트 및 데이터 바인딩
render: function() {
    // 차트 너비 업데이트
    this.chart.width(this.$el.width());

    // 데이터 바인딩 및 차트 렌더링
```

```
    d3.select(this.el)
        .data([this.collection.toJSON()])
        .call(this.chart);
},
```

컬렉션에서 선택된 국가를 변경하기 위해 setState 메소드를 추가하자. setState
메소드는 선택한 국가가 변경되어 애플리케이션 모델이 변경되면 컬렉션에서 선
택된 아이템도 따라서 바꿔주는 역할을 한다. 나중에 애플리케이션 셋업 부분에서
더 자세히 다룬다.

파일명: js/app/views/countries.js

```
// 애플리케이션 모델 상태 업데이트
setState: function(state) {
    this.collection.setSelected(state.get('code'));
}
```

검색 창은 순위가 매겨진 국가 중에서 하나를 선택할 수 있도록 검색 기능을 제공
한다. 트위터에서 제공하는 Typeahead 제이쿼리 플러그인(http://twitter.github.io/
typeahead.js/)을 이용해서 검색어를 입력하면 Countries 컬렉션에서 입력 값에
부합하는 추천 리스트를 보여주는 자동 완성 기능을 추가할 것이다. Typeahead
플러그인은 자동 완성 엔진인 Bloodhound와 입력 필드에 자동 완성 기능을 추가
해주는 Typeahead, 이렇게 두 개의 컴포넌트로 구성된다.

initialize 메소드에서는 국가 리스트가 변경될 때마다 검색 창을 업데이트하도
록 컬렉션의 reset 이벤트를 render 메소드에 바인딩한다.

파일명: js/app/views/countries.js

```
// 검색 창 뷰
app.CountriesSearchView = Backbone.View.extend({

    // 초기화
    initialize: function() {
        this.listenTo(this.collection, 'reset', this.render);
    },

    // 이벤트와 렌더링 메소드
});
```

검색 창 뷰와 관련된 DOM 요소는 검색 폼form을 포함하는 div가 될 것이다. 이 div는 내비게이션 바에 위치할 것이다. div에 입력 필드에 ID를 부여하자.

```
<div class="form-group" id="search-country">
    <input type="text" class="form-control typeahead"
            placeholder="Search country"id="search-country-input">
</div>
```

자동 완성 엔진을 초기화하고, 검색어를 입력받을 input 요소에 자동 완성 기능을 추가한다.

파일명: js/app/views/countries.js

```
// 컴포넌트 렌더링
render: function() {
    // 자동 완성 엔진 초기화
    // 입력 필드에 자동 완성 기능 추가
},
```

이제 Typeahead 자동 완성 엔진을 초기화해 보자. datumTokenizer는 어떤 데이터 요소가 주어지면 그 데이터 요소에 연관된 문자열 리스트를 반환하는 함수다. 여기서는 국가 이름을 사용할 것이므로, 공백 토크나이저tokenizer를 이용할 것이며 공백 문자로 구분된 국가 이름을 반환한다. 입력 필드의 값도 공백 토크나이저를 이용해서 구분될 것이다. 마지막으로 검색된 국가 이름 리스트를 추가한다.

파일명: js/app/views/countries.js

```
// 컴포넌트 렌더링
render: function() {
    // 자동 완성 엔진 초기화
    this.engine = new Bloodhound({
        datumTokenizer: function(d) {
            return Bloodhound.tokenizers.whitespace(d.name);
        },
        queryTokenizer: Bloodhound.tokenizers.whitespace,
        local: this.collection.toJSON()
    });
```

246

```
        this.engine.initialize();

        // 자동 완성 리스트를 입력 필드에 추가
},
```

자동 완성 리스트를 입력 필드에 추가하려면 뷰의 input 요소에 typeahead 옵션
을 설정해야 한다. 여기서는 국가 이름을 보여주고 자동 완성 데이터셋을 소스로
설정한다.

파일명: js/app/views/countries.js

```
// 자동 완성 부분 렌더링
this.$el.children('#search-country-input')
    .typeahead(null, {
        displayKey: 'name',
            source: this.engine.ttAdapter()
        });
```

사용자가 입력 필드에 값을 입력하기 시작하면, 입력 값에 부합하는 리스트가 표
시될 것이다. 사용자가 그 중 하나를 선택하면 typeahead:selected 이벤트가 발
생된다. 이 이벤트를 뷰의 events 객체에 추가하고 setSelected 콜백에 바인딩
한다.

파일명: js/app/views/countries.js

```
events: {
    'typeahead:selected input[type=text]': 'setSelected'
},
```

typeahead:selected 이벤트는 제이쿼리 이벤트임에 유의하자. 콜백은 이벤트와
사용자가 선택한 아이템을 받아서 다음과 같이 컬렉션의 선택 내용을 변경한다.

파일명: js/app/views/countries.js

```
// 컬렉션에서 선택된 아이템 변경
setSelected: function(event, datum) {
    this.collection.setSelected(datum.code);
}
```

▲ Typeahead 자동 완성 기능

이제 마지막 뷰인 CountryInformationView만 남았다. CountryInformationView 는 CountryInformation 모델을 나타내는 뷰다. 템플릿 내용을 포함하는 _ includes/country-information.html 파일을 추가하고, 다음과 같이 index.md 파 일에 country-information.html 파일 정보를 include한다.

파일명: js/app/views/countries.js

```
---
layout: main
title: HDI Explorer
---

{% include country-information.html %}

<!-- More content... -->
```

CountryInformationView를 구성할 템플릿은 여러 개의 내부적인 div 요소를 포 함하고 있다. 다음은 템플릿 소스의 일부다.

파일명: _includes/country-information.html

```
<!-- 국가 정보 템플릿 -->
<script type="text/template" id="country-summary-template">

<!-- 국가 이름 및 순위 -->
<div class="row country-summary-title">
    <div class="col-xs-8"><%= name %></div>
    <div class="col-xs-4 text-right">#<%= hdi_rank %></div>
</div>
```

```html
<!-- HDI 값 및 해당 국가의 순위 -->
<div class="row country-summary-box">
    <!-- 헤더 -->
    <div class="col-xs-12 country-summary-box-header">
        <i class="fa fa-bar-chart-o fa-fw"></i>
        human development index
    </div>
    <!-- HDI 지수 측정치 -->
    <div class="col-xs-12">
        <div class="col-xs-9">human development index</div>
        <div class="col-xs-3 text-right"><%= hdi_value %></div>
    </div>
    <!-- 해당 국가의 순위 -->
    <div class="col-xs-12">
        <div class="col-xs-9">hdi rank</div>
        <div class="col-xs-3 text-right"><%= hdi_rank %></div>
    </div>
</div>

<!-- 추가적인 정보... -->
</script>
```

선택한 국가의 HDI 지수, 순위, 기대 수명, 교육 통계, 소득 수준 정보를 오른쪽에 보여주자. Underscore 템플릿을 써서 이 국가별 정보 뷰를 렌더링한다. 국가별 정보 뷰의 구조는 단순하다. 템플릿을 컴파일하고, 모델에서 국가 이름의 변경을 감지하고, 선택된 모델 데이터로 템플릿을 렌더링한다.

파일명: js/app/views/country.js

```javascript
// 국가별 정보 뷰
app.CountryInformationView = Backbone.View.extend({
    // 뷰 템플릿
    template: _.template($('#country-summary-template').html()),

    initialize: function() {
        // 이름 변경에 따른 업데이트
        this.listenTo(this.model, 'change:name', this.render);
```

```
    },

    render: function() {
        // 템플릿 렌더링
        this.$el.html(this.template(this.model.toJSON()));
    }
});
```

Norway #1

HUMAN DEVELOPMENT INDEX	
HUMAN DEVELOPMENT INDEX	0.955
HDI RANK	1
LIFE AND HEALTH	
LIFE EXPECTANCY AT BIRTH	81.3
EDUCATION	
MEAN YEARS OF SCHOOLING	12.6
EXPECTED YEARS OF SCHOOLING	17.5
INCOME	
GNI PER CAPITA	$48688

▲ 선택한 국가의 HDI 지수 구성 정보를 보여주는 뷰

애플리케이션 셋업

모델, 컬렉션, 뷰가 만들어졌으므로 이제 각각의 인스턴스를 생성하고, 뷰와 싱크
sync를 맞추기 위해 이벤트와 콜백을 바인딩해 보자. 애플리케이션 모델의 인스턴
스와 국가 HDI 지수 추이 컬렉션을 만드는 것으로 시작해 보자. js/app/setup.js
파일에서 모델, 컬렉션, 뷰 인스턴스를 생성하고 설정한다.

파일명: js/app/setup.js

```
// 애플리케이션 모델
app.state = new app.ApplicationModel();

// 국가별 HDI 지수 컬렉션
app.countries = new app.Countries();
```

애플리케이션의 상태가 바뀌면 Countries 컬렉션의 선택 상태도 업데이트해야
한다. 애플리케이션 모델의 change:code 이벤트를 컬렉션의 선택 상태를 업데이
트하는 콜백에 바인딩한다.

파일명: js/app/setup.js

```
// Countries 컬렉션에서 선택된 아이템 업데이트
app.countries.listenTo(app.state, 'change:code', function(state){
    this.setSelected(state.get('code'));
});
```

Countries 컬렉션이 처음으로 나타났을 때 애플리케이션의 상태를 업데이트해야
한다. 애플리케이션 상태의 code 속성을 국가 컬렉션의 첫 번째 원소의 코드 값으
로 설정한다. 컬렉션의 change:selected 이벤트 발생 시 애플리케이션 모델을 업
데이트하도록 바인딩한다.

피일명: js/app/setup.js

```
app.countries.on({
    'reset': function() {
        app.state.set('code', this.first().get('code'));
    },
    'change:selected': function() {
        var selected = this.findWhere({selected: true});
        if (selected) {
            app.state.set('code', selected.get('code'));
        }
    }
});
```

한 아이템을 선택하면, 이미 선택되어 있던 다른 아이템을 선택하지 않은 상태로 되돌려야 한다. 두 아이템 모두 change:selected 이벤트를 발생시키지만, 애플리케이션은 한 아이템이 선택되었을 때에만 상태를 변경해야 한다. 이미 선택되어 있던 다른 아이템의 데이터를 새로 선택한 아이템의 데이터로 덮어쓸 수 있도록 reset 플래그를 전달해서 국가별 데이터를 가져올 수 있다.

파일명: js/app/setup.js

```
app.countries.fetch({reset: true});
```

CountriInformation 모델의 인스턴스를 생성하고 애플리케이션의 code 속성에 대한 변경을 모델의 상태 변경에 바인딩한다. setState 메소드가 주어진 애플리케이션 상태에 대한 code 정보를 가져오는 역할을 한다.

파일명: js/app/setup.js

```
// HDI 정보
app.country = new app.CountryInformation();
app.country.listenTo(app.state, 'change:code', app.country.setState);
```

이제 뷰의 인스턴스를 생성할 수게 되었다. CountriesTrendView의 인스턴스를 생성한다. 이 뷰는 #chart라는 ID를 가진 div 요소 내부에 렌더링된다.

파일명: js/app/setup.js

```
// Countries Trend 뷰
app.trendView = new app.CountriesTrendView({
    el: $('div#chart'),
        collection: app.countries
});
```

CountriesSearchView의 인스턴스를 생성하고 설정한다. 이 뷰는 내비게이션 바에 렌더링된다.

파일명: js/app/setup.js

```
app.searchView = new app.CountriesSearchView({
    el: $('#search-country'),
    collection: app.countries
});
```

CountryInformationView 인스턴스도 만든다. 이 뷰는 페이지의 오른쪽에 렌더 링된다.

파일명: js/app/setup.js

```
app.infoView = new app.CountryInformationView({
    el: $('div#table'),
        model: app.country
});
```

index.md 파일에는 뷰가 렌더링될 요소들을 만들고 애플리케이션 파일을 include한다. main.html 레이아웃에서는 애플리케이션의 CSS 스타일과 부트스 트랩, Font Awesome을 include한다.

파일명: index.md

```
---
layout: main
title: HDI Explorer
---

{% include country-information.html %}

<div class="container-fluid">
    <div class="row">
        <div class="col-md-8" id="chart"></div>
        <div class="col-md-4 country-summary" id="table"></div>
    </div>
</div>

<script src="{{ site.baseurl }}/dependencies.min.js"></script>
<script src="{{ site.baseurl }}/hdi.min.js"></script>
```

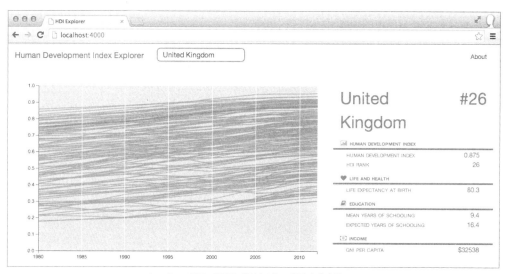

▲ localhost에서 제킬로 서비스되는 애플리케이션

제이쿼리, 부트스트랩, Underscore, 백본, Typeahead, D3는 dependencies.min.js 파일에 통합되어 있고, 애플리케이션 모델, 컬렉션, 뷰, 차트는 hdi.min.js에 통합되어 있다. 이 두 개의 통합 파일을 만들기 위해 7장에서 알아봤던 Gruntfile을 만들고 소스 합치기와 최소화 작업을 수행했다. 자세한 설정 내용은 7장에서 알아봤던 것과 거의 유사하므로 여기서는 반복해서 설명하지 않는다.

한 가지 말해둘 것이 있는데, 사용한 모든 라이브러리를 직접 포함하는 것은 그다지 좋은 습관은 아니다. 우리가 부트스트랩 스타일과 자바스크립트 컴포넌트 전체를 포함하긴 했지만, 애플리케이션에서는 그 전체 기능이 아니라 일부 기능만을 사용하기 때문이다.

부트스트랩은 페이지 로딩 시 부하를 줄이고 성능을 개선할 수 있도록 각 컴포넌트를 개별적으로 포함할 수 있게 해준다. Font Awesome 역시 네 개의 아이콘만 사용하지만 폰트 전체를 포함했는데, 성능이 아주 중요한 프로젝트에서는 실제로 사용하는 컴포넌트만 포함하는 것이 좋다.

깃허브 페이지를 이용한 호스팅

앞 절에서는 제킬과 백본, D3를 이용해서 웹 애플리케이션을 만들었다. 제킬을 이용해서 메인 페이지를 위한 템플릿을 작성했고, 자바스크립트 라이브러리와 CSS 스타일을 포함시켰다. 제킬을 이용하면 마크업 파일을 컴파일해서 정적 웹 사이트를 생성할 수 있고 jekyll serve 명령을 이용하면 정적인 버전을 따로 만들어내지 않고도 웹사이트를 서비스할 수 있다. 이 절에서는 프로젝트 사이트 호스팅 서비스인 깃허브 페이지GitHub Pages 서비스를 이용해서 웹사이트를 발행해 볼 것이다.

깃허브 페이지는 제킬이나 HTML로 만든 정적인 웹사이트 호스팅을 제공하는 깃허브의 서비스다. 제킬 사이트를 발행하려면 gh-pages라는 이름의 브랜치를 만들어야 하고, 그 브랜치를 깃허브에 푸시해야 한다. gh-pages가 제킬 프로젝트이거나 index.html 파일을 포함하고 있으면 깃허브는 이 브랜치의 콘텐츠를 정적인 사이트로서 호스팅해 준다. master 브랜치로부터 gh-pages 브랜치를 만들자.

```
$ git checkout -b gh-pages
```

그 다음 gh-pages 브랜치를 원격의 origin 저장소에 푸시한다.

```
$ git push -u origin gh-pages
```

gh-pages 브랜치가 깃허브에 푸시되면 몇 분 이내에 깃허브 페이지가 정적 사이트를 만들어 준다. 애플리케이션이 발행되면 http://user.github.io/project-name과 같은 형식으로 된 URL을 통해 외부에서 접근할 수 있다. 우리 프로젝트의 깃허브 페이지 URL은 http://pnavarrc.github.io/hdi-explorer이다. 프로젝트의 기준 URL이 http://user.github.io/project-name이라는 점을 기억하는 것이 중요하다. _config.yml 파일에서 기준 URL을 가리키는 baseurl 변수의 값을 정확히 입력해야 자바스크립트 파일이나 CSS 스타일 파일과 관련된 문제를 예방할 수 있다.

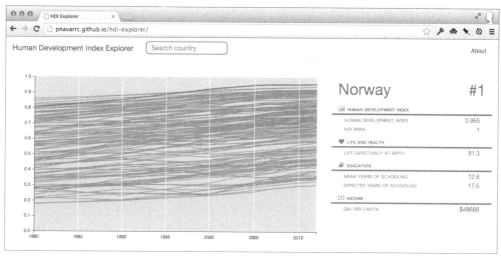

▲ 발행된 HDI 탐색기 애플리케이션

개인 페이지를 생성하는 것도 가능한데, 이 경우 user.github.io와 같은 형식의 이름을 가진 저장소를 만들어야 하고 http://user.github.io를 통해 서비스된다. 깃허브 페이지는 커스텀 도메인도 허용하며, 꼭 제킬이 아니라 일반적인 HTML로 작성된 내용도 지원한다. 깃허브 페이지에 대한 상세한 내용은 http://pages.github.com/을 참고한다.

아마존 S3를 이용한 호스팅

정적 사이트는 깃허브 페이지 외에도 아마존 S3를 이용해서 호스팅할 수 있다. 아마존 S3는 아마존에서 제공하는 데이터 저장 서비스다. 어떤 종류의 파일도 저장할 수 있으며, 특히 정적 웹사이트를 저장하고 호스팅할 수 있다. 아마존 S3는 99.99퍼센트의 가용성으로 데이터를 저장할 수 있고, 스토리지 용량, 요청 수, 사용자 수 등에 따라 확장도 가능하다. 중요한 데이터도 보안을 유지하며 저장할 수 있도록 자세한 접근 제어 서비스도 제공한다.

비용은 얼만큼의 데이터를 저장하느냐와 얼만큼의 요청이 발생하느냐에 따라 가격이 매겨진다. 1GB의 데이터를 한 달 동안 저장하는 데 0.1달러 정도의 비용이 발생하며, 5GB(월 요청 회수 20,000)까지는 프리 티어fre tier라고 해서 아무런 비용도 발생하지 않는다. 이 절에서는 아마존 웹 서비스 계정이 있다고 가정하고 아마존 S3를 이용한 호스팅 방법을 알아볼 것이다. 아직 계정이 없다면 http://aws.amazon.com/에서 회원 가입하고 계정을 만들자.

아마존 S3에서는 버킷bucket에 파일이 저장된다. 버킷은 객체 저장을 위한 컨테이너다. 버킷은 여러 지역region 중 하나의 지역에 저장되며, 지역은 속도나 비용을 고려하여 선택한다. 버킷의 이름은 아마존 전체 버킷에서 유일해야 한다.

사이트를 호스팅하려면 먼저 버킷을 만들어야 한다. 버킷을 만들려면 https://console.aws.amazon.com에 접속해서 아마존 S3 콘솔에서 Create Bucket을 선택한다. Create Bucket 화면에서 버킷의 이름과 지역을 할당할 수 있다. 버킷의 이름은 hdi-explorer로 하고 지역은 기본값 그대로 두자. 새로 생성된 버킷을 선택하고 Properties 화면을 선택한다. '정적 웹사이트 호스팅Static Website Hosting' 절에서 버킷을 위한 호스팅을 활성화하고 URL을 부여받을 수 있다. 이 URL을 사이트의 기준 URL로 한다.

S3에 배포하기 위한 제킬 설정

정적 콘텐츠를 아마존 S3에 배포하려면 baseurl 변수가 아마존 S3의 주소를 가리키도록 설정해야 한다. 따라서 S3에 배포하는 용도로 별도의 제킬 설정 파일을 작성한다. S3 배포용으로는 기준 URL만 달리 지정하면 되지만, 다른 설정값들도 다르게 지정할 수 있다. _s3.yml 파일을 다음과 같이 작성한다.

```
# 제킬 설정
safe: true
markdown: rdiscount
permalink: pretty
destination: _s3
exclude:
```

```
      - bower_components
      - node_modules
      - Gruntfile.js
      - bower.json
      - package.json
      - README.md
# 사이트
name: Human Development Index Explorer
baseurl: http://hdi-explorer.s3-website-us-east-1.amazonaws.com
```

destination 변수의 값을 _s3로 설정했다. 이렇게 하면 아마존에 배포할 파일들이 _s3 디렉토리에 생성된다. 웹 페이지로 직접 서비스되지 않는 파일은 exclude 변수에 지정해서 배포에서 제외한다. 이제 다음의 명령으로 사이트를 빌드할 수 있다.

```
$ jekyll build --config _s3.yml
```

생성된 파일을 열어보면 S3의 주소를 가리키고 있음을 확인할 수 있다.

S3 버킷에 사이트 업로드

아마존 AWS 콘솔의 웹 인터페이스를 이용해서 파일을 올릴 수도 있지만, AWS 콘솔의 웹 인터페이스는 디렉토리를 통째로 올리는 기능을 지원하지 않는다. 여기서는 AWS 콘솔 대신 s3cmd라는 명령행 도구를 이용해서 디렉토리 단위의 업로드, 다운로드를 통해 S3 버킷과 싱크를 맞출 것이다. s3cmd의 다운로드 및 설치는 프로젝트 웹사이트(http://s3tools.org/s3cmd)의 안내를 따른다.

파일을 업로드하려면 s3cmd에 아마존 사용을 위한 보안 정보를 설정해야 한다. 새로운 access key(액세스 키)를 발급하려면 아마존 계정의 Security Credentials 화면으로 가서, **Access Keys**를 선택한다. 한 쌍의 key ID와 비밀번호가 생성되는데, S3 버킷에 접근하려면 이 정보가 필요하다.

s3cmd에 access key와 비밀번호를 설정한다.

```
$ s3cmd --configure
```

앞의 명령을 실행하면 access key ID와 비밀번호를 물어온다. 아마존 계정에서 생성한 정보를 입력하면 다음의 명령을 통해 S3에 디렉토리 단위로도 파일을 업로드할 수 있게 된다.

```
$ s3cmd sync _s3/ s3://bucket-name
```

일단은 파일이 S3에 업로드되고, 그 이후에는 S3 버킷이 로컬의 _s3 디렉토리와 동기화되고 변경된 파일만 업로드된다.

마지막으로 업로드한 파일을 공개해야 모든 사람들이 S3의 URL로 애플리케이션에 접속할 수 있게 된다. 공개하려면 아마존 AWS 콘솔의 S3 화면에서 모든 파일을 선택한 후 Actions 메뉴에 있는 Make Public을 선택한다. Make Public이 완료되면 S3의 URL로 사이트에 접속할 수 있다.

정리

8장에서는 제킬을 이용해 정적 사이트를 만드는 방법과, 외부에서 제공하는 API를 이용해서 서드파티 데이터 소스를 통합하는 방법을 알아봤다. UN에서 제공하는 유엔 인간 개발 데이터 API를 이용해서 국가별 HDI의 추이를 테이블로 구성했다.

시각화 애플리케이션을 만들기 위해 여러 가지의 자바스크립트와 CSS 라이브러리를 사용했고, 사이트를 발행하기 전에 그런트를 이용해서 프로젝트 구성에 필요한 자원들을 합치고concatenate 최소화minify했다. 깃허브 페이지GitHub Pages 서비스를 이용해서 제킬로 만들어진 개인 페이지 또는 프로젝트 페이지를 발행하는 방법을 알아봤고, 아마존 S3를 이용해서 정적인 웹사이트를 호스팅하는 방법도 살펴봤다.

9장에서는 데이터 시각화 대시보드를 만들어 보고, 우리가 만든 시각화를 반응형으로 꾸미는 방법을 알아본다.

9 대시보드 제작

대시보드는 데이터 시각화 중에서도 특별한 종류에 속한다. 웹사이트 분석, 비즈니스 인텔리전스 측정metric, 소셜 미디어에서의 브랜드 가치 등 다양한 데이터를 모니터링하는 데 사용된다. 대시보드는 꽤 많은 양의 데이터를 한정된 공간에 압축해서 보여줘야 하기 때문에 디자인하기가 상당히 어렵다.

9장에서는 대시보드가 무엇인지 정의해보고, 효과적인 대시보드 디자인을 위해 고려해야 할 전략이나 디자인 패턴에 대해 이야기해 보고자 한다. 그리고 수업을 듣는 학생의 성적을 모니터할 수 있는 대시보드를 만들어 본다.

대시보드 정의

대시보드를 만들기 전에 대시보드가 무엇인지 명확하게 알아보는 것도 도움이 될 것이다. 구글 이미지 검색으로 대시보드를 찾아보면 대시보드에 대해 일관된 정의를 내리기 어렵다는 생각이 들 정도로 다양한 이미지를 볼 수 있다. 대부분은 비즈니스 성과나 웹사이트 분석, 소셜 미디어에서의 브랜드 가치 등의 데이터를 모니터링할 수 있는 차트, 표, 게이지gauge, 측정 지표indicator 등의 모음으로 구성되어 있다. 비즈니스 인텔리전스와 정보 디자인 전문가인 스티븐 퓨Stephen Few는 대시보드에 대해 다음과 같이 훌륭한 정의를 내리고 있다.

대시보드는 하나 이상의 목표를 달성하기 위해 가장 중요한 정보를 한 눈에 모니터링할 수 있도록 하나의 화면에 응축시키고 정리해서 보여주는 시각적 표현이다.

앞의 정의는 여러 가지 내용을 내포하고 있다. 첫째, 대시보드는 정보의 시각적 표현이다. 대시보드는 텍스트를 포함할 수 있지만 주로 시각적 표현으로 구성된다. 멋지게 디자인된 그래픽과 차트는 정량적인 정보에 대한 의사소통 효율을 획기적으로 높여준다. 어떤 영업 직원 한 사람의 판매 실적 집계 데이터를 가지고 있다고 가정하자. 데이터를 다음과 같이 표로 보여줄 수도 있다.

Name		Jan	Feb	Mar	Apr	May	Jun	Jul	Aug	Sep	Oct	Nov	Dec
John Doe	Value	$123	$112	$98	$82	$93	$87	$103	$125	$129	$143	$163	$153
	Units	244	214	193	174	155	144	127	138	139	152	171	155

▲ 표로 나타낸 월별 판매 실적

똑같은 데이터를 라인 차트로 나타낼 수도 있다. 다음의 그림은 똑같은 데이터를 시각적인 표현으로 나타내본 것이다. 판매량과 판매액을 나타내는 두 개의 선과 두 축이 양쪽에 배치되어 있다.

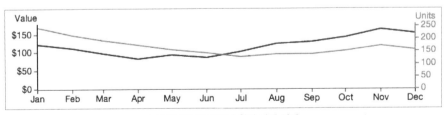

▲ 라인 차트로 나타낸 월별 판매 실적

라인 차트에서는 판매량의 계절적 변화와 최대/최소값을 한 눈에 알아볼 수 있고, 별다른 설명 없이도 시기적으로 나타나는 판매량의 패턴이나 변화를 식별할 수 있다. 물론 아주 정확한 수치가 필요하다면 직접적인 수치를 나타내는 표가 반드시 있어야 하겠지만, 정확한 수치보다는 데이터의 변화를 감지하는 것이 필요할 때는 표보다는 차트를 선택하는 것이 좋다.

대시보드는 분명한 목적을 가지고 설계되어야 한다. 일반적인 정보를 보여주는 데는 대시보드가 그다지 큰 쓸모가 없을 수도 있다. 어떤 종류의 의사 결정이 필요한지, 어떤 문제를 식별해야 하는지, 어떤 정보가 대시보드 사용자가 판단을 내리고 실행하는 데 도움이 되는지 반드시 알아야 한다.

대시보드는 목적을 달성하기 위해 필요한 가장 중요한 정보를 나타내야 한다. 다시 말해, 다양한 통로에서 얻은 모든 관련 데이터를 모아서 의사 결정자가 문제를 쉽고 정확하게 파악할 수 있도록 도와야 한다.

 앞에서 언급한 대시보드의 정의에 따르면 정보는 하나의 스크린에 정리되어 표시되어야 한다고 하는데, 더 일반적으로 말하자면 사용자의 시야에 맞아야 한다. 전체적인 개괄을 할 수 있게 하려면 시야에 맞게 디자인하는 것이 중요하다. 정보는 언제나 볼 수 있어야 하고, 차트를 보기 위해 스크롤을 해야 한다거나, 추가적인 정보를 보기 위해 클릭해서 모달(modal) 창을 띄울 필요가 없어야 한다.

다음 절에서는 수업을 듣는 학생들의 성적을 모니터링 할 수 있는 대시보드를 디자인하고 만들어볼 것이다. 대시보드의 목적을 정하고, 관련 정보를 나열하고, 사용자가 문제를 식별하고 문제 해결을 위한 실행안을 수립할 수 있도록 영역별로 정보를 조직화해서 배분하고 차트를 만들 것이다.

대시보드 디자인에 도움이 되는 좋은 습관

대시보드를 디자인할 때는 화면의 각 영역에서 최대한 많은 정보를 파악하고 정보의 흡수율을 최대화할 수 있도록 그래픽을 디자인해야 한다. 어떤 시각적 속성은 다른 속성에 비해 더 쉽게 인지되는 것들도 있고, 그 속성 중 일부는 굳이 집중해서 보지 않아도 쉽게 의사 소통할 수 있는 것들이 있다. 이런 속성들을 시지각의 전주의적 속성preattentive attributes of visual perception이라고 한다. 대시보드의 관점에서 이런 속성 중 일부에 대해 얘기해보면 다음과 같다.

- **색**Color: 색을 묘사하는 데는 여러 방법이 있다. 여러 가지 색 모델 중에 HSL 모델이 있는데, 사람이 이해하기에 적합한 모델이다. 이 모델에서는 색을 색상hue, 채도saturation, 명도lightness or brightness, 이렇게 세 가지의 속성으로 묘사한다. 색의 인식은 주변 컨텍스트에 좌우된다. 어두운 색에 둘러싸여 있는 밝은 색은 주의를 끌 것이고, 채도가 낮은 창백한 색에 둘러싸여 있는 채도 높은 파란색은 눈에 활 들어올 것이다. 대시보드는 보는 사람의 행동이 필요한 이슈 사항 쪽으로 시선을 유도할 수 있어야 한다. 이를 위해 색을 바르게 선정해야 하고, 특별한 주의를 끌 수 있는 곳에 사용할 색은 적절히 남겨두어야 한다.

- **형태**Form: 길이, 너비, 크기는 정확도를 다르게 해서 정량적인 정보를 효율적으로 나타낼 수 있다. 어떤 선의 길이가 다른 선의 두 배인 것은 금방 알아볼 수 있지만, 원의 너비나 면적으로는 두 배인지 분별하기 어렵다. 다른 모양의 아이템은 다른 종류의 정보를 나타내는 것으로 인식된다.

- **위치**Position: 아이템의 위치는 정보 의사 소통에서 아주 중요한 역할을 담당한다. 산포도scatter plot는 2차원의 위치 값을 가진다. 사람들은 가까이 위치해 있는 것들은 서로 관련이 있다고 생각하는 경향이 있다. 위치는 위계를 나타낼 수도 있다. 높은 곳에 있는 아이템은 낮은 곳에 있는 아이템보다 더 좋거나 중요하다고 생각되는 경향이 있으며, 왼쪽에서 오른쪽으로 쓰는 언어를 사용하는 사람들에게는 왼쪽에 있는 아이템이 먼저 눈에 들어오게 된다.

우리는 이런 모든 요소를 고려해서, 대시보드를 보는 사람들의 주의를 행동이 필요한 이슈 사항으로 유도할 수 있다. 대시보드는 일반적으로 많은 정보를 포함하기 때문에 화면의 구석구석 중요하지 않은 곳이 없다. 데스크탑 환경에서는 보통 충분한 수평 공간을 가지고 있지만, 수직 공간은 그리 넉넉하지 않다. 모바일 환경에서는 수직 공간이 더 넉넉하기 하지만, 전체적인 공간은 협소하다.

공간을 효율적으로 이용하려면 정말로 중요한 정보를 골라내야 하고, 작은 크기의 차트나 그래픽이 더 적절하다. 차트나 그래픽을 명확하고 직접적으로 표현해야 의미 해석에 필요한 노력을 최소화할 수 있다.

대시보드는 사용자가 각 정보의 위치를 빠르게 파악할 수 있도록 조직화되어야 한다. 우리는 앞에서 설명한 속성을 이용해서 대시보드 요소 간의 위계를 명확히 표현하고, 학생, 과목, 전체 학급에 대한 정보를 나타내기 위해 분명하게 영역을 나눌 것이다.

지금까지 얘기한 것은 대시보드를 만들 때 고려해야 할 사항 중 일부일 뿐이다. 더 깊이 알고 싶다면 스티븐 퓨가 쓴 인포메이션 대시보드 디자인Information Dashboard Design을 참고한다(1장 데이터 시각화에서 소개한 바 있다).

대시보드 제작

앞서 얘기한 것처럼 효과적인 대시보드를 만드는 것은 쉽지 않은 일이다. 쓸모 있는 대시보드를 만드는 첫 단계는 대시보드가 어떤 질문에 대한 답을 내놓아야 하는가, 어떤 문제가 적시에 감지되어야 하는가와 대시보드가 왜 필요한가를 결정하는 것이다.

대시보드의 목적을 정하고 나면 질문에 대한 답을 찾는 데 필요한 모든 데이터를 수집하고, 대시보드의 목적에 명시된 이슈 사항을 이해할 수 있게 된다. 데이터는 다양한 통로를 통해 얻을 수 있다.

그 다음엔 사용자가 쉽게 대시보드를 살펴보고 필요한 정보를 얻을 수 있도록 정보를 적절한 영역으로 의미 있게 나누고 조직화해야 한다.

그리고 대시보드에 나타낼 정보의 시각적 표시 방법도 선택해야 한다. 사용자가 정보의 의미를 파악하는 데 필요한 노력을 최소화할 수 있도록, 사용자에게 익숙한 표시 방법을 선택해야 한다.

이 절에서는 수업을 듣는 학생들의 성적을 모니터링할 수 있는 대시보드를 디자인하고 만들어볼 것이다. 대시보드의 목적을 정의하고, 필요한 데이터셋을 수집하고, 차트나 그래픽의 시각적 표시 방법을 선정하고, 학생, 과목, 학급 전체에 대한 정보를 영역별로 나누어 조직화할 것이다.

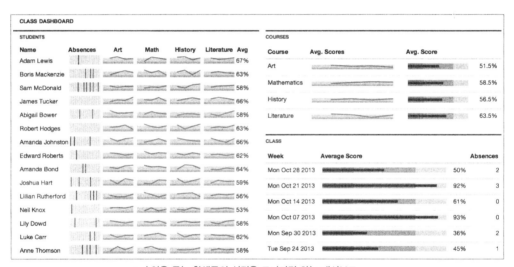

▲ 수업을 듣는 학생들의 성적을 모니터링 하는 대시보드

이 절의 주요 주제가 대시보드의 디자인이고, 앞에서 여러 가지의 차트를 이미 만들어봤으므로 여기서는 예제 소스 코드를 포함하지는 않을 것이다. 각 절의 소스 코드와 전체 대시보드의 소스 코드는 제공된 코드 모음의 chapter09 폴더에서 확인할 수 있다.

대시보드의 목적 정의

대시보드는 수업을 듣는 학생들의 성적을 개괄적으로 볼 수 있어야 한다. 어떤 과목에 대해 모든 학생의 성적이 하향 곡선을 그리고 있다면 교사의 가르치는 방법에 문제가 있을 수도 있다. 어떤 한 학생의 성적만 떨어지고 있다면, 그 학생에게 개인적인 문제가 있을 수도 있다. 대시보드의 목표는 모든 정보를 쉽게 알아볼 수 있게 함으로써 문제를 빠르게 파악할 수 있도록 하고, 학생이나 교사가 배우거나 가르치는 절차를 개선할 수 있는 의사 결정을 이끌어 내는 것이다.

교사는 학생 개인, 특정 과목을 수강하는 전체 학생, 모든 과목에 대한 모든 학생들의 성적, 이렇게 세 가지 수준의 성적 하락을 한눈에 파악하고 싶어한다. 대시보드는 학습 방법에 대한 분석 외에도 저조한 성적의 잠재 원인을 식별하는 데도 도움이 될 수 있다. 우리가 만들 대시보드의 구체적인 목적은 다음과 같다.

- 한 과목의 학생 개개인의 성적 평가. 이를 달성하기 위한 가장 명확한 방법은 각 과정의 수강생들의 점수를 표시하는 것이다. 잦은 결석 등 저조한 성적의 잠재적 원인을 식별할 수도 있을 것이다.
- 과목별 학생들의 성적 집계 모니터링. 어떤 특정 과목에 대해 많은 학생들의 성적이 좋지 않을 때 대응 방안을 수립할 수 있게 해준다.
- 전체 학급의 평균 성적 측정. 수업에 영향을 미칠 수 있는 문제를 그룹화해서 감지할 수 있다.

대시보드의 목적을 달성하기 위해 먼저 학생들의 데이터를 수집하고 어떤 정보가 목적 달성에 부합하는지 결정해야 한다.

데이터 수집

앞에서 언급했던 것처럼 학생, 과목, 전체 학급에 대한 성적을 모니터 해야 한다. 이번 예제에 사용할 데이터는 스크립트로 생성할 것이다. 각 과목별로 수강생의 출석 정보와 점수가 필요하다. 학생의 데이터는 다음과 같이 JSON 형태로 주어진다고 가정한다.

```
[
    {
        id: 369
        name: 'Adam Lewis',
        absences: [ ... ],
        courses: [ ... ],
        avgScore: 58.84
    },
    {
        id: 372
        name: 'Abigail Bower',
        absences: [ ... ],
        courses: [ ... ],
        avgScore: 67.78
    },
    ...
]
```

학생은 name과 id, 수강생이 수업에 결석한 날짜의 리스트를 포함하고 있는
absences 속성을 가진다.

```
{
    name: 'Adam Lewis',
    absences: [
        '2013-09-06',
        '2013-10-04',
        ...
    ],
    ...
}
```

학생들의 과목별 점수도 필요하다. courses 속성에는 학생이 수강 중인 과목 목
록이 포함되며, 각 과목에는 과목명과 과제나 시험 날짜 및 성적이 포함되어 있다.
편의상 학생의 이번 학기 평균 성적도 추가한다.

```
{
    name: 'Adam Lewis',
    absences: [ ... ],
    courses: [
```

```
    {
        name: 'Mathematics',
        scores: [
            {date: '2013-09-23', score: 78},
            {date: '2013-10-04', score: 54},
            ...
        ]
    },
    {
        name: 'Art',
        scores: [...]
    }
    ],
    avgScore: 58.84
}
```

학생들이 수강하는 전체 과목에 대한 정보도 필요하다. 전체 과목 정보는 다음과 같은 JSON으로 제공된다.

```
[
    {
        name: 'Mathematics',
        avgScores: [
            {date: '2013-09-18', score: 72.34},
            {date: '2013-10-07', score: 64.45},
            ...
        ],
        avgScore: 63.21
    },
    {
        name: 'Arts',
        avgScores: [
            {date: '2013-09-16', score: 76.62},
            {date: '2013-10-01', score: 58.53},
            ...
        ],
        avgScore: 63.21
    }
]
```

`avgScores` 속성은 시험 날짜와 그 과목을 수강하는 학생들의 평균 점수를 포함하고 있다. `avgScore` 속성에는 그 과목의 해당 학기 전체 시험에 대한 평균 점수가 담겨 있다.

정보 조직화

다음 단계는 정보를 논리적인 단위로 조직화하는 것이다. 대시보드의 각 영역은 주의를 요하는 이슈를 감지해내는 데 도움이 되어야 한다.

이번 예제에서는 학생 영역, 과목 영역, 학급 영역으로 정보를 조직화할 수 있으며, 꽤 직관적이기도 하다.

학생 영역에는 개별 학생들의 성적 하락을 감지할 수 있다. 시험 점수의 변화에 결석이 영향을 줄 수 있음을 염두에 둘 것이다.

과목 영역에서는 모든 수강생의 점수를 집계해서 한 눈에 파악할 수 있다. 모든 수강생의 성적이 동시에 하락한다면 특정 주제에 대한 교습 방법에 문제가 있을 수도 있다.

학급 영역에서는 학급 내 모든 학생들의 과목별 평균 점수를 집계해서 전체 과목의 평균 점수를 모니터할 수 있다. 학급 영역에서도 결석 수가 중요한 요소로 간주될 것이다.

대시보드 영역 생성

이 절에서는 대시보드를 각 영역별로 나눠서 어떤 정보가 표시되어야 하는지 알아보고, 정보를 표현할 적절한 차트를 선택해 본다. 그리고 공간을 충분히 활용하고 각 영역별로 표시되는 정보의 위계를 제대로 반영하기 위해 대시보드 내에서 각 영역을 어떻게 조직화해야 하는지도 살펴본다.

학생 영역

대시보드의 학생 영역은 한 학생의 정보를 한 행에 담는 표를 통해 표현할 것이다. 가장 중요한 정보는 점수지만, 점수의 변화에 대한 잠재적 원인이 될 수 있는 결석 정보도 함께 표현할 것이다.

결석은 2장에서 구현했던 것과 비슷한 바코드 차트로 나타낸다. 이번에 사용할 바코드 차트는 크기가 더 작고 배경색을 포함한다. 교사는 결석 바코드 차트를 통해 얼마나 많은 학생들이 언제 결석했는지, 또 결석이 어떤 특정 기간에 집중되어 있는지 아니면 전체 수강 기간에 걸쳐 고르게 분포하는지 알 수 있을 것이다.

Name	Absences
Adam Lewis	| || | ||

▲ 바코드 차트로 표현되는 학생별 결석 정보

각 과목마다 하나의 컬럼을 추가해서 수강생의 과제 점수를 라인 차트로 표현한다. 차트의 축척은 따로 표시하지 않아도 x축은 수강 기간, y축은 0에서 100까지의 점수임을 직관적으로 추측할 수 있다. 배경색은 주요 점수 범위를 강조하는데 사용된다. 25점 미만, 25점에서 75점 사이는 서로 다른 배경색으로 표현된다.

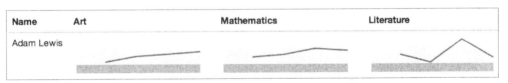

▲ 한 학생의 과목별 점수. 낮은 점수 영역과 높은 점수 영역을 쉽게 식별할 수 있도록 서로 다른 배경색으로 표현한다

마지막으로 해당 학기의 학생들의 전체 과목 평균 점수를 보여준다. 학생 영역에서는 지금까지 얘기한 전체 정보를 다음과 같이 보여준다.

Name	Absences	Art	Math	History	Literature	Avg
Adam Lewis	‖						60%
Boris Mackenzie							62%
Sam McDonald	‖						61%
James Tucker		‖‖					60%
Abigail Bower		‖					61%
Robert Hodges							54%
Amanda Johnston							55%
Edward Roberts							55%
Amanda Bond							60%
Joshua Hart							55%
Lillian Rutherford		‖‖					54%
Neil Knox							59%
Lily Dowd							59%
Luke Carr							61%
Anne Thomson							60%

▲ 대시보드의 학생 영역

과목 영역

과목별 성적을 모니터링하는 것은 학생 개인별 성적을 모니터링하는 것만큼 중요하다. 어떤 과목에서 약간 성적이 하락하는 것은, 단순히 그 부분의 수업 내용 자체가 보통보다 어려운 부분이라는 것이 원인일 수 있지만, 전체적인 성적 하락은 조사해봐야 할 가치가 있다. 예를 들면, 어려운 숙제가 같은 날에 학생들에게 주어진다든가 하는 방식으로 과목끼리 서로 영향을 미칠 수도 있으므로, 비슷한 현상이 나타나는 다른 과목이 있는지 조사해 보는 것도 흥미로울 것이다.

대시보드의 과목 영역에서는 각 과정의 성적 변화와 평균 성적을 사용자에게 보여준다. 평균 점수는 목표치 대비 얼만큼의 성과를 이뤄냈는지를 작은 영역에서도 쉽게 알아볼 수 있게 해주는 불릿 차트bullet chart를 써서 보여줄 것이다. 불릿 차트는 배경색을 이용해서 측정 대상 지수의 측정값의 의미를 파악할 수 있게 해준다. 이번 예제에서는 미흡, 보통, 우수, 이렇게 세 가지 영역을 정의하고 과목별 평균 점수가 이 세 가지 영역 중 어디에 해당하는지 다음과 같은 불릿 차트로 보여줄 것이다.

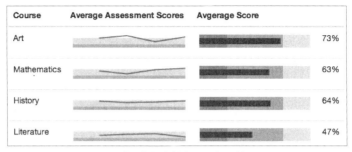

Course	Average Assessment Scores	Avgerage Score	
Art			73%
Mathematics			63%
History			64%
Literature			47%

▲ 과목별 수강 학생들의 평균 점수

학급 영역

학급 영역에서는 학급의 평균 점수에 의미 있는 변화가 있는지 알려준다. 평균 점수를 주간 단위로 측정해서 교사가 문제를 적기에 파악해서 해결할 수 있도록 도와준다.

학급 영역에서는 전체 학생의 모든 과목에서의 평균 점수를 볼 수 있다. 주 단위 결석 데이터도 대시보드에 포함해서 특정한 학생에 대해 결석과 성적 사이의 관련성을 빨리 파악할 수 있다. 매주 월요일을 기준으로 해당 주의 평균 점수를 불릿 차트로 보여준다. 평균 성적을 수치로도 보여주고, 결석자 수도 수치로 직접 보여준다.

Week	Average Score		Absences
Mon Sep 02 2013		67%	1
Mon Sep 09 2013		65%	3
Mon Sep 16 2013		36%	3
Tue Sep 24 2013		45%	2
Mon Sep 30 2013		87%	3
Mon Oct 07 2013		60%	0
Mon Oct 14 2013		34%	3
Mon Oct 21 2013		56%	2
Mon Oct 28 2013		56%	2

▲ 학급의 전체 학생, 전체 과목에 대한 주간 평균 점수

대시보드 영역 배치

마지막 단계는 나누어서 구성했던 각 영역을 하나의 화면에 합쳐서 배치하는 것이다. 대시보드의 최종 레이아웃은 각 섹션의 상대적인 중요성에 달려 있다. 이번 예제에서는, 가장 상세한 정보에서 시작해서 가장 일반적인 정보를 보여주는 방식을 택해서, 학생 영역에 좀 더 많은 공간을 할애하기로 한다. 성적 문제는 과목이나 학급 문제보다는 학생 개인의 문제에서 기인하는 경우가 더 많다는 점을 의도적으로 반영한 것이다.

각 영역을 div 요소 내에서 렌더링하고, div 요소에 section 클래스를 부여한다. 이 클래스를 통해 각 영역을 구분하고 논리적인 단위를 더 명백하게 나타낼 수 있도록 스타일을 추가한다. 밝은 회색을 배경색으로 하고 각 영역의 상단에 작은 경계선과 영역 제목을 추가한다.

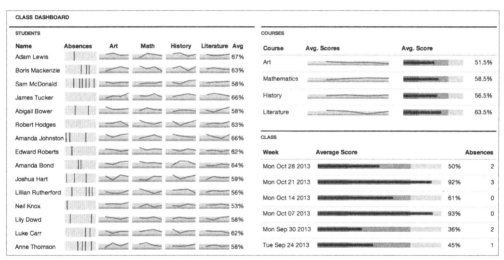

▲ 전체 대시보드. 각 영역이 밝은 회색 배경으로 구분된다

이 예제에서는 대시보드의 제목이 그다지 쓸모 있지도 않고 필수적인 정보를 보여주지도 않지만, 일반적으로 실무적인 대시보드에서는, 제목 영역이 추가적인 내비게이션 메뉴를 넣거나 대시보드의 다른 영역으로의 링크를 넣기에 아주 적합하다.

정리

9장에서는 좋은 대시보드의 특징에 대해 살펴봤고, 대시보드의 디자인 및 구현 과정 뒤에 숨어 있는 절차에 대해 알아봤다. 효과적인 대시보드를 작성하는 좋은 습관에 대해서도 배웠다. 마지막으로 학생, 과목, 학급 관점에서의 성적을 모니터링할 수 있는 예제 대시보드도 만들어봤다.

10장에서는 GeoJSON과 TopoJSON 파일을 이용해서 D3를 통해 지도를 만드는 방법을 살펴볼 것이다. 투영projection에 대해 알아보고, 데이터를 표시하기 위해 지도를 이용하는 방법과 D3를 Mapbox와 통합하는 방법을 배워본다.

10
지도 제작

지도는 장소와 관련된 feature[1]를 2차원으로 나타낸다. 어떤 feature를 다룰 것이냐 하는 문제는 지도의 목적에 달려 있다. 동물원 지도는 입구, 테마 영역, 기념품 가게와 어디에 어떤 동물이 있는지에 대한 정보를 보여준다. 따라서 동물원 지도는 크기나 거리가 정확해야 할 필요는 없다. 반면에 지질 지도geologic map에서는 암석의 측정 단위나 거리, 지층에 대한 표시가 정확해야 한다.

지구의 표면 상에서의 위치는 위도와 경도라는 두 개의 좌표계로 표시할 수 있다. 어떤 지점의 경도는 그리니치 자오선Greenwich meridian을 기준으로 그 지점이 위치한 각도로 표시되고, 위도는 적도를 기준으로 어떤 지점이 위치한 각도로 표시된다. 위도와 경도는 다음 그림에서 보는 것처럼 지구 중심을 중심으로 적도와 그린위치 자오선을 기준으로 측정한 각도를 나타낸다.

---

1 ESRI 사의 용어 사전에 따르면 feature는 '현실 세계의 객체를 지도에 표시한 것'이라고 정의할 수 있다(http://support.esri.com/en/knowledgebase/GISDictionary/term/feature). 이 책에서는 이런 의미로 사용되는 feature는 원어 그대로 feature라고 쓴다. ─ 옮긴이

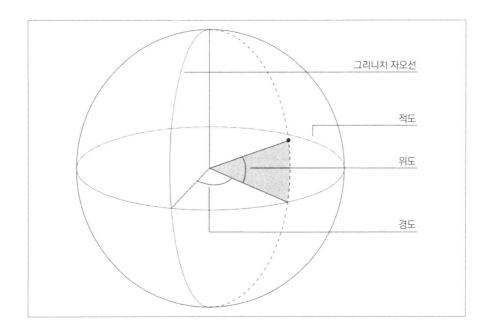

그리니치 자오선

적도

위도

경도

경도의 범위는 -180도에서 180도까지이고, 위도의 범위는 90도(북극)에서 -90도(남극)까지다.

지표 상의 형상shape은 그 경계점의 좌표를 순서대로 나열하는 것으로 설명될 수 있다. 예를 들면, 어떤 섬의 경계는 해안선을 따라 1km 단위 지점의 좌표를 시계 방향으로 나열하는 것으로 설명할 수 있다. 이 표시 방식은 1km 미만 구간의 해안선의 모양새를 설명할 수는 없으므로, 완벽하게 정확하다고 말할 수는 없다. 하지만 섬의 모양이 전체적으로 어떻게 생겼는지 아는 데는 충분하다.

어떤 지리적 feature를 지도에 나타내려면, 그 feature를 2차원 표면의 좌표계로 변환해야 한다. 이러한 변환을 투영projection이라고 한다. 투영은 3차원 표면을 2차원 매체에 표시하는 것이므로 다음과 같이 왜곡이 발생한다.

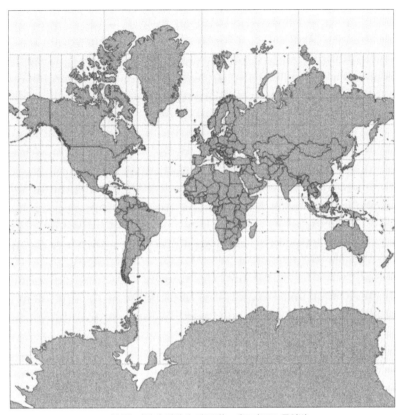

▲ 양 극 지점이 심하게 왜곡되는 메르카토르 투영법

이런 왜곡을 최소화하기 위해 다양한 투영법이 고안되었다. 어떤 투영법은 상대적인 방향은 정확하게 표시하지만 어떤 지역의 면적은 정확하게 표시하지 못하고, 다른 투영법은 반대로 면적은 정확하지만 상대적인 방향이 정확하지 못하다. 지도를 사용할 때는 상황에 따라 어떤 왜곡을 허용할 수 있는지 이해하는 것이 중요하다.

10장에서는 D3로 지도 기반 차트를 작성하는 방법을 배워본다. SVG 기반의 지도를 작성하기 위해 GeoJSON과 TopoJSON 형식의 지리 데이터를 어떻게 수집하고, 변환하고 사용하는지 알아보고, 메르카토르 투영법에 의해 발생하는 왜곡을 시각적으로 나타내는 지도를 만들어서 각 국가를 색깔별로 나누어 채색해본다. 어떤 지역의 색깔을 그 지역의 특성값(인구, 소득 등)을 기준으로 채색한 지도를 등치

지역도choropleth라고 한다. 이 절에서는 GeoJSON과 D3를 이용해서 등치 지역도
를 구현해 볼 것이다. 용량은 작지만 효율적인 데이터 파일로 지도를 만들기 위해
TopoJSON을 사용하는 방법을 알아보고, 어떤 지역의 feature와 경계 사이의 연
결과 같은 위상 기하학적 정보를 나타내는 데 TopoJSON을 사용하는 방법을 살
펴본다. 마지막으로 아주 훌륭한 지도 제공자인 Mapbox와 D3를 조합하는 방법
도 알아본다.

지리 데이터 수집

지도를 만들려면 지도에 표현할 feature의 좌표 정보를 가진 파일이 필요하
다. 중간 크기의 지리 데이터를 구할 수 있는 가장 믿을 만한 곳 중의 하나는 지
리 데이터셋을 조직화하고 관리하는 공동 협력체인 Natural Earth(http://www.
naturalearthdata.com)이다.

Natural Earth에서 구할 수 있는 지리 데이터셋은 누구나 무료로 사용할 수 있고
1:10,000, 1:50,000, 1:110,000 축척으로 되어 있다. 벡터vector 자료와 래스터raster
자료 모두 있으며 지도 파일은 세 가지 범주로 분류된다.

- **문화**Cultural **지도**: 국가, 행정 구역, 주, 지방, 인구 밀집 지역, 도로, 도시 지역, 공
  원 등의 정보를 포함하고 있다.

- **물리**Physical **지도**: 해안선, 육지, 섬, 대양, 강, 호수 빙하 지역 등에 대한 정보를
  포함한다.

- **래스터**Raster **지도**: 기후에 근거한 색상과 음영 정보로 묘사되는 이미지 정보를
  포함한다.

지도 파일은 지리 데이터 형식의 사실 상의 표준인 ESRI shapefile 형식으로 되어
있다. ESRIshape 파일은 기하학적 feature를 점, 선, 다각형의 집합으로 나타낸다.
ESRIshape 파일은 어떤 장소의 이름이나, 최근 인구 통계, 해당 지역 거주자의 평

균 소득과 같은 추가적인 속성 정보도 포함할 수 있다. shapefile은 여러 개의 파일로 구성되는 데 다음의 세 가지 파일은 반드시 필요하다.

- .shp: Shape 형식, feature의 기하 정보
- .shx: .shp 파일 내에서 feature의 위치를 식별하기 위한 인덱스 정보
- .dbf: feature의 속성 정보로서 dBase IV 형식으로 작성

shapefile은 앞의 세 가지 필수 파일 외에도 좌표계나 벡터 데이터가 저장되는 투영 방식에 대한 정보를 담고 있는 .prj 파일 같은 파일도 옵션으로 포함할 수 있다.

shapefile은 지리 정보 시스템에서 널리 쓰이지만, 웹 플랫폼에서 사용하기에는 적합하지 않다. 따라서 shapefile을 JSON 기반의 파일 형식으로 전환하고, 전환된 파일을 D3로 처리해서 지도를 만들 것이다.

GeoJSON과 TopoJSON 형식의 이해

D3로 지도를 만들 때 가장 많이 쓰이는 파일 형식은 GeoJSON과 TopoJSON 이다. 이 절에서는 두 가지 파일 형식을 간략하게 짚어보고 ESRIshape 파일을 GeoJSON이나 TopoJSON으로 변환하는 방법을 알아본다.

GeoJSON 형식은 기하 정보와 하나의 feature 또는 feature 모음에 대한 정보를 JSON 형식으로 인코딩한다. 여기서는 GeoJSON 형식의 핵심 내용만 알아보기로 하고, GeoJSON 형식의 자세한 내용은 http://geojson.org/에 있는 전체 명세를 참고한다.

GeoJSON 파일은 언제나 단 한 개의 최상위 객체를 포함하며, type 속성을 반드시 포함해야 한다. type은 Point, MultiPoint, LineString, MultiLineString, Polygon, MultiPolygon을 나타낸다. 기하 정보의 모음collection이나 하나의 feature 또는 feature 모음을 나타내는 객체에서는 type이 GeometryCollection, Feature 또는 FeatureCollection을 나타낸다. 하나의 GeoJSON 파일은 하나의 작은 섬에 대한 정보를 포함할 수도 있고, 최상위 객체에 포함되는 다수의 국가에

대한 정보를 포함할 수도 있다.

기하 정보를 나타내는 GeoJSON 객체는 coordinates 속성이 반드시 필요하다. coordinates 속성의 내용은 기하 정보의 타입에 따라 달라진다. Point 속성에 대해서는 coordinates 속성은 그 점의 위치를 나타내는 두 개의 좌표를 원소로 갖는 하나의 배열이 된다.

```
{"type": "Point", "coordinates": [10.0, 10.0]}
```

LineString 객체는 선을 나타내는데, LineString 객체의 coordinates 속성은 선의 시작점 좌표와 끝점 좌표를 원소로 갖는 배열이 된다.

```
{
    "type": "LineString",
    "coordinates": [[10.0, 10.0], [10.0, 0.0]]
}
```

Polygon 객체는 단순한 폐합 다각형뿐 아니라 도넛 모양처럼 중간이 비어 있는 다각형도 표시할 수 있어야 하기 때문에 복잡하다. Polygon은 외부 경계와 내부 경계 정보를 포함하며, 비어 있는 영역 한 개를 포함하고 있는 Polygon 객체는 다음과 같이 기술할 수 있다.

```
{
    "type": "Polygon",
    "coordinates": [
    [[0, 0], [0, 10], [10, 10], [0, 10], [10, 0]],
    [[2, 2], [8, 2], [8, 8], [8, 2], [2, 2]]
    ]
}
```

앞의 Polygon 객체는 외부 경계가 한 변의 길이가 10인 정사각형이고, 내부 경계는 한 변의 길이가 6인 정사각형을 나타낸다. 하나의 Point, LineString, Polygon 외에도 복수의 기하 정보를 나타내는 객체도 있다. MultiPoint는 점의 배열을 포함하는 객체이고, MultiLineString은 시작점과 끝점 정보를 가진 LineString의 배열을 포함하는 객체이고, MultiPolygon은 Polygon의 배열을 포함하는 객체이다.

Feature 객체는 일반적으로 Polygon이나 MultiPolygon으로 표시되는 기하 객체를 포함하는 geometry 속성을 반드시 가져야 한다. Feature 객체는 어떤 feature가 나타내는 장소의 이름, 인구, 평균 소득처럼 기하 정보가 아닌 데이터를 저장하기 위한 속성도 포함할 수 있다. 예를 들어, 다음의 feature 객체는 아루바Aruba라는 국가를 나타낸다. 약 12개의 속성과 26개의 정점으로 구성된 다각형을 포함하고 있다.

```
{
    "type": "Feature",
    "properties": {
        ...
        "type": "Country",
        "admin": "Aruba",
        "adm0_a3": "ABW",
        ...
    },
    "geometry": {
        "type": "Polygon",
        "coordinates": [
            [
                [-69.899121, 12.452001],
                [-69.895703, 12.422998],
                ...
            ]
        ]
    }
}
```

FeatureCollection 객체는 Feauture 객체를 원소로 갖는 배열을 포함한다.

앞에서 설명한 것처럼 GeoJSON 파일은 feature를 기하 정보에 의해 표시하는데, 경우에 따라 대단히 비효율적일 수 있다. 예를 들면, 두 개의 feature가 경계선을 공유하는 경우, 그 경계에 해당하는 부분의 기하 정보는 두 개의 feature 정보에 중복되어 포함된다. 게다가 경계 정보가 정확하게 들어 맞지 않아서 두 개의 모양 사이에 실제에는 없는 인공적인 틈이 생기기도 한다. 이러한 단점을 D3의 창시자인 마이크 보스톡Mike Bostock이 만든 TopoJSON 형식이 해결했다.

TopoJSON 객체는 기하 정보 대신 점, 선, 모양의 관계를 설명하는 위상topology 정보를 인코딩한다. TopoJSON 객체에서는 어떤 도형shape의 경계를 연속된 arc(원호)로 묘사한다. 각 arc는 한 번만 정의되면 그 arc를 공유하는 모든 도형에서 여러 번 참조할 수 있다. TopoJSON은 정보의 중복을 제거하므로 GeoJSON에 비해 더 가볍다. TopoJSON 파일의 좌표 정보도 효율적인 방법으로 인코딩되어 TopoJSON을 더 효율적인 형식으로 만들어준다.

다음은 아루바를 나타내는 TopoJSON 객체다. 이 객체는 arcs의 배열과, arc의 좌표 정보를 위도와 경도로 변환하는 데 필요한 정보를 담고 있는 transform 속성을 가지고 있다. objects 속성은 feature를 설명해 주는 정보를 담고 있다.

```
{
    "type": "Topology",
    "objects": {
        "aruba": {
            "type": "GeometryCollection",
            "geometries": [
                {
                    "type": "Polygon",
                    "arcs": [[0]]
                }
            ]
        }
    },
    "arcs": [
        [
            [9798, 1517],
            [ 201, -1517],
            [-2728, 812],
            ...
        ]
    ],
    "transform": {
        "scale": [
            0.000017042719896989698,
            0.00001911323944894461
```

```
        ],
        "translate": [
            -70.06611328125,
            12.422998046874994
        ]
    }
}
```

objects 속성은 기하 정보를 나타내는 하나 이상의 객체를 포함할 수 있다. 하지만 기하 정보를 나타내는 객체의 좌표 목록 대신에, TopoJSON 객체의 최상위 수준에서 정의된 arc에 대한 참조 목록이 arcs 배열에 저장된다. 여러 개의 feature가 경계를 공유하면, 그 여러 개의 feature는 경계 정보를 각자 따로 갖지 않고 경계를 이루는 동일한 arc에 대한 참조를 갖는다.

마이크 보스톡은 TopoJSON 외에도 TopoJSON과 GeoJSON 파일을 조작할 수 있는 유틸리티도 만들었다. TopoJSON 프로그램은 명령행 프로그램command-line program과 클라이언트 라이브러리라는 두 개의 컴포넌트로 구성되어 있다. 명령행 프로그램은 shapefile, CSV, GeoJSON 형식을 TopoJSON 형식으로 변환해준다. 명령행 프로그램은 feature를 단순화시키고 여러 개로 나누어진 파일을 하나로 합치고, 원본 feature에 속성을 추가/제거할 수 있는 옵션을 포함하고 있다. 자바스크립트 라이브러리를 사용하면 TopoJSON 파일을 파싱parsing하고 Feature 객체를 만들 수 있다. TopoJSON 형식의 전체 명세와 프로그램은 https://github.com/mbostock/topojson을 참고한다.

지리 데이터 파일 변환 및 조작

지리 데이터를 다루다 보면 여러 가지 방법으로 지리 데이터 파일을 조작해야 할 필요가 있다. 파일 용량을 줄이고 feature를 단순화하기 위해 feature의 정밀도를 낮추기도 하고, 원본 파일에는 없던 메타데이터를 추가해야 할 때도 있고, 몇 개의 feature를 필터링해서 걸러내기도 한다.

지리 데이터 파일을 한 형식에서 다른 형식으로 변환하려면 지리 공간 데이터 추상화 라이브러리GDAL, Geospatial Data Abstraction Library를 설치해야 한다. GDAL은 shapefile이나 GeoJSON 파일 같은 다른 형식의 지리 데이터를 서로 변환하고 조작할 수 있게 해주는 명령행 도구를 제공한다. http://www.gdal.org/에서 윈도우용, 맥용, 리눅스용 실행 파일을 구할 수 있다.

파일을 다루는 방법에 따라 나중에 다시 반복 수행해야 할 절차가 작업 흐름에 포함될 것이다. 그런 절차들은 파일 변환을 왜, 어떻게 해야 하는지 이해할 수 있게 해주는 방식으로 자동화하는 것이 좋다. 자동화 방법 중의 하나는 make 프로그램이나 비슷한 시스템을 사용하는 것이다. 10장에서 필요한 지리 데이터를 다운로드하고 변환하기 위해 make를 사용할 것이다.

첫 번째 차트를 만들기 위해 Natural Earth에서 벡터 방식의 문화 지도를 다운로드한다. 세계 지도에서는 가장 높은 정밀도가 필요하지는 않으므로 중축척medium-scale 데이터를 사용한다. 다운로드 후에 shapefile의 압축을 풀고 ogr2ogr 프로그램을 이용해서 shapefile을 GeoJSON 파일로 변환한다.

이 변환 절차를 make를 이용해서 구현할 것이다. chapter10/data 디렉터리에 Makefile이 있다. 올바른 순서대로 수행한다면 각 단계는 터미널에서 개별적으로 실행해도 된다. Makefile에서는 변환 절차의 각 단계를 target이라고 하는데, 의존성이 없는 target도 있고, 의존성을 가지는 target도 있다. 의존성을 반영해서 target 파일을 생성하려면 하나 또는 그 이상의 명령을 실행해야 한다. 예를 들어, ne_50m_admin_0_countries.shp라는 target 파일을 생성하려면, ne_50m_admin_0_countries.zip 파일의 압축을 먼저 해제해야 한다. target 파일은 이 zip 파일이 없으면 생성될 수 없으므로, target 파일은 zip 파일에 의존한다. shapefile을 생성하는 명령은 unzip ne_50m_admin_0_countries.zip 이다. 다음의 Makefile은 모든 국가를 포함하는 GeoJSON 파일을 생성한다.

```
# 변수 정의
ADMIN0_URL = http://.../ne_50m_admin_0_countries.zip

# Targets

# 압축된 Shapefile 다운로드
ne_50m_admin_0_countries.zip:
    curl -LO $(ADMIN0_URL)

# Shapefile 압축 해제
ne_50m_admin_0_countries.shp: ne_50m_admin_0_countries.zip
    unzip ne_50m_admin_0_countries.zip
    touch ne_50m_admin_0_countries.shp

# Shapefile을 GeoJSON으로 변환
countries.geojson: ne_50m_admin_0_countries.shp
    ogr2ogr -f GeoJSONcountries.geojso nne_50m_admin_0_countries.shp
```

Makefile은 target 사이의 의존성을 관리해준다. countries.geojson 파일을 만들면서 의존 관계를 검사하고 올바른 순서대로 target 명령을 실행해준다. GeoJSON 파일을 한 번에 생성하려면 다음의 명령을 실행한다.

`$ make countries.geojson`

앞의 명령을 실행하면 shapefile을 다운로드하고, 압축을 해제하고 GeoJSON 파일로 변환해준다. 이 명령은 현재 디렉터리에 없는 파일만 생성한다. 파일이 현재 디렉터리에 존재할 때는 ZIP 파일을 다시 다운로드하지 않는다.

GeoJSON 파일을 이용해서 TopoJSON 파일을 만들 수 있다. 기본적으로 topojson 명령은 원본 파일의 모든 속성 정보를 제거하지만, 다음과 같이 -p 옵션을 써서 필요한 속성 정보를 보존할 수 있다.

`$ topojson -o countries.topojson -p admin -p continent countries.geojson`

GeoJSON 파일의 크기는 약 4.4메가바이트였는데, TopoJSON 파일은 겨우 580 킬로바이트에 불과하다. 먼저 countries.geojson 파일로 첫 번째 지도를 만들어 보고 나서, TopoJSON 파일로 지도를 만드는 법도 알아볼 것이다. 앞의 명령을 Makefile에 포함하면 변환 절차를 쉽게 복사할 수 있다.

D3로 지도 제작

이 절에서는 SVG 기반의 지도 차트를 만들어 볼 것이다. 메르카토르 투영법에 의해 발생하는 지도 왜곡을 보여주는 등치 지역도_{choropleth map}를 GeoJSON 파일을 써서 만들어 보자.

그리고 인접한 국가와 국경을 찾기 위해 위상 정보가 포함된 TopoJSON 파일을 써서 지도를 만들어 본다.

등치 지역도 제작

이 절에서는 국가별 면적을 비교해 볼 수 있는 등치 지역도를 만들어 볼 것이다. 면적을 비교해 볼 수 있는 등치 지역도에서는 면적이 큰 국가일수록 짙은 색으로 그려진다. 일반적으로 메르카토르 투영법은 극지방에 있는 지역일수록 실제보다 더 크게 나타내기 때문에, 면적을 나타내는 등치 지역도에는 적합하지 않다. 예를 들어 남극 대륙은 러시아보다 작지만, 메르카토르 투영법으로 그리면 남극 대륙이 더 크게 그려진다. 브라질도 실제로는 그린랜드보다 크지만, 메르카토르 투영법을 적용하면 그린랜드보다 더 작게 그려진다.

이 예제에서는 이런 왜곡 효과를 보여주기 위해 메르카트로 투영법을 쓴다. chapter10/data/countries.geojson에 있는 GeoJSON 파일을 써서 만들 등치 지역도는 각 국가의 면적을 비교할 수 있게 해 준다. chapter10/01-countries-geojson. html 파일은 feature와 그 속성을 더 편하게 점검할 수 있는 방식으로 보여준다.

먼저 GeoJSON 파일의 내용을 읽고 지도를 나타낼 SVG 요소를 만드는 것으로 시작해 보자. GeoJSON 파일은 JSON 형식으로 인코딩되어 있으므로, d3.json 메소드를 쓰면 그 내용을 조회하고 파싱할 수 있다.

```
d3.json(geoJsonUrl, function(error, data) {

    // GeoJSON 파일을 읽고 파싱하는 과정에서 발생하는 에러 처리
    if (error) { return error; }

    // SVG 컨테이너에 대한 셀렉션 생성
    var div = d3.select('#map01'),
        svg = div.selectAll('svg').data([data]);

    // enter 셀렉션에 SVG 요소 생성
    svg.enter().append('svg')
        .attr('width', width)
        .attr('height', height);
});
```

d3.json 메소드에 파라미터로 넘겨지는 함수의 인자인 data는 GeoJSON 객체를 담게 된다. GeoJSON 객체는 FeatureCollection 객체를 포함하고 있으며, feature 배열은 Feature 객체를 원소로 포함한다. 하나의 Feature 객체는 하나의 국가를 나타낸다.

각 feature의 좌표를 지도에 나타내려면 투영 함수가 필요하다. D3에는 가장 많이 사용되는 열 개 남짓한 투영 함수가 포함되어 있으며, 플러그인 방식으로는 더 많은 투영 함수를 사용할 수 있다(D3의 전체 투영 함수 목록은 https://github.com/d3/d3-geo-projection을 참고한다). 메르카토르 투영 인스턴스를 생성하고, 좌표 [0, 0]이 SVG feature의 정가운데에 위치하도록 다음과 같이 이동 변환한다.

```
// 메르카토르 투영 인스턴스 생성
var projection = d3.geo.mercator()
    .translate([width / 2, height / 2]);
```

앞의 projection 함수로 지구 상의 모든 지점의 SVG 좌표로 계산할 수 있다. 예를 들면, 아루바 해변의 경도와 위도를 나타내는 [longitude, latitude] 배열을 projection 함수에 매개변수로 넘기면서 호출하면, projection 함수는 SVG 좌표를 반환한다.

```
projection([-69.899121, 12.452001])
// [17.004529145013294, 167.1410458329102]
```

각 feature에는 기하 정보가 포함되어 있고, 기하 정보는 좌표 정보의 배열로 되어 있다. 이 기하 정보를 이용해 지도를 그리려면 feature의 기하 정보의 변환 계산이 필요한데, D3는 지리적 경로path를 그릴 수 있는 d3.svg.path라는 생성 함수generator를 제공한다. 이 함수를 사용하면 좌표 정보 배열의 각 지점을 투영 계산하고 모양을 그릴 수 있다.

```
// 경로 생성 함수와 투영 방식 설정
var pathGenerator = d3.geo.path()
    .projection(projection);
```

d3.geo.path 생성 함수는 경로 계산을 위해 투영 정보가 필요하다. 이제 feature를 나타내는 경로 객체를 만들 수 있다.

```
// 국가를 나타내는 셀렉션 생성
var features = svg.selectAll('path.feature')
    .data(data.features);

// enter 셀렉션에 경로 추가
features.enter().append('path')
    .attr('class', 'feature');

// 국가별 경로 설정
features.attr('d', pathGenerator);
```

CSS로 각 경로의 스타일을 지정하기 위해 feature 클래스를 추가했다. chapter10/map.css 파일을 포함하면 다음 그림과 비슷한 지도를 볼 수 있을 것이다.

▲ 메르카토르 투영법과 기본 축척을 적용한 세계 전도

feature가 오류 없이 그려지기는 했지만, 바다에는 다른 색을 칠하고, 모든 국가를 볼 수 있도록 축척을 조정해 보자. 투영 인스턴스는 축척 메소드를 가지고 있어서 그 투영 방식의 축척을 설정할 수 있게 해준다. 투영 방식마다 축척을 계산하는 방식이 다르다는 점을 기억하자. 메르카트로 투영에서는 지도의 너비와 2π(360도를 라디안으로 나타낸 값)의 비율을 축척으로 설정하면 세계 전도를 잘림 없이 화면에 그릴 수 있다.

```
// 지도의 너비를 2π로 나눈 값을 축척으로 설정하면,
// 지구 전체 둘레를 지도의 너비에 맞게 그릴 수 있다.
var scale = width / (2 * Math.PI);

// 투영 생성 및 지도의 중심점을 원점으로 지정
var projection = d3.geo.mercator()
    .scale(scale)
    .translate([width / 2, height / 2]);
```

바다에 배경색을 넣어보자. 단순하게는 feature를 그리기 전에 지도 전체에 SVG 직사각형을 그려서 바다를 표현할 수도 있지만, 여기서는 지구 전체를 나타내는 feature를 하나 만들고 경로 생성 함수로 SVG 경로를 생성한다. 이 방식의 장점은 나중에 투영 방식을 바꾸더라도 지도의 배경은 여전히 지구 전체를 나타낼 수 있기 때문이다. 다각형을 폐합시키려면 coordinates 배열의 가장 마지막에 시작점을 다시 추가해줘야 하는 것을 잊지 말자.

```
var globeFeature = {
    type: 'Feature',
    geometry: {
        type: 'Polygon',
        coordinates: [
            [
                [-179.999, 89.999],
                [ 179.999, 89.999],
                [ 179.999, -89.999],
                [-179.999, -89.999],
                [-179.999, 89.999]
            ]
        ]
    }
};
```

중첩을 방지하기 위해 경위도의 한계값인 180이나 90을 사용하지 않아, 좌표계에 의해 정의된 직사각형은 정확하게 지구 전체를 포괄하지는 않는다. 이제 지구 전체를 나타내는 경로를 생성하고 스타일을 지정하자.

```
// 지구를 나타내는 셀렉션 생성
var globe = svg.selectAll('path.globe')
    .data([globeFeature]);

// enter 셀렉션에 경위도 격자(graticule) 경로 추가
globe.enter().append('path')
    .attr('class', 'globe');

// 경로 생성 함수를 경로 데이터로 설정
globe.attr('d', pathGenerator);
```

자오선과 위도선을 위한 기준선을 추가하자. 이 기준선을 경위도 격자_graticule_라고
한다. D3에는 경위도 격자를 `MultiLineString`으로 반환해주는 생성 함수도 포
함되어 있다.

```
// 경위도 격자 feature 생성 함수
var graticule = d3.geo.graticule();

// 경위도 격자에 대한 셀렉션 생성
var grid = svg.selectAll('path.graticule')
    .data([graticule()])

// enter 셀렉션에 경위도 격자 경로 추가
grid.enter().append('path')
    .attr('class', 'graticule');

// 경위도 격자에 path 속성 설정
grid.attr('d', pathGenerator);
```

경위도 격자선에 CSS 스타일도 추가했다. 지도는 다음과 같이 훨씬 많이 개선되
었다.

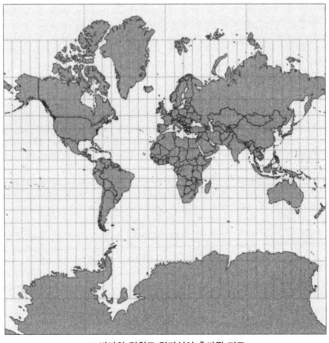

▲ 바다와 경위도 격자선이 추가된 지도

등치 지역도를 만들 때 가장 중요한 결정 사항 중의 하나는 색을 지정하는 것이다. Color Brewer(http://colorbrewer2.org/)는 개발자나 디자이너가 지도에 사용하기에 적합한 색 축척_{color scale}을 선택할 수 있도록 도와주는 온라인 도구다. Color Brewer는 연속적인 또는 비연속적인 정량적 차원에 대한 색 축척뿐 아니라 정성적 차원에 대한 색 축척도 제공한다. 팔레트에 사용된 색 조합은 화면에서 적당한 대조를 이루면서도 조화롭게 보이도록 설계되어 있다.

질적인 차원을 나타내는 지도는 색상에서는 큰 차이를 보이지만 명도나 채도는 비슷한 색으로 구성된 색 축척을 사용하는 것이 좋다. 예를 들면 각 국가에서 어떤 언어가 사용되는지를 나타내는 지도는 다음 그림과 같은 색 축척이 적합하다.

▲ 아이템 사이에 중간 값이 없는 질적 색 축척(qualitative color scale)

하나의 차원에 대해 작은 값에서 큰 값으로 연속적인 값을 갖는 정량적 값에 대해서는 같은 색을 쓰되 값이 클수록 짙은 색을 사용하는 색 축척을 쓰는 것이 좋다. 예를 들면 소득과 주거 비용의 차이를 표시하려면 다음과 같은 연속적인 색 축척이 적합하다.

▲ 순위를 나타내는 데 적합한 연속 색 축척(sequential color scale)

두 개의 극단적인 값을 포함하는 정량적 값에 대해서는 양 극단을 다른 색상을 가진 짙은 색으로 강조해서 표현하고, 중간 값에 밝은 색을 사용하는 색 축척을 쓰는 것이 좋다. 예를 들어 국가별 겨울 평균 기온을 나타내는 지도에서는, 0도 미만인 곳은 파란색을, 0도 초과인 곳은 빨간색을 사용하고, 0도인 곳은 흰색을 사용하는 색 축척이 적합하다.

▲ 양쪽의 극단 값을 포함하는 정량적 값을 표현하는 데 적합한 분기 색 축척(diverging color scale)

우리가 만들 등치 지역도는 각 국가의 면적이라는 정량적인 값을 사용하므로 연속 색 축척을 적용해서 면적이 큰 국가는 짙은 색으로 그릴 것이다. Color Brewer를 이용해서 연속적인 색 팔레트를 생성한다.

```
var colorRange = [
    '#f7fcfd',
    '#e0ecf4',
    '#bfd3e6',
    '#9ebcda',
    '#8c96c6',
    '#8c6bb1',
    '#88419d',
    '#6e016b'];
```

이 색 팔레트는 흰색에 가까운 밝은 색에서 짙은 보라색까지 8단계로 구성된다. d3.geo.area 메소드는 feature의 면적을 입체각solid angle의 단위인 스테라디안 steradian을 써서 계산한다. d3.scale.quantize 메소드는 각 feature의 면적을 기준으로 색 팔레트 중 한 가지 색을 할당해준다.

```
// 각 feature의 면적으로 색 축척 생성
var colorScale = d3.scale.quantize()
    .domain(d3.extent(data.features, d3.geo.area))
    .range(colorRange);
```

d3.geo.area 메소드로 각 feature의 면적을 계산하고, 색 축척을 이용해서 feature를 칠할 색을 결정한다.

```
// 국가별 경로 설정
features.attr('d', pathGenerator)
    .attr('fill', function(d) {
        return colorScale(d3.geo.area(d));
    });
```

이제 다음 그림처럼 국가별 면적에 따라 색이 칠해진 지도를 볼 수 있다.

▲ 국가별 면적을 나타내는 등치 지역도

앞의 등치 지역도를 보면 지도 상에 나타나는 면적과 색 사이에 불일치가 발생함을 알 수 있다. 지도에서는 그린란드가 브라질보다 두 배는 더 크게 보이지만, 더 옅은 색으로 칠해져 있다. 그린란드의 실제 면적은 브라질, 호주, 미국보다 더 작다.

위상 매핑

앞 절에서 설명했던 것처럼, TopoJSON 파일은 GeoJSON 파일보다 용량이 더 작다. TopoJSON의 진정한 위력은 도형들의 연결과 경계에 대한 정보인 위상topology을 인코딩한다는 데 있다. 위상은 단순한 각 feature의 도형 정보보다 더 많은 정보에 접근할 수 있게 해준다. 위상을 사용하면 도형 사이의 인접 관계나 경계를 파악할 수 있다.

이 절에서는 앞 절에서 사용한 GeoJSON 파일을 대체하는 countries.topojson 파일을 이용해서, 세계 전도를 만들어 본다. 그리고 TopoJSON 라이브러리를 이용해서 볼리비아와 인접한 국가들과 특정 국경선을 지도에서 식별해 본다. 앞 절에서 했던 것처럼 TopoJSON 파일의 내용을 쉽게 점검해 볼 수 있도록 chapter10/03-countries-topojson.html 파일을 미리 만들어두었다.

TopoJSON으로 지도를 만들려면 GeoJSON 파일로 했던 것처럼 SVG 컨테이너를 생성하고 투영 방법을 지정해야 한다. 앞 절에서는 GeoJSON 객체용으로 지리 경로 생성 함수를 만들었지만, 이번에는 feature의 기하 정보가 TopoJSON으로 인코딩되어 있다. topojson.feature 메소드는 두 번째 매개변수로 GeoJSON의 Feature 또는 FeatureCollection 객체를 받아서 계산한다. TopoJSON 객체는 TopoJSON 객체의 최상위 수준에서 정의된 arc에 대한 참조를 원소로 하는 배열을 속성으로 갖는 TopoJSON 기하 객체를 포함한다. 여기에서는 geodata 변수가 FeatureCollection 객체를 저장하고 있으며, FeatureCollection 객체를 이용하면 앞 절에서 만든 코드를 재사용해서 도형을 그려낼 수 있다.

```
d3.json(url, function(error, data) {

    // SVG 컨테이너 생성

    // FeatureCollection 객체 구성
    var geodata = topojson.feature(data,data.objects.countries);

    // feature 렌더링
});
```

geodata 객체는 FeatureCollection 객체이므로, 앞 절에서 세계 진도를 만들 때 사용했던 것과 똑같은 경로 생성 함수와 투영 방법을 재사용할 수 있다.

```
// 국가별 셀렉션 생성 및 feature 데이터 바인딩
var features = svg.selectAll('path.feature')
    .data(geodata.features)
    .enter()
    .append('path')
    .attr('class', 'feature')
    .attr('d', pathGenerator);
```

이렇게 앞 절에서 사용했던 GeoJSON 파일을 TopoJSON 파일로 대체하면 contries.geojson 파일의 크기가 1/8 수준으로 줄어들지만, 다음 그림에서 보는 것과 같이 동일한 결과물을 만들어 낼 수 있다.

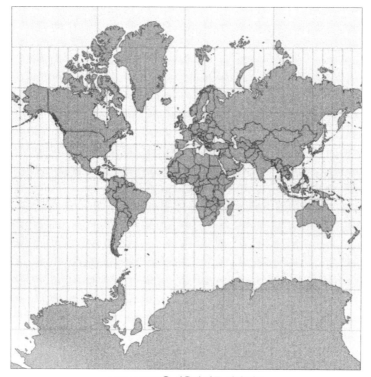

▲ TopoJSON을 사용해 만든 세계 전도

TopoJSON 파일은 기하 정보를 arc에 대한 참조 목록으로 나타내기 때문에, 어떤 두 개의 도형이 동일한 arc를 공유하고 있는지 체크하면, 두 도형이 인접해 있는지 판별할 수 있다. topojson.neighbors 메소드가 바로 이 일을 수행한다. topojson.neighbors는 도형의 배열이 주어지면, 각 도형 객체에 인접한 도형의 인덱스를 원소로 하는 배열을 반환한다.

이 부분을 좀 더 상세히 알아보기 위해 볼리비아와 인접한 국가들을 강조해서 보여주는 지도를 만들어 보자. 화면에 남아메리카가 표시되도록 축척과 지도의 중심을 조정하고, 남아메리카에 속한 국가들을 필터링해서 FeatureCollection 객체를 생성한다.

```
// FeatureCollection 객체 구성
var geodata = topojson.feature(data, data.objects.countries);

// 남아메리카에 속한 국가 필터링
var southAmerica = geodata.features.filter(function(d) {
    return (d.properties.continent === 'South America');
});

// 남아메리카 국가의 feature로 구성된 객체 생성
var southAmericaFeature = {
    type: 'FeatureCollection',
        features: southAmerica
};
```

화면에 남아메리카만 표시되도록 지도의 축척과 투영을 조정하자. D3는 지도를 포함하는 테두리 박스와 feature의 중심을 계산하는 도구를 제공한다.

```
// 투영을 설정하기 위해 남아메리카 영역의 경계와 중심 계산
var bounds = d3.geo.bounds(southAmericaFeature),
    center = d3.geo.centroid(southAmericaFeature);
```

d3.geo.bounds 메소드는 feature를 포괄하는 박스의 좌하단과 우상단 꼭지점 좌표를 반환한다. d3.geo.centroid 메소드는 feature의 중심점의 경위도 좌표 값의 배열을 반환한다.

지도에 표시할 feature를 잘리지 않게 그리려면, feature를 포괄하는 박스의 좌하단, 우상단 두 꼭지점 사이의 각 거리angular distance를 알아야 한다. 각 거리를 측정하는데 테두리 박스 꼭지점과 feature의 중심 사이의 거리를 이용할 수 있다.

```
// 테두리 꼭지점 사이의 각 거리 측정
var distance = d3.geo.distance(bounds[0], bounds[1]);
```

d3.geo.distance 메소드는 두 개 지점의 위치 정보를 인자로 받아서 두 점 사이의 각 거리angular distance를 라디안 단위로 반환한다. 메르카토르 투영법에서는 지

도를 나타낼 화면 크기와 지도에 나타낼 feature의 각 거리_{angular distance}의 비율로 축척을 나타낼 수 있다. 테두리 박스의 두 꼭지점 사이의 각 거리_{angular distance}를 이용해서 축척을 다시 계산할 수 있다.

```
// 화면의 너비가 지구면 한 바퀴를 나타낸다.
var scale = width / distance;
```

이제 투영의 축척과 중심점을 설정할 수 있다. 다음과 같이 설정하면 남아메리카 feature가 화면의 중심에 표시된다.

```
// 투영 생성 및 설정
var projection = d3.geo.mercator()
    .scale(scale)
    .translate([width / 2, height / 2])
    .center(center);
```

이 방식의 축척 계산은 메르카토르 투영법에만 적용할 수 있다는 점에 유의하자. 메르카토르 투영법에 적용한 지도는 다음과 같다.

▲ 남아메리카 대륙 전체의 feature가 화면 중심에 나오도록 조정된 지도

남아메리카 대륙을 적절한 축척으로 지도의 중심에 그리는 데 성공했으므로, 이제 볼리비아의 인접 국가를 판별해 볼 수 있다. 데이터셋에서 각 국가의 인접 국가를 구하는 것으로 시작해 보자.

```
// 각 기하 정보 객체에 인접한 도형 추출
var neighbors =
    topojson.neighbors(data.objects.countries.geometries);
```

`topojson.neighbors`는 입력값인 `data.objects.countries.geometries` 배열과 같은 길이의 원소를 갖는 배열을 반환한다. 각 원소는 각 객체에 인접한 도형의 인덱스 정보를 가지고 있는 배열이다. 볼리비아를 나타내는 도형은 `data.objects.countries.geometries` 배열의 31번째 원소에 해당한다. `neighbors[30]`의 내용은 [8, 31, 39, 169, 177]로 되어 있는 배열이다. 각 원소는 인접한 국가의 도형 인덱스 번호를 나타낸다. 볼리비아의 인접국을 찾으려면, 국가를 나타내는 도형 정보가 있는 배열에서 볼리비아를 찾을 수 있도록 볼리비아의 인덱스를 알아야 한다.

```
// 국가를 나타내는 도형 정보 배열에서 볼리비아의 인덱스 찾기
var countryIndex = 0;
data.objects.countries.geometries.forEach(function(d, i) {
    if (d.properties.admin === 'Bolivia') {
        countryIndex = i;
    }
});
```

`neighbors[countryIndex]` 배열은 볼리비아의 인접국을 나타내는 도형의 인덱스 번호를 가지고 있다. 인접국의 `feature`를 지도에 표시하려면 `feature`를 계산해야 한다. 인접국 객체를 포함할 `FeatureCollection` 객체를 구성하기 위해 `topojson.feature` 메소드를 사용해야 하고, `topojson.feature` 메소드를 사용하기 위해 `GeometryCollection` 객체를 생성할 수 있다.

```
// 인접국 도형 정보로 구성되는 geomCollection 객체
var geomCollection = {
    type: 'GeometryCollection',
    geometries: []
};

// 인접국 도형 객체를 geomCollection 객체에 추가
neighbors[countryIndex].forEach(function(i) {
    var geom = data.objects.countries.geometries[i];
    geomCollection.geometries.push(geom);
});
```

방금 만든 geometry 컬렉션은 볼리비아와 국경을 공유하는 국가의 도형 정보를
포함하고 있다. 지도에 나타내기 위해 그 도형 정보에서 feature 컬렉션 객체를
생성할 수 있다.

```
// 인접국의 Feature 객체 구성
var neighborFeature = topojson.feature(data, geomCollection);
```

이제 인접국가의 feature를 그리기 위한 경로를 생성할 수 있고, 그 경로에 CSS
로 스타일을 추가할 수 있다.

```
// 인접 국가를 지도에 그리기 위한 경로 추가
var neighborPaths = svg.selectAll('path.neighbor')
    .data([neighborFeature])
    .enter()
    .append('path')
    .attr('class', 'neighbor')
    .attr('d', pathGenerator);
```

볼리비아와 국경이 맞닿아 있는 국가들이 다음 그림에서와 같이 강조되어 표시
된다.

TopoJSON 파일에서는 더 많은 정보를 알아낼 수 있다. 예를 들어, 볼리비아와 브라질 사이의 국경선을 보여주고 싶다고 하자. 우리는 이 국경선을 알아낼 수 있다는 사실은 알고 있다. 볼리비아와 브라질을 나타내는 도형을 조사해서 두 개의 도형에 공통으로 존재하는 arc를 선택하면 된다. 하지만 더 쉬운 방법이 있다. topojson.mesh 메소드는 주어진 객체와 도형의 mesh를 나타내는 GeoJSON MultiLineString을 반환한다. topojson.mesh 메소드는 arc를 필터링할 수 있는 조건을 선택적인 인자로 받을 수 있다. topojson.mesh 메소드를 이용해서 볼리비아와 브라질 사이의 국경선을 나타내는 MultiLineString 객체를 생성해 보자.

```
// 볼리비아와 브라질 사이의 국경선 mesh 계산
var frontier = topojson.mesh(data, data.objects.countries, function(a, b) {
    return ((a.properties.admin === 'Brazil') &&
            (b.properties.admin === 'Bolivia')) ||
           ((a.properties.admin === 'Bolivia') &&
            (b.properties.admin === 'Brazil'));
});
```

`topojson.mesh` 메소드의 세 번째 인자는 두 개의 TopoJSON 객체를 인자로 받는 함수다. 볼리비아와 브라질 사이의 국경선을 알아내기 위해, 두 국가가 공유하는 arc의 셀렉션을 만들어야 한다. 다음과 같이 경로를 생성하고, 데이터 바인딩해서 지도에 추가할 수 있다.

```
// SVG 요소에 국경선 추가
var frontierPath = svg.selectAll('path.frontier')
    .data([frontier])
    .enter()
    .append('path')
    .attr('class', 'frontier')
    .attr('d', pathGenerator);
```

두 국가 사이의 국경선은 다음과 같이 지도에 표시할 수 있다.

`topojson.mesh` 메소드는 어떤 종류의 경계선도 알아낼 수 있다는 점을 기억하자. 다른 데이터셋에서는 어떤 조건을 만족하는 국가들의 내부 경계선이나 국경선을 표시하거나 보이지 않게 하는 기능도 구현할 수 있다.

이 절에서는 GeoJSON을 이용해서 SVG 기반의 지도를 그리는 방법을 알아봤다. 그리고 GeoJSON보다 더 효율적인 TopoJSON을 이용해서 GeoJSON 객체를 재구성하고 지도를 그리는 방법도 배웠다. 또한 어떤 국가에 인접한 국가를 강조해서 표시하거나, feature 사이의 특정 경계선을 보여주는 지도를 위상학적 관계를 이용해서 만드는 방법도 살펴봤다.

Mapbox와 D3 함께 사용

SVG 기반의 지도는 데이터 시각화 프로젝트와 아주 잘 맞아 떨어진다. 하지만 주소나 위치를 검색하는 기능, 도로 수준의 정보를 얻는 기능, 위성 촬영 이미지를 보여주는 기능 등 좀더 고급 기능이 필요할 때도 있다. 구글 지도, 야후 지도 또는 Mapbox(맵박스)에서 제공하는 지도를 이용하면 그런 고급 기능과 데이터 시각화를 쉽게 조합할 수 있다. 이 절에서는 탁월한 지도 서비스 제공자인 Mapbox와 D3를 조합하는 법을 알아본다.

Mapbox는 웹이나 모바일 애플리케이션에서 자체 디자인한 지도를 만드는 데 사용되는 온라인 플랫폼이다. Mapbox는 시내 지도street map와 지형도, 위성 사진을 제공한다. Mapbox에서 제공하는 시내 지도는 커뮤니티 기반으로 운영되는 OpenStreetMap에서 가져온 데이터를 이용한다. OpenStreetMap의 공개 데이터 저장소는 자주 업데이트되며, 정확한 정보를 제공한다.

Mapbox의 두드러진 특징은 지도 뷰를 커스터마이징할 수 있다는 점이다. 사용자가 지도에서 시각적인 부분을 마음대로 커스터마이징할 수 있다. Mapbox의 웹 플랫폼은 지도를 커스터마이징할 수 있는 도구를 제공하고 있으며, 데스크탑 도구인 TileMill을 이용하면 더 쉽게 커스터마이징할 수 있다.

이 절에서 다루는 예제를 따라하려면 Mapbox 계정이 필요하다. 무료 계정은 지도 생성, 마커marker와 기능 추가, 월 3천 번 조회를 할 수 있다. Mapbox 계정은 https://www.mapbox.com에서 만들 수 있다.

Mapbox는 사용자의 지도에 대한 조회 수를 계산한다. 계정 등급에 따라 월별 조회 한도가 정해져 있다. Mapbox를 통해 시각화가 유명해지면, 계정 등급을 업그레이드 해야 할 수도 있다(진심으로 그렇게 되기를 빈다!). 알림을 통해 유료 계정으로 전환할 수 있다.

Mapbox 자바스크립트 API는 Leaflet 플러그인으로 구현되어 있고 Leaflet 배포판을 포함하고 있다. Leaflet은 대화형interactive 지도 애플리케이션을 만들 수 있는 오픈소스 라이브러리다. Leaflet은 레이어 생성, 줌zoom과 지도 이동pan, 커스텀 마커marker 등의 기능을 제공한다. 이제 D3와 Mapbox, Leaflet API를 이용해서 지도를 만들어 보자.

Mapbox 프로젝트 생성

먼저 https://www.mapbox.com/projects/에서 새 프로젝트를 만든다. Mapbox에서는 요구사항에 맞게 커스터마이징할 수 있는 지도를 프로젝트라고 한다. **Create a Project**를 클릭하면 육지, 건물의 색상이나 다른 속성을 커스터마이징할 수 있는 지도 편집기를 사용할 수 있게 된다. 도로, 지형, 위성과 같은 기본 레이어를 선택할 수 있고, 지도에 표시되는 언어도 선택할 수 있다. 마커와 다각형을 추가할 수 있고, 추가한 마커와 다각형을 KML이나 GeoJSON으로 내보내기 해서 다른 프로젝트에서도 사용할 수 있다. 지도는 공개/비공개로 설정할 수 있다. 지오코딩geocoding이나 공유하기 버튼을 제거할 수 있다.

지도를 저장하면 지도 ID가 발급된다. 자바스크립트 API로 지도를 로딩하고, 타일tile을 보고, 지도를 웹 페이지 내에 임베드embed할 때 이 지도 ID가 필요하다. ID는 사용자 이름과 지도 핸들로 구성된다. 자바스크립트 API를 이용하려면 Mapbox.js 라이브러리와 스타일이 필요하다. 이 파일은 바우어를 이용해서 로컬에 다운로드하고 설치할 수 있다(bower install --save-dev mapbox.js).

```
<script src='https://api.tiles.mapbox.com/mapbox.js/v1.6.2/mapbox.js'></
script>
<link href='https://api.tiles.mapbox.com/mapbox.js/v1.6.2/mapbox.
css'rel='stylesheet' />
```

지도를 웹 페이지에 포함하려면 지도를 담을 div 컨테이너가 필요하고, position
속성을 absolute로 지정해야 한다. 이 div를 포함하는 컨테이너도 생성해서 위치
를 설정할 수 있게 한다.

```
<div class="map-container">
    <div id="map"></div>
</div>
```

지도 컨테이너의 좌상단 기준 오프셋offset은 부모 div의 클래스인 .map-
container에 의해 결정된다. 다음과 같이 스타일을 지정하자.

```
<style>
.map-container {
    position: relative;
    width: 600px;
    height: 400px;
}
#map {
    position: absolute;
    top: 0;
    bottom: 0;
    width: 100%;
}
</style>
```

다음 단계는 지도의 인스턴스를 생성하는 것이다. setView 메소드를 체이닝
chaining해서 지도의 중심과 확대 수준을 설정한다.

```
<script>
var mapID = 'username.xxxxxxxx', // Mapbox에서 발급받은 ID로 대체
    center = [12.526, -69.997],
    zoomLevel = 11;
```

```
var map = L.mapbox.map('map', mapID)
    .setView(center, zoomLevel);
</script>
```

Mapbox에서 만든 아루바의 지도는 다음과 같다.

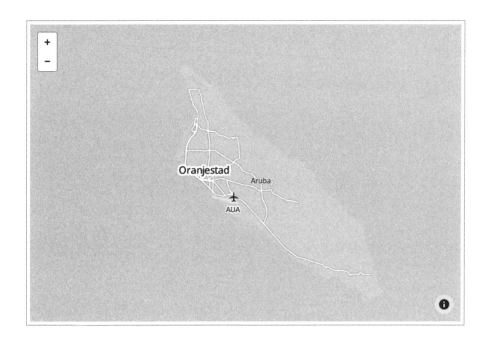

지도는 컨테이너 div에 렌더링된다. 확대, 축소가 가능하고, 드래그를 통해 지도 중심을 이동해서 다른 영역을 볼 수도 있다.

Mapbox와 D3의 조합

이번에는 아루바의 주요 도시의 인구를 버블bubble 지도로 만들어보자. 필요한 정보는 앞에서 이미 JSON 파일로 생성했었다. JSON 파일의 구조는 다음과 같다.

```
{
    "country": "Aruba",
    "description": "Population of the main cities in Aruba",
    "cities": [
        {
```

```
            "name": "Oranjestad",
            "population": 28294,
            "coordinates": [12.519, -70.037]
        },
        ...
    ]
}
```

버블을 그리기 위해 레이어를 하나 생성한다. 레이어는 마커나 타일처럼 어떤 특정 위치에 붙일 수 있는 객체다. 대부분의 Leaflet 객체는 L.Class 객체를 확장해서 생성한다. L.Class 객체는 단순한 상속 구조를 가지고 있으며 여러 가지의 유틸리티 메소드를 구현하고 있다. 여기서는 L.Class를 확장해서 D3 레이어 클래스를 생성한다. 레이어 객체에는 initialize 메소드와 onAdd 메소드가 반드시 있어야 한다. 추가로 onRemove 메소드를 포함해서 레이어가 제거될 때 버블도 함께 제거되도록 한다. 기본적인 레이어의 구조는 다음과 같다.

```
var D3Layer = L.Class.extend({

    initialize: function(arguments...) {
        // 초기화 코드
    },

    onAdd: function(map) {
        // 버블 생성 및 업데이트
    },

    onRemove: function(map) {
        // 지도에서 제거
    }
});
```

initialize 메소드는 레이어 인스턴스가 생성될 때 호출되고, onAdd 메소드는 레이어가 지도에 추가될 때 호출되며, 지도 객체를 인자로 받는다. 지도 객체는 창 pane, 확대 수준 및 다른 지도 속성에 접근할 수 있게 해준다. onRemove 메소드는 레이어가 지도에서 삭제될 때 호출되며, onAdd 메소드와 마찬가지로 지도 객체를 인자로 받는다.

사용자가 드래그 또는 줌을 통해 지도와 상호 작용할 때마다 viewreset 이
벤트가 발생된다. 이 이벤트는 레이어의 위치가 재설정되어야 함을 알려준다.
latLngToLayerPoint 메소드는 주어진 지리 좌표 정보에 따라 객체의 위치를 재
설정하는 데 사용된다.

이번 예제에서는 initialize 메소드는 하나의 아루바의 도시 정보 배열을 담고
있는 data 인자를 받는다. data 배열을 레이어의 속성으로 저장한다.

```
initialize: function(data) {
    this._data = data;
},
```

레이어의 속성으로 저장된 data 배열은 레이어의 다른 메소드에서도 접근 가능하
게 된다. onAdd 메소드에서는 지도에서 창을 하나 선택하고, 그 창에 버블을 추가
한다. 버블을 포함하는 컨테이너 div는 지도 위를 덮는 덮개 창_{overlay pane}이 된다.
이 덮개 창은 커스텀 객체를 담게 된다. 덮개 창은 사용자가 드래그로 지도의 위치
를 바꿀 때마다 위치가 자동으로 재조정된다.

버블을 그리는 한 가지 방법은 하나의 svg 컨테이너를 만들고 거기에 버블을 담아
서, 사용자가 줌 인 또는 줌 아웃할 때마다 그 하나의 svg 컨테이너의 크기를 재조
정하는 방법이 있다. 아니면 버블마다 svg를 생성해서 각 feature의 좌표 투영을
이용해서 절대적인 위치를 사용하는 방법도 있다. 여기서는 후자의 방법을 사용해
서 svg 요소들에 대한 셀렉션을 생성하고 data와 데이터 바인딩한다.

```
onAdd: function(map) {

    // 덮개 창 아래에 SVG 요소 생성
    var div = d3.select(map.getPanes().overlayPane),
        svg = div.selectAll('svg.point').data(this._data);

    // 버블 생성
},
```

SVG 요소들의 위치를 정하려면 각 지점의 경위도를 투영해야 하고, 투영한 좌표
를 이용해서 svg 컨테이너의 오프셋을 설정해야 한다. 각 도시의 좌표 정보를 가
진 L.LatLng 객체를 각 data 아이템에 추가한다.

```
// 각 도시의 경위도 정보 저장
this._data.forEach(function(d) {
    d.LatLng = new L.LatLng(d.coordinates[0], d.coordinates[1]);
});
```

svg 요소는 하나의 버블만 담으므로, 지도의 다른 영역과 겹치지 않는다. svg 요소의 크기를 설정하기 전에 버블의 반지름을 먼저 계산해야 한다. 버블의 면적은 각 도시의 인구와 비례해야 한다.

```
// 인구 수를 기준으로 한 축척 생성
var rScale = d3.scale.sqrt()
    .domain([0, d3.max(this._data, function(d) {
        return d.population;
    })])
    .range([0, 35]);
```

이제 svg 요소를 생성하고 크기와 위치를 지정할 수 있다. svg 요소의 너비와 높이는 버블의 반지름의 두 배와 같아야 한다.

```
svg.enter().append('svg')
    .attr('width', function(d) {
        return 2 * rScale(d.population);
    })
    .attr('height', function(d) {
        return 2 * rScale(d.population);
    })
    .attr('class', 'point leaflet-zoom-hide')
    .style('position', 'absolute');
```

각 svg 요소에 leaflet-zoom-hide 클래스를 추가해서 지도가 사용자에 의해 줌인 또는 줌 아웃될 때 svg 요소가 보여지지 않게 했다. 그리고 svg 컨테이너의 position 속성을 absolute로 했다. 마지막으로 각 svg 요소에 한 개의 버블을 나타내는 circle을 추가한다.

```
svg.append('circle')
    .attr('cx', function(d) { return rScale(d.population); })
    .attr('cy', function(d) { return rScale(d.population); })
    .attr('r', function(d) { return rScale(d.population); })
    .attr('class', 'city')
```

```
    .on('mouseover', function(d) {
        d3.select(this).classed('highlight', true);
    })
    .on('mouseout', function(d) {
        d3.select(this).classed('highlight', false);
    });
```

mouserover와 mouseout에 대한 이벤트 리스너도 추가했다. 버블 위에 마우스를 가져가면 highlight 클래스가 활성화되어 버블의 색을 더 짙은 색으로 표시한다.

사용자가 지도를 드래그하면 덮개 창도 움직이고 버블도 변경된 제 위치에 잘 표시될 것이다. 사용자가 줌 인이나 줌 아웃을 하면 viewreset 이벤트가 발생하며, svg 컨테이너의 위치를 변경해야 한다. svg 컨테이너의 위치를 변경하는 updateBubbles 함수를 생성해서 viewreset 이벤트가 발생할 때 updateBubbles 함수가 호출되도록 한다.

```
// 줌 인 또는 줌 아웃 시 버블의 위치 변경
map.on('viewreset', updateBubbles);
```

viewreset 이벤트의 콜백인 updateBubbles 함수가 호출되면, map.latLngToLayerPoint 투영 메소드가 바뀐 확대 수준 및 위치를 기준으로 변경된다. 이를 이용해서 svg 요소의 오프셋을 계산하고 설정할 수 있다.

```
function updateBubbles() {
    svg
        .style('left', function(d) {
            var dx = map.latLngToLayerPoint(d.LatLng).x;
            return (dx - rScale(d.population)) + 'px';
        })
        .style('top', function(d) {
            var dy = map.latLngToLayerPoint(d.LatLng).y;
            return (dy - rScale(d.population)) + 'px';
        });
}
```

마지막으로 updateBubbles 메소드를 호출해서 버블을 렌더링한다.

```
// 버블 렌더링
updateBubbles();
```

onRemove 메소드는 더 단순하다. 덮개 창의 셀렉션을 생성하고, 그 안에 있는 모든 svg 요소를 제거하면 된다.

```
onRemove: function(map) {
    var div = d3.select(map.getPanes().overlayPane);
    div.selectAll('svg.point').remove();
}
```

레이어를 만들었으므로 JSON 파일을 조회해서 지도에 레이어를 추가하기만 하면 된다.

```
// 아루바의 도시 정보 데이터셋 조회
d3.json('/chapter10/data/aruba-cities.json', function(error, data) {

    // 데이터 파싱 에러 처리
    if (error) { return error; }

    // 도시 정보 레이어 생성 및 지도에 추가
    map.addLayer(new D3Layer(data.cities));
});
```

다음과 같이 아루바의 주요 도시의 인구를 버블로 나타낸 지도를 확인할 수 있다.

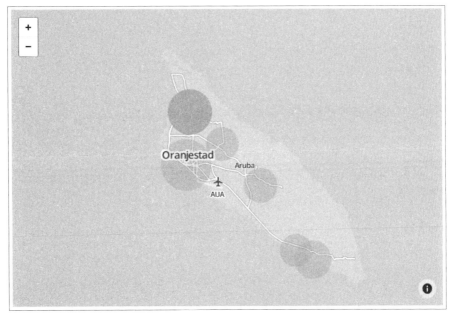

▲ D3와 Mapbox를 조합해서 만든 버블 지도

정리

10장에서는 오픈소스 도구를 이용해서 지리 정보 데이터셋을 수집하고 변환하는 방법을 알아봤다. 웹에서 지도를 그리는 데 가장 널리 쓰이는 두 가지 형식인 GeoJSON, TopoJSON을 사용하고 변환하는 방법도 배웠다.

SVG 기반의 단순한 차트를 그려봤고, 지리 feature를 svg 경로로 렌더링해 보는 방법을 익혔다. 메르카토르 투영법을 적용하고, 위상 관계 정보를 분석해서 국가별 인접 국가와 인접 국경을 알아낼 수 있게 해주는 TopoJSON을 이용해서 해서 세계 지도를 등치 지역도로 그려봤다.

마지막으로 Mapbox와 D3를 조합해서 시내 지도 수준의 정밀도를 가진 데이터 시각화를 만드는 법도 알아봤다.

11장에서는 다른 투영 방식을 이용해서 3차원 지도를 만드는 방법과 래스터raster 이미지를 투영하는 법을 알아본다.

11

고급 지도 제작

10장에서는 SVG 기반의 지도 차트를 만들기 위해 GeoJSON과 TopoJSON 형식을 사용하는 방법을 알아봤다. 11장에서는 다른 방식의 투영법을 살펴보고, 직교 투영법Orthographic projection과 스테레오 투영법Stereographic projection을 이용해서 3차원 효과를 내는 지도를 만드는 법을 알아본다.

지도에 드래그와 줌 동작을 추가해서 사용자가 지도 뷰를 회전하고 줌 할 수 있는 기능도 만들어 볼 것이다. 직교 투영을 이용해서 지구를 회전시켜 보고, 별자리 지도도 만들어본다.

실제와 비슷한 렌더링 효과를 내기 위해 캔버스와 D3 투영을 이용해서 지구에 래스터raster[1] 이미지를 입히는 방법도 알아본다.

---

1 래스터 이미지: 일반적으로 비트맵(bitmap) 이미지라고도 한다. – 옮긴이

지도 제작을 위한 여러 가지 투영 방식

10장에서 설명했던 것처럼, 지도를 만드는 데 있어서 투영이란, 3차원인 지구 상의 위치를 평평한 2차원 표면에 나타내는 함수라고 할 수 있다. D3의 `d3.geo` 모듈은 가장 많이 쓰이는 십여 가지의 투영법을 구현하고 있고, https://github.com/d3/d3-geo-projection/에 있는 플러그인까지 포함하면 더 많은 투영 방식을 지원한다.

한 가지 투영 방식만을 사용해서 지도의 다양한 목적을 모두 달성할 수는 없으므로, 목적에 따라 수많은 투영 방식이 존재한다. 예를 들어 메르카토르 투영법은 항해에 사용할 목적으로 만들어졌다. 메르카토르 투영법에서의 직선은 항정선rhumb line(배의 항로가 각 자오선과 동일한 각도로 교차하는 선)이다. 메르카토르 투영법은 항해 목적에는 아주 적합하지만, 극 지방 근처에서의 면적이 심하게 왜곡된다. 양 극점은 실제로는 지표 상의 한 점이지만, 메르카토르 투영법에서는 적도와 동일한 길이를 갖는 선으로 표현된다. 반대로 직교 투영법은 우주 공간에서 지구를 바라보는 것과 비슷해서 실제 지구와 비슷한 이미지를 만들어낼 수 있지만, 항해 목적에는 적합하지 않다.

이 절에서는 다양한 투영법에 대해 알아보고 각 투영법의 특징에 대해 이야기해본다. 이 절에 사용된 예제의 소스 코드는 chapter11/01-projections에 있다. 이번 예제는 육지의 feature를 담고 있는 TopoJSON 파일을 사용한다. 육지의 feature는 Natural Earth의 중축척 shapefile을 이용해서 생성되었다. chapter11/data 폴더에 있는 Makefile을 통해 필요한 파일을 다운로드하고 변환할 수 있다.

정방형 투영법

정방형 투영법Equirectangular projection은 동일한 축척을 사용해서 경도를 수평 위치로, 위도를 수직 위치로 선형적으로 변환한다. 양 극 지점 사이는 180도로 나누어져 있고, 지구의 둘레는 360도로 나누어져 있으므로, 정방형 투영법을 사용하면 세계 지도의 너비는 높이의 2배가 된다.

정방형 투영법을 적용한 세계 지도를 만들어 보자. 먼저 TopoJSON 파일을 로 딩하고 ne_50m_land 객체의 도형을 나타내는 GeoJSON 객체를 계산하기 위해 topojson.feature 메소드를 호출하는 것으로 시작한다.

```
d3.json('/chapter11/data/land.json', function(error, data) {

    // 데이터 수집이나 파싱 중 발생하는 에러 확인
    if (error) { console.error(error); }

    // GeoJSON feature 구성
    var geojson = topojson.feature(data, data.objects.ne_50m_land);

    // 투영 생성 및 feature 그리기
});
```

지도에 사용할 svg 컨테이너의 너비와 높이 변수를 지정한다. 컨테이너 div에 대한 셀렉션을 만들어서 svg 요소를 추가하고, 너비와 높이를 지정한다.

```
// svg 요소의 너비와 높이 지정
var width = 600,
    height = 300;

// svg 컨테이너를 추가하고 크기 지정
var div = d3.select('#map-equirectangular'),
    svg = div.append('svg')
        .attr('width', width)
        .attr('height', height);
```

d3.geo.equirectangular 투영의 인스턴스를 생성하고, 메소드 체이닝을 통해 축 척과 중심점을 맞춘다. 축척은 투영법마다 다를 수 있다는 점에 유의한다. 정방형 투영법으로 세계 지도를 그리려면 축척을 height / Math.PI 또는 width / (2 * Math.PI)로 맞춰야 한다.

```
// 정방형 투영 객체 인스턴스 생성
var equirectangular = d3.geo.equirectangular()
    .scale(width / (2 * Math.PI))
    .translate([width / 2, height / 2]);
```

정방형 투영 객체를 생성하고 나면, 지도 경로 생성자를 생성하고 `projection` 속성을 정방형 투영 객체로 지정할 수 있다.

```
// 지도 경로 생성자 생성 및 설정
var path = d3.geo.path()
    .projection(equirectangular);
```

경로 생성자는 GeoJSON feature 또는 feature 컬렉션을 인자로 받고, 투영 객체를 이용해서 svg 경로 문자열을 계산해낸다. 마지막으로 path 요소를 svg 컨테이너에 추가하고, feature 컬렉션을 담고 있는 geojson과 데이터 바인딩한 후, 경로 생성자가 계산한 경로 데이터를 설정한다.

```
// feature를 그릴 경로를 svg 컨테이너에 추가
svg.append('path').datum(geojson)
    .attr('class', 'land')
    .attr('d', path);
```

지도에 위도선과 자오선도 추가한다. D3는 위도선과 자오선을 그리는 생성자generator도 가지고 있다. `d3.geo.graticule()` 메소드는 격자선graticule lines을 포함하는 feature 컬렉션을 생성하는 함수를 반환한다.

```
// 격자선 생성
var graticule = d3.geo.graticule();

// 격자선 추가
svg.append('path').datum(graticule())
    .attr('class', 'graticule')
    .attr('d', path);
```

정방형 투영법을 적용한 세계 지도는 다음과 같다.

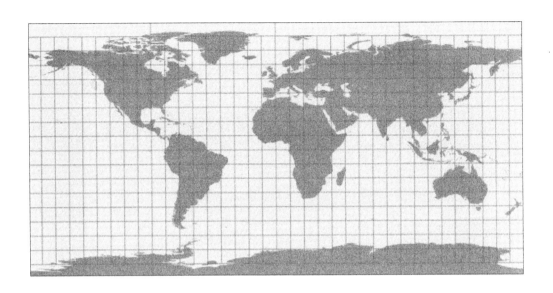

원뿔 등거리 투영법

원뿔 등거리 투영법Conic Equidistant projection은 구체sphere를 원뿔cone에 나타내는데, 이 원뿔의 축은 지구의 축과 같다. 원뿔은 한 개의 위도선에서 구체에 접할 수도 있고, 두 개의 위도선에 걸쳐 구체를 분할할 수도 있다. 두 개의 위도선에 걸쳐 분할할 때의 두 개의 위도선을 표준 위도선standard parallel이라고 한다. 원뿔 등거리 투영법에서는 양 극점이 원호로 표현되고, 자오선 사이의 거리는 원호의 중심으로부터의 거리에 비례하여 증가한다. 원뿔 등거리 투영법은 특정 지역을 나타내는 지세도regional map나 크기가 작은 국가처럼 위도의 범위가 작은 지역을 나타낼 때 적합하다.

원뿔 등거리 투영법으로 세계 지도를 그리는 절차는, d3.geo.conicEquidistant 투영 객체를 사용하는 것 외에는 앞에서 다뤄본 정방형 투영법과 같다. 원뿔 등거리 투영법을 사용하는데 필요한 정확한 축척을 계산하는 것은 어렵지만, 맞는 크기가 될 때까지 맞춰가는 것은 어렵지 않다.

```
// 투영 객체 생성 및 설정
var conic = d3.geo.conicEquidistant()
    .scale(0.75 * width / (2 * Math.PI))
    .translate([width / 2, height / 2]);
```

원뿔 등거리 투영법을 적용해서 만든 세계 지도는 다음과 같다.

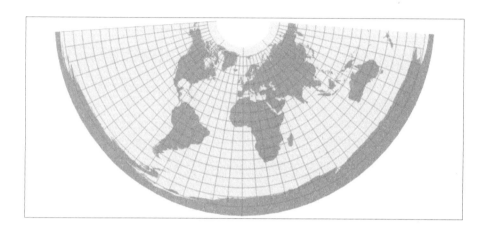

앞에서 언급했던 것처럼 원뿔 등거리 투영법은 지구 전체를 표시하는 데는 적합하지 않지만, 작은 영역은 정확하게 표현할 수 있다. 지도 중심에 뉴질랜드가 표시되도록 투영 객체를 회전시키고 더 큰 축척을 적용해 보자. 표준 위도선을 북위 5도와 남위 15도로 설정해서 좁은 구역을 화면에 표시하면 표준 위도선 사이의 왜곡을 최소화할 수 있다.

```
// 원뿔 등거리 투영 객체 생성 및 설정
var conic = d3.geo.conicEquidistant()
    .scale(0.85 * width / (Math.PI / 3))
    .rotate([-141, 0])
    .translate([width / 2, height / 2])
    .parallels([5, -15]);
```

원뿔 등거리 투영법으로 그린 뉴질랜드 주변 지도는 다음과 같다.

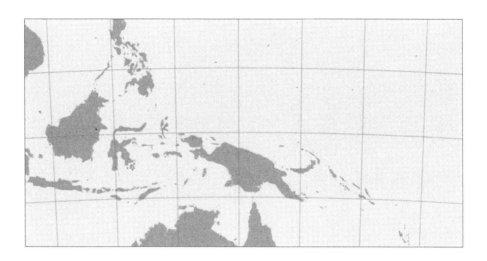

직교 투영법

직교 투영법Orthographic projection은 우주에서 지구를 바라본 것 같은 원근감을 표현하는 투영법이다. 직교 투영법을 쓰면 3차원 뷰와 같은 느낌을 줄 수 있다. 겹치는 효과를 주지 않는다면 지구의 반쪽만 나타낼 수 있다. 지도의 중앙에서의 왜곡은 최소화 할 수 있지만, 지도의 끝부분으로 갈수록 왜곡이 심해진다.

직교 투영법을 사용하려면 투영 객체의 축척과 중심을 맞추고, 경로 생성자를 설정해야 한다.

```
// 직교 투영 객체 인스턴스 생성
var orthographic = d3.geo.orthographic()
    .scale(height / 2)
    .translate([width / 2, height / 2]);
```

지교 투영법을 적용해 그린 지구의 모습은 다음과 같다.

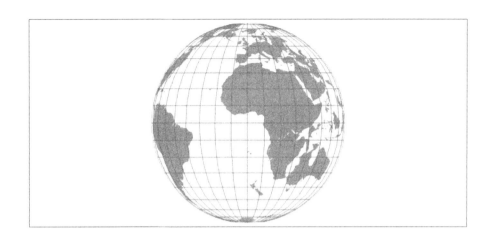

보이는 면과 안 보이는 면이 겹쳐 보이는 것을 막으려면 관찰자 쪽에서 보이는 반구hemisphere 위에 있는 feature만 화면에 표시해야 한다. 안 보이는 반구 위에 있는 feature를 감추려면 투영을 클립clip해야 한다. clipAngle 메소드는 클리핑 각도를 벗어난 곳에 위치한 feature는 표시하지 않게 해준다. clipAngle에 90도를 인자로 넘겨 호출하면 구체의 중심을 기준으로 좌우 90도를 넘는 곳에 위치한 feature의 기하 정보를 수정해서 화면에 보여지지 않게 한다.

```
// 직교 투영 인스턴스 생성
var orthographic = d3.geo.orthographic()
    .scale(height / 2)
    .translate([width / 2, height / 2])
    .clipAngle(90);
```

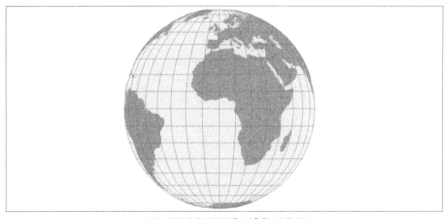

▲ 직교 투영법에 클리핑을 적용한 세계 지도

이번 절에서 소개한 세 가지 투영법은 D3에서 제공하는 지리 모듈의 일부에 대한 예시에 불과하다. 지금까지 본 것처럼 다른 투영법을 적용하는 방법은 언제나 같다. 그러나 각 투영법을 적용해서 올바른 결과를 얻으려면 매개변수를 지정 방식을 투영법마다 다르게 맞춰야 한다. 다음 절에서는 지구를 회전하기 위해 드래그 동작을 추가하는 방법을 알아본다.

지구 회전 기능 생성

직교 투영법은 지구를 3차원 객체처럼 보여주지만, 반쪽 면만을 보여줄 수 있으며, 중심 부근에서만 정확하다. 이 절에서는 직교 투영법에 회전 효과를 추가해서 구체를 회전을 통해 원하는 feature를 볼 수 있는 기능을 만들어본다.

이 절에서 다루는 예제의 소스 코드는 chapter11/02-rotating에 담겨 있다. 먼저 직교 투영법으로 지구를 그려보는 것으로 시작하자. 앞 절에서 했던 것처럼 TopoJSON 데이터를 로딩하고 ne_50m_land 객체를 표현하는 GeoJSON feature 컬렉션을 구성한다.

```
d3.json('/chapter11/data/land.json', function(error, data) {

    // 데이터 수집 또는 파싱 중 발생하는 에러 처리
    if (error) { console.error(error); }

    // TopoJSON을 이용해서 GeoJSON feature 컬렉션 구성
    var geojson = topojson.feature(data, data.objects.ne_50m_land);

    // svg 컨테이너 생성
});
```

svg 요소의 너비와 높이를 지정하고, 직교 투영 객체의 인스턴스를 생성하고 설정한다. 컨테이너 div의 셀렉션을 생성하고 svg 컨테이너를 지도에 추가한다.

```
// svg 요소의 너비와 높이
var width = 600,
    height = 300;
```

```
// 직교 투영 인스턴스 생성
var orthographic = d3.geo.orthographic()
    .scale(height / 2)
    .translate([width / 2, height / 2])
    .clipAngle(90);

// svg 컨테이너 추가 및 크기 지정
var div = d3.select('#map-orthographic'),
    svg = div.append('svg')
        .attr('width', width)
        .attr('height', height);
```

지리 경로 생성자의 인스턴스를 생성하고 투영 방식을 직교 투영으로 설정한다.

```
// 지리 경로 생성자 생성 및 설정
var path = d3.geo.path()
    .projection(orthographic);
```

지구와 육지, 위도선과 자오선을 표현하기 위한 feature를 추가한다. feature의 바탕이 되는 배경 역할을 하는 지구를 나타내는 feature를 추가한다. 경로 생성자는 Sphere 타입의 객체를 지원한다. Sphere 타입 객체는 전체 지구를 표현하기 때문에 좌표계를 가지고 있지 않다. 육지를 나타내는 feature를 담는 GeoJSON 객체도 추가한다.

```
// 지구를 표현하는 구체
var globe = svg.append('path').datum({type: 'Sphere'})
    .attr('class', 'globe')
    .attr('d', path);

// Features
var land = svg.append('path').datum(geojson)
    .attr('class', 'land')
    .attr('d', path);
```

지구의 현재 방향이나 회전 상태를 정확하게 알 수 있게 해주는 경위도 격자 무늬도 추가한다.

```
// 경위도 격자 무늬 생성자
var graticule = d3.geo.graticule();

// 위도선과 자오선 추가
var lines = svg.append('path').datum(graticule())
    .attr('class', 'graticule')
    .attr('d', path);
```

앞의 코드는 앞 절에서 지구를 보았던 관점과 동일한 관점에서 지구를 본 형상을
그려준다. 여기에 회전이나 줌 동작을 추가하려면, 지구가 그려지는 레이어 위에
보이지 않지만 지도 영역 전체를 덮는 레이어를 추가하고, 그 레이어에 회전이나
줌 동작에 대한 이벤트 리스너를 추가하는 전략을 사용한다. zoom 이벤트에 대한
콜백은 투영 객체의 회전과 축척을 변경하고, 앞에서 설정한 경로 생성자를 통해
feature의 경로도 업데이트한다. 줌 동작과 투영 객체의 상태를 맞추기 위해 현
재의 회전각과 축척을 state 변수에 저장한다.

```
// 투영의 회전 및 축척 상태 저장
var state = {x: 0, y: -45, scale: height / 2};
```

상태를 일관성 있게 반영하기 위해 state 객체의 속성을 이용해서 투영의 설정 상
태를 업데이트한다.

```
// 직교 투영 생성 및 설정
var orthographic = d3.geo.orthographic()
    .scale(state.scale)
    .translate([width / 2, height / 2])
    .clipAngle(90)
    .rotate([state.x, state.y]);
```

사용자가 지구 위에서 줌과 이동 동작을 할 때만 해당 이벤트가 발생되어야 하고,
지구 밖에서의 동작에는 반응하지 않아야 한다. 따라서 지구의 크기와 동일한 크
기의 원형 레이어를 추가하고 투명도를 0으로 세팅해서 보이지 않게 한다. 원형
레이어에 state 객체를 바인딩하면 zoom 이벤트에 대한 콜백이 state 객체를 업
데이트할 수 있게 된다.

```
// 원형 레이어 추가 및 속성 설정
var overlay = svg.append('circle').datum(state)
    .attr('r', height / 2)
    .attr('transform', function() {
        return 'translate(' + [width / 2, height / 2] + ')';
    })
    .attr('fill-opacity', 0);
```

줌 동작 객체의 인스턴스를 생성하고 원형 레이어에 바인딩한다. 이렇게 하면 줌과 이동 동작에 대한 이벤트 리스너가 원형 레이어에 추가된다. 축척은 0.5에서 8까지로 제한한다.

```
// 줌 동작 생성 및 설정
var zoomBehavior = d3.behavior.zoom()
    .scaleExtent([0.5, 8])
    .on('zoom', zoom);

// 원형 레이어에 줌 동작에 대한 이벤트 리스너 추가
overlay.call(zoomBehavior);
```

사용자가 원형 레이어 위에서 줌이나 이동을 하면 zoom 이벤트가 발생된다. 현재 발생한 이벤트는 d3.event 변수에 저장된다. 이벤트 타입에 따라 이벤트에 포함된 속성도 달라지는데, zoom 이벤트가 발생하면, d3.event.translate 속성과 d3.event.scale 속성을 통해 줌에 의한 이동 벡터vector와 축척에 대한 값에 접근할 수 있다. 축척과 이동 벡터를 투영 방식에 맞는 축척과 회전으로 변환해야 한다.

```
function zoom(d) {

    // 투영 축척과 이동량 계산
    var scale = d3.event.scale,
        dx = d3.event.translate[0],
        dy = d3.event.translate[1];

    // 이동 벡터를 회전각으로 변환
}
```

zoom 이벤트는 사용자가 드래그 동작을 하는 동안 계속해서 여러 번 발생된다. translate 배열은 드래그 동작이 시작된 지점에서부터의 수평, 수직 위치를 계속해서 추적한다. 사용자가 지구를 왼쪽에서 오른쪽으로 드래그하면, 지구는 반시계 방향으로 180도 회전한다. 따라서 이동 벡터의 수평 위치가 0도에서 180도 사이의 회전각이 되도록 변환해준다.

```
// 이동 벡터를 회전각으로 변환
d.x = 180 / width * dx;  // 수평 위치
d.y = -180 / height * dy;  // 수직 위치
```

사용자가 북극을 드래그해서 지도 이미지의 아래쪽 바닥으로 드래그하면 지구는 사용자 쪽으로 굴러오는 방향으로 회전해야 한다. 위도는 적도에서 0이고 북극점으로 갈수록 값이 증가하므로, 사용자 쪽으로 굴러오는 방향의 회전각은 음의 값을 가져야 한다. 회전각이 계산되면 투영 객체의 rotate 속성과 scale 속성의 값을 업데이트할 수 있다. 줌 축척은 상대적인 값이므로 업데이트된 축척 값을 투영 객체에 반영하려면 원래의 축척을 곱해줘야 한다.

```
// 새로운 회전각과 축척으로 투영 객체 업데이트
orthographic
    .rotate([d.x, d.y])
    .scale(scale * d.scale);
```

지도 이미지를 업네이트하려면 feature를 재투영하고 svg 경로도 다시 계산해야 한다. 경로는 투영 객체에 대한 참조를 가지고 있으므로, svg의 모든 경로를 그냥 다시 계산하도록 지정해주기만 하면 업데이트된 투영 객체 정보가 반영된다.

```
// 경로 재계산 및 원형 레이어 반지름 재계산
svg.selectAll('path').attr('d', path);
overlay.attr('r', scale * height / 2);
```

사용자가 줌 수준을 변경하더라도 드래그할 수 있는 원형 레이어가 지구의 크기와 동일하게 유지되어야 하므로, 원형 레이어의 반지름도 재계산한다. 세계 지도는 다음과 같이 회전을 통해 안 보였던 나머지 반쪽 면도 볼 수 있게 된다.

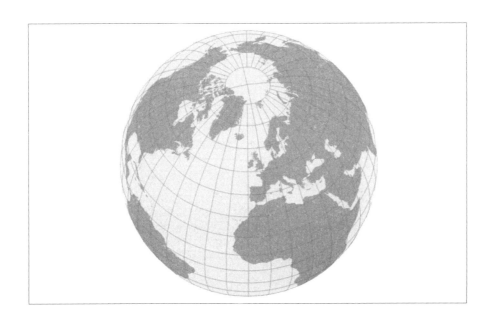

이제 사용자가 지구를 이리 저리 회전시키고 줌 하면서 구석구석 자세히 탐험해 볼 수 있게 되었다. 회전 동작과 줌 동작을 만든 전략은, 사용자의 액션에 의한 줌 이동과 축척 변화를 투영 객체의 회전각과 축척으로 변환하는 방법만 적절하게 맞춰준다면 어떤 투영 방식에서도 동일하게 적용될 수 있다. feature를 표현하는 정밀도에 따라 회전 처리 시 성능 이슈가 발생할 가능성도 있다. 투영 객체의 업데이트와 feature 경로의 재계산은 회전량이 증가할 때마다 계속 실행되는데, 회전 중에는 정밀도를 낮추어 렌더링하거나, 아예 feautre는 렌더링하지 않고 격자선만 렌더링하고 사용자가 마우스 버튼에서 손을 떼서 이벤트가 종료되었을 때만 제대로 된 feature를 렌더링하는 방식으로 부하를 줄일 수 있다.

여기에서 구현한 지구의 회전은 완벽하지는 않지만 예상한 것에 거의 부합한다. 복잡하지만 더 정밀한 회전 전략을 알고 싶다면 제이슨 데이비스Jason Davies의 글 (https://www.jasondavies.com/maps/rotate/)을 참고한다.

다음 절에서는 스테레오 투영Stereographic projection과 줌 동작을 적용해서 사용자가 조작할 수 있는 대화형 별자리 지도를 만들어 본다.

대화형 별자리 지도 제작

이번 절에서는 스테레오 투영Stereographic projection과 항성 목록star catalog을 이용해서 대화형 천체 지도celestial map을 만들어 본다. 스테레오 투영은 구체를 내부에서 외부를 보는 방식으로 표현한다. 스테레오 투영을 적용해서 만든 별자리 지도는 다음과 같다.

천체 좌표계celestial coordinate system는 지구에서 본 천체 상의 별들의 위치를 나타낸다. 지구가 자전축을 중심으로 자전하고 태양을 중심으로 공전함에 따라, 지구 표면 상의 지점을 기준으로 상대적으로 나타나는 별들의 위치도 바뀌게 된다. 회전과 이동 외에도 72시간마다 지구의 자전축을 기준으로 1도씩 천천히 발생하는 세차 운동precession이 있다. 적도 좌표계Equatorial coordinate system[2]는 별의 위치를 적위declination와 적경right ascension이라는 두 개의 좌표로 나타낸다. 적위는 천구 상에서의 적도와 천구 상에서의 양 극점 사이의 각을 의미하며, 지구의 위도와 유사한 개념이다. 적경은 천구 적도celestial equator와 황도ecliptic의 교차점인 춘분점을 기준으로 동쪽 방향으로 측정한 각도를 나타낸다. 황도는 천구 상에서 지구의 궤도를 나타낸다. 적경은 각도 단위가 아니라 시간 단위로 측정되며 경도와 유사한 개념이다.

---

2 적도 좌표계, 적위, 적경에 대한 내용은 http://ko.wikipedia.org/wiki/적도좌표계를 참고하면 이해하는 데 도움이 된다.
   – 옮긴이

항성 목록 선택

별자리 지도를 만들기 위해 HYG 데이터베이스를 사용할 것이다. HYG 데이터베이스는 히파르코스 목록Hipparcos Catalog, 예일 휘성 성표Yale Bright Star Catalog, 근접 항성 글리제 목록Gliese Catalog of Nearby Stars에서 수집한 정보를 조합해서 만든 항성 목록이다. HYG 데이터베이스에는 약 12만 개의 항성이 포함되어 있으며, 그중 대부분은 육안으로는 볼 수 없다. 최신 버전의 HYG 데이터베이스는 https://github.com/astronexus/HYG-Database에서 구할 수 있다.

앞 절에서 했던 것처럼, 필요한 데이터를 다운로드하고 파싱하기 위해 Makefile을 작성한다. 항성 목록에 있는 별들 중 밝지 않은 별을 필터링하는 파이썬Python 스크립트를 작성하고 적위와 적경을 위도와 경도로 환산해주는 GeoJSON 파일을 작성한다. 지구의 자전 효과로 인해 환산된 경도는 지구의 경도와 관련이 없지만, 우리가 만들 시각화에서는 환산된 경도가 여전히 의미가 있다. longitude = 360 * RA / 24 - 180이라는 식을 통해 적경에 해당하는 좌표 값을 계산할 수 있다. 생성된 GeoJSON 파일은 다음과 같은 구조를 갖게 된다.

```
{
    "type": "FeatureCollection",
    "features": [
        {
            "geometry": {
                "type": "Point",
                "coordinates": [-179.6006208, -77.06529438]
            },
            "type": "Feature",
            "properties": {
                "color": 1.254,
                "name": "",
                "mag": 4.78
            }
        },
        ...
    ]
}
```

이번 예제에서는 GeoJSON에 있는 모든 feautre가 점이다. 일단 하늘의 전체 뷰를 그리기 위해 먼저 정방형 투영법을 이용해서 차트를 그리고, 나중에 스테레오 투영법을 적용할 것이다. 먼저 GeoJSON 데이터를 로딩하고 svg 컨테이너를 생성하자.

```
d3.json('/chapter11/data/hyg.json', function(error, data) {

    // 데이터 수집 및 파싱 중 에러 처리
    if (error) { console.log(error); }

    // 컨테이너 너비와 높이
    var width = 600, height = 300;

    // 컨테이너 div와 svg 컨테이너에 대한 셀렉션 생성
    var div = d3.select('#equirectangular'),
        svg = div.append('svg')
            .attr('width', width)
            .attr('height', height);

    // 정방형 투영 객체 인스턴스 생성
});
```

정방형 투영 객체 인스턴스를 생성하고, 전체 하늘을 svg 컨테이너에 담을 수 있도록 축척을 지정한다.

```
// 정방형 투영 객체 인스턴스 생성
var projection = d3.geo.equirectangular()
    .scale(width / (2 * Math.PI))
    .translate([width / 2, height / 2]);
```

항성 그리기

항성은 지도에서 작은 원으로 표시한다. 더 큰 원은 더 밝은 항성을 의미하며, 이를 구현하려면 반지름에 대한 축척이 필요하며, 항성의 밝기를 반지름으로 환산할 수 있어야 한다. 항성의 겉보기 등급magnitude 숫자가 낮을수록 항성의 밝기는 더 밝다. 즉 1등급의 항성이 3등급 항성보다 더 밝다.

```
// 등급 범위
var magExtent = d3.extent(data.features, function(d) {
    return d.properties.mag;
});

// 등급 범위에 따라 반지름 계산
var rScale = d3.scale.linear()
    .domain(magExtent)
    .range([3, 1]);
```

경로 생성자는 기본적으로 Point 타입의 feature에 대해 상수 값의 반지름을 가진 원을 만들어 낸다. 경로의 pathRadius 속성을 통해 반지름을 지정할 수 있다. 항성이 아닌 점 feature에 대해서도 동일한 경로 생성자를 사용할 것이므로 properties 속성이 없는 feature에 대해서는 정해진 기본값을 반환하도록 한다.

```
// 지리 경로 생성자 생성
var path = d3.geo.path()
    .projection(projection)
    .pointRadius(function(d) {
        return d.properties ? rScale(d.properties.mag) : 1;
    });
```

경로 생성자가 설정되면 격자선과 항성 feature를 svg 컨테이너에 추가할 수 있다.

```
// 격자선 추가
var graticule = d3.geo.graticule();

svg.selectAll('path.graticule-black').data([graticule()])
    .enter().append('path')
    .attr('class', 'graticule-black')
    .attr('d', path);

// 차트에 항성 그리기
svg.selectAll('path.star-black').data(data.features)
    .enter().append('path')
    .attr('class', 'star-black')
    .attr('d', path);
```

정방형 투영법을 적용하고, 격자선을 추가하고 별의 밝기를 기준으로 원의 반지름을 적용한 천체 지도는 다음과 같다.

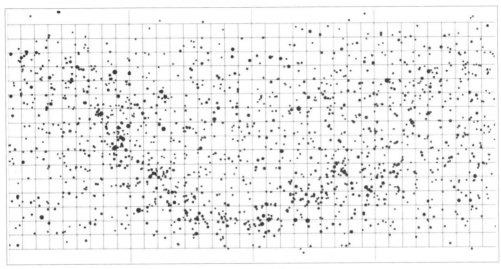

▲ 정방형 투영법으로 만든 천체 지도

투영 방식 변경과 회전 동작 추가

이제 정방형 투영법 대신 스테레오 투영법을 적용하고 지도에 스타일을 추가해서 더 매력적인 천체 지도를 만들어 보자. 사용자가 지도를 회전시킬 수 있는 드래그 동작도 추가한다. 앞 절에서 세계 지도에 회전 기능을 추가했던 것처럼, 투영 객체의 현재 회전 상태를 저장할 변수를 생성한다.

```
// 투영 객체의 현재 회전 상태 저장
var rotate = {x: 0, y: 45};
```

스테레오 투영 객체의 인스턴스를 생성하고 설정한다. 알맞은 축척을 선정하고, 투영 객체의 중심을 svg 컨테이너의 중심에 맞추고, 투영 객체를 클리핑clipping해서 천구의 일부분만 보이게 한다. 투영 객체의 초기 회전값 설정을 위한 변수도 사용한다.

```
// 스테레오 투영 객체 인스턴스 생성
var projection = d3.geo.stereographic()
    .scale(1.5 * height / Math.PI)
    .translate([width / 2, height / 2])
    .clipAngle(120)
    .rotate([rotate.x, -rotate.y]);
```

svg 컨테이너, 격자선, feature를 위한 코드는 앞 절에서 다룬 지구의 회전과 거의 비슷하기 때문에 여기서 다시 설명하지 않는다. 이 예제에 대한 전체 소스 코드는 chapter11/03-celestial-sphere 파일을 참고한다. 드래그 동작을 위해 보이지 않는 레이어를 추가해야 한다. 드래그 동작 인스턴스를 생성하고, 보이지 않는 레이어에 드래그 이벤트 리스너를 추가한다.

```
// 드래그 동작 인스턴스 생성 및 설정
var dragBehavior = d3.behavior.drag()
    .on('drag', drag);

// 드래그 이벤트 리스너를 보이지 않는 레이어에 추가
overlay.call(dragBehavior);
```

drag 함수는 사용자가 지도를 드래그할 때 호출된다. d3.event 객체는 드래그 동작의 x, y 좌표값을 저장한다. 앞 절에서 했던 것과 똑같은 방식으로 드래그 동작의 x, y 방향 이동량을 수평, 수직 회전각으로 환산해야 한다.

```
// 드래그 동작에 대한 콜백
function drag(d) {
    // 투영 객체 회전각 계산
    d.x = 180 * d3.event.x / width;
    d.y = -180 * d3.event.y / height;

    // 투영 회전각 업데이트
}
```

드래그 동작이 끝나면 투영 객체의 회전과 항성, 격자선을 업데이트해야 한다. 앞에서 클리핑 영역을 지정했는데, 클리핑 영역 밖에 있는 항성의 경로는 undefined가 된다. 클리핑 영역 밖에 있는 항성에 대해서는 단순히 undefined로 인한 에러를 피하는 용도의 의미 없는 svg 명령을 반환한다.

```
// 투영 객체 회전 업데이트
projection.rotate([d.x, d.y]);

// 항성과 격자선에 대한 경로 업데이트
stars.attr('d', function(u) {
    return path(u) ? path(u) : 'M 10 10';
});
lines.attr('d', path);
```

chapter11/maps.css 파일에서 배경색을 짙은 파란색으로 설정하고, 격자선과 항성은 흰색에 가까운 밝은색으로 설정했다. 지구에서 보는 항성을 근사치로 표현하고 회전 기능이 추가된 별자리 지도는 다음과 같다.

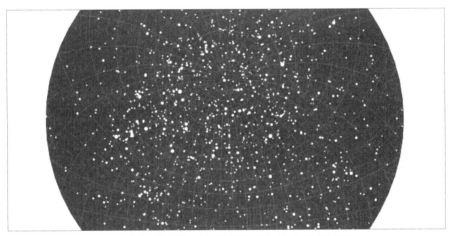

▲ 스테레오 투영법을 적용해서 만든 회전 가능한 별자리 지도

항성에 색과 레이블 추가

풀스크린fullscreen 버전의 별자리 지도를 만들어 보자. 이번 예제의 소스 코드는 chapter11/04-fullscreen 파일에 담겨 있다. 풀스크린이므로 body 요소와 div 요소가 전체 뷰포트viewport 영역을 사용하도록 body 요소, HTML 요소, 컨테이너 div의 너비와 높이를 100퍼센트로 지정하고, padding과 margin을 0으로 설정한다. svg 요소가 올바른 크기를 갖도록 브라우저가 페이지를 렌더링할 때 계산하는 너비와 높이의 픽셀값을 알아야 한다.

```
// 컨테이너 div의 너비와 높이 계산
var width = parseInt(div.style('width'), 10),
    height = parseInt(div.style('height'), 10);
```

앞에서 했던 것처럼 투영 객체와 경로 생성자를 생성한다. 이번에는 항성에 색을 추가한다. 각 항성 feature는 그 항성의 색상 지수color index를 나타내는 color 속성을 가지고 있다. 색상 지수는 항성의 색을 숫자로 나타낸다. 색상 지수를 정확히 표현할 수 있는 축척을 계산할 수는 없지만, 근사값으로 나타낼 수 있는 색 축척을 사용한다.

```
// 항성의 색상 근사값
var cScale = d3.scale.linear()
    .domain([-0.3, 0, 0.6, 0.8, 1.42])
    .range(['#6495ed', '#fff', '#fcff6c', '#ffb439', '#ff4039']);
```

항성을 그리는 경로의 fill 속성을 이용해서 각 항성의 색을 표시한다.

```
// svg 컨테이너에 항성 feature 추가
var stars = svg.selectAll('path.star-color')
    .data(data.features)
    .enter().append('path')
    .attr('class', 'star-color')
    .attr('d', path)
    .attr('fill', function(d) {
        return cScale(d.properties.color);
    });
```

각 항성에 레이블도 추가한다. 레이블의 위치는 투영 객체를 직접 이용해서 계산하고, 적당한 오프셋 값을 지정한다.

```
// 항성에 대한 레이블 추가
var name = svg.selectAll('text').data(data.features)
    .enter().append('text')
    .attr('class', 'star-label')
    .attr('x', function(d) {
        return projection(d.geometry.coordinates)[0] + 8;
    })
```

```
    .attr('y', function(d) {
        return projection(d.geometry.coordinates)[1] + 8;
    })
    .text(function(d) { return d.properties.name; })
    .attr('fill', 'white');
```

풀스크린 모드의 별자리 지도 시각화는 다음과 같다.

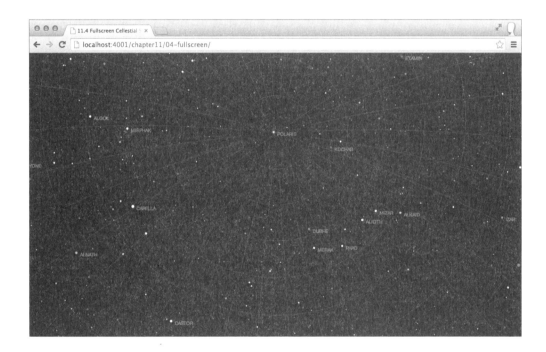

드래그 동작을 위한 보이지 않는 레이어를 추가하고, zoom 이벤트에 대한 콜백을
설정하고, zoom 함수 내부에서 레이블의 위치를 업데이트해서 풀스크린 모드의
회전 기능이 추가된 별자리 지도를 만들 수 있었다.

D3를 이용한 래스터 이미지 투사

지금까지 지도를 만들기 위해 svg를 사용해왔는데, 이번 절에서는 D3를 써서 래
스터raster 이미지를 canvas 요소에 투사하는 방법을 알아본다. 래스터 이미지를

캔버스에 투사하는 방법을 배우면 JPG나 PNG 이미지를 이용해서 지도를 만들 수 있다. 직교 투영법Orthographic projection을 적용해서 투사된 래스터 이미지는 다음과 같다.

직교 투영법(반드시 직교 투영일 필요는 없다)을 이용한 지구의 그림을 렌더링하려면 두 가지의 투영을 처리해야 한다. 먼저 이미지 역 투영image inverse projection을 이용해서 원본 이미지의 모든 픽셀의 위치를 지도 상의 좌표로 계산하는 것이다. 그리고 나서 직교 투영법에 따라 각 픽셀의 지도 상의 좌표를 렌더링하는 것이다. 바로 구현을 시작하기 전에, 먼저 역 투영에 대해 알아보자.

투영은 지도의 좌표를 화면 상의 점으로 매핑 시켜주는 함수다. 역 투영은 정반대의 일을 한다. 즉, 역 투영은 2차원 표면 상의 좌표값을 인자로 받아서 지도의 좌표값을 계산해서 반환한다. chapter11/05-raster 파일에 마우스가 가리키는 점을 지도 상의 좌표로 환산해 주는 예제가 포함되어 있다. D3가 제공하는 모든 투영법이 역 투영을 계산하는 invert 메소드를 가지고 있지는 않다는 점을 명심하자. 마우스가 가리키는 한 점을 지도 상의 좌표로 환산하는 것은 다음 그림을 보면 쉽게 알 수 있다.

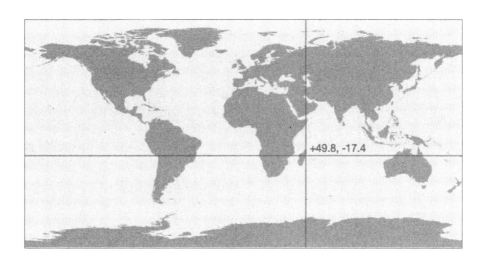

움직이는 마우스 커서가 가리키는 점에 해당하는 지도 상의 좌표값을 구하려면, 마우스가 움직이는 영역에서 발생하는 mouseover 이벤트에 대한 콜백을 추가해 야 한다.

```
// mouserover 이벤트에 대한 콜백
rect.on('mousemove', function() {
    // Compute the mouse position and the corresponding
    // geographic coordinates.
    var pos = d3.mouse(this),
    coords = equirectangular.invert(pos);
})
```

Next Generation Blue Marble 사진은 NASA(미국 항공 우주국)에서 촬영, 처리 및 공유하는 지구의 사진이다. 1픽셀이 500m를 나타내는 해상도로 작성된 사진은 월 단위로 업데이트 된나. 미국 항공 우주국 지구 관측소NASA Earth Observatory의 웹 사이트(http://earthobservatory.nasa.gov/Features/BlueMarble/)에서는 더 다양한 해 상도의 사진을 구할 수 있다. 이번 절에서는 Blue Marble 사진 중에서도 저해상 도 이미지를 사용할 것이다.

래스터 이미지를 캔버스에 렌더링

앞에서 말한 대로, 이번에는 화면에 있는 픽셀을 렌더링해야 하므로, 시각화를 만드는 데 svg를 사용하지 않을 것이다. 먼저 canvas 요소를 생성하고, Blue Marble 이미지를 로딩한 후, canvas 요소에 로딩한 이미지를 그려보자. 컨테이너 div에 대한 셀렉션을 생성하고 canvas 요소를 추가하고 너비와 높이를 지정한다.

```
// canvas 요소의 너비와 높이
var width = 600,
    height = 300;

// 컨테이너 div 셀렉션에 canvas 요소 추가
var div = d3.select('#canvas-image'),
    canvas = div.append('canvas')
        .attr('width', width)
        .attr('height', height);
```

canvas 요소는 단순하게 컨테이너라고 생각하면 된다. 도형을 그리려면 캔버스에서 2D 컨텍스트를 얻어와야 한다.

```
// 캔버스 인스턴스에서 2D 컨텍스트 획득
var context = canvas.node().getContext('2d');
```

Image 객체의 인스턴스를 생성하고, 이미지의 소스와 이미지가 완전히 로딩된 후 호출되는 콜백을 지정한다.

```
// image 요소 생성
var image = new Image;
image.onload = onLoad;
image.src = '/chapter11/data/world.jpg';
```

캔버스에서 획득한 컨텍스트에 이미지를 그리는 일은 onLoad 함수에서 담당한다. drawImage 메소드의 인자는 image 인스턴스, 소스 이미지 오프셋, 소스 이미지 크기, 결과 이미지 오프셋, 결과 이미지 크기다. 이번 예제에서는 소스 이미지 크기가 5400×2700픽셀이고 결과 이미지는 600×300픽셀이다.

```
// image 객체를 캔버스 컨텍스트에 복사
functiononLoad() {
    context.drawImage(image, 0, 0, image.width, image.height,
        0, 0, width, height);
}
```

Blue Marble 이미지는 다음과 같이 canvas 요소 안에 렌더링된다.

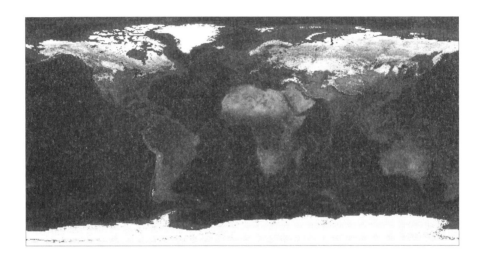

Blue Marble 이미지가 정방형 투영법Equirectangular projection으로 작성되었으므로,
정방형 투영 객체를 생성하고 invert 메소드를 통해 각 픽셀의 경위도 좌표값을
계산할 수 있다.

```
// 정방형 투영 객체 생성 및 설정
var equirectangular = d3.geo.equirectangular()
    .scale(width / (2 * Math.PI))
    .translate([width / 2, height / 2]);
```

픽셀의 지도 상의 좌표값 계산

canvas 요소에 mousemove 이벤트에 대한 이벤트 핸들러를 추가할 수 있다. d3.mouse 메소드는 인자로 받은 객체를 기준으로 상대적인 위치값을 반환한다. 여기에서는 canvas 요소 기준의 상대 위치값을 반환한다.

```
// mousemove 이벤트 핸들러 추가
canvas.on('mousemove', function(d) {

    // 캔버스 기준 마우스의 상대 위치 저회
    var pos = d3.mouse(this);

    // 현재 위치의 지도 상의 좌표값 계산
});
```

투영 객체의 invert 메소드를 사용하면 마우스 커서가 위치하는 지점의 지도 상의 좌표값을 계산할 수 있다. 마우스의 현재 위치의 지도 상의 좌표값을 화면에 표시하기 위해 캔버스 내의 이미지 좌상단에 작은 직사각형 영역을 비우고 fillText 메소드를 이용해서 좌표값을 표시한다.

```
// 마우스 현재 위치의 지도 상의 좌표값 계산
var coords = equirectangular.invert(pos);

// 좌표값을 나타내는 레이블 문자열 생성
var label = [fmt(coords[0]), fmt(coords[1])].join(', ');

// 좌상단에 작은 직사각형 영역 비우고 레이블 추가
context.clearRect(2, 2, 90, 14);
context.fillText(label, 4, 12);
```

invert 메소드를 이용해서 이미지 상의 특정 픽셀의 위치를 지도 상의 좌표값으로 표시하는 기능을 추가하면 다음과 같다.

직교 투영을 이용한 이미지 재투영

지금까지 이미지를 캔버스에 복사하는 방법과 캔버스 내의 이미지의 특정 픽셀의 지도 상의 좌표값을 invert 메소드를 사용해서 계산하는 방법을 알아봤다. 이제 지도 상의 좌표값을 가지고 원본 이미지에 사용된 정방형 투영법 대신에 직교 투영법을 적용해서 래스터 이미지를 재투영해 보자. 이미지를 다른 투영 방식으로 투영할 때는 다음과 같은 전략을 사용한다.

- 소스source 이미지를 canvas에 집어 넣고, 너비와 높이를 지정한다.

- 소스 이미지를 만드는 데 사용한 소스 투영 객체의 인스턴스를 생성하고, 축척과 중심점을 맞춘다.

- 비어 있는 결과target 이미지를 생성한다. 결과 이미지의 크기는 결과 투영 객체와 맞아떨어져야 한다.

- 결과 투영 객체의 인스턴스를 생성하고 설정한다. 직교 투영법을 적용해서 결과 투영 객체를 설정한다.

- 결과 투영 객체의 invert 메소드를 통해 결과 이미지의 각 픽셀의 지도 상의 좌표값을 계산한다. 소스 투영 객체를 이용해서 소스 이미지의 픽셀 정보를 알아내고, 픽셀의 정보를 결과 이미지에 복사한다.

절차가 좀 복잡해 보이기도 하지만, 기본적으로 소스 이미지의 픽셀을 결과 이미지로 복사하는 과정이다. 그 과정에서 각 픽셀이 어디로 복사되어야 하는 지 알아내기 위해 지도 상의 좌표계를 사용하는 것이다.

소스 이미지 로딩이 완료되면 캔버스 안에 소스 이미지를 그릴 수 있다. 캔버스 안에서 이미지는 배열로 표현된다. 소스 이미지의 데이터 배열을 읽고, 비어있는 결과 이미지를 생성하고 데이터를 가져온다.

```
// 이미지를 캔버스에 복사
function onLoad() {

    // 이미지를 캔버스 영역에 복사
    context.drawImage(image, 0, 0, image.width, image.height);

    // 캔버스 컨텍스트에서 소스 이미지 데이터 읽기
    var sourceData = context.getImageData(0, 0, image.width, image.
        height).data;

    // 비어 있는 결과 이미지 생성 및 데이터 획득
    var target = context.createImageData(image.width, image.height),
    targetData = target.data;

    // ...
}
```

결과 이미지는 아직 보이지 않지만 나중에 사용할 것이다. canvas 안에서 이미지는 2차원 행렬이 아니라 배열로 저장된다. 배열에서 4개의 원소가 하나의 픽셀을 형성하며, 4개의 원소는 각각 빨간색, 녹색, 파란색과 투명도를 나타내는 알파 값이다. 각 픽셀은 이미지 배열에 순차적으로 저장된다. 예를 들어 200×100픽셀의 이미지 배열에서 23×12에 위치한 픽셀의 빨간색 값의 위치는 4 * (200 * 11 + 23) = 844이다.

앞에서 사용한 계산식을 이용해서 이미지 데이터를 2차원 행렬인 것처럼 처리하면 더 이해하기 쉽다. 결과 이미지의 열과 행을 반복하면서 투영 객체의 invert 메소드를 사용해서 현재 픽셀의 지도 상의 좌표값을 계산할 수 있다.

```
// 결과 이미지 처리를 위한 반복문
for (var x = 0, w = image.width; x < w; x += 1) {
    for (var y = 0, h = image.height; y < h; y += 1) {

        // 각 픽셀의 지도 상의 좌표값 계산
        var coords = orthographic.invert([x, y]);

        // ...
    }
}
```

주어진 한 픽셀의 역 투영 값은 정해져 있지 않을 수도 있으므로, 먼저 체크해야 한다. 이제 소스 투영 객체를 이용해서 소스 이미지의 현재 위치의 픽셀 좌표를 계산할 수 있다. 이 픽셀이 결과 이미지로 복사되어야 할 픽셀이다.

```
// 소스 이미지와 결과 이미지의 인덱스
var targetIndex, sourceIndex, pixels;

// 역 투영 값이 정의되어 있는지 체크
if ((!isNaN(coords[0])) && (!isNaN(coords[1]))) {

    // 소스 픽셀 좌표 계산
    pixels = equirectangular(coords);

    // ...
}
```

어떤 소스 픽셀을 복사해야 하는지 알아내려면 소스 이미지 데이터 배열 및 결과 이미지 데이터 배열 상에서 해당 픽셀의 인덱스 값을 알아야 한다. 투영 후에 반환된 값이 정수가 아닐 수 있으므로 내림을 이용해서 정수 값으로 바꿔준다. 소스 이미지와 결과 이미지 모두에서 빨간색 채널의 인덱스 값이 4의 배수에 해당하는지 확인해야 한다.

```
// 빨간색 채널의 인덱스 계산
sourceIndex = 4 * (Math.floor(pixels[0]) + w *
    Math.floor(pixels[1]));
sourceIndex = sourceIndex - (sourceIndex % 4);
```

```
targetIndex = 4 * (x + w * y);
targetIndex = targetIndex - (targetIndex % 4);
```

앞에서 방금 계산한 인덱스를 토대로 빨간색, 녹색, 파란색, 투명도 등 4가지 채널
별로 값을 복사할 수 있다.

```
// 빨간색, 녹색, 파란색, 투명도 값 복사
targetData[targetIndex] = sourceData[sourceIndex];
targetData[targetIndex + 1] = sourceData[sourceIndex + 1];
targetData[targetIndex + 2] = sourceData[sourceIndex + 2];
targetData[targetIndex + 3] = sourceData[sourceIndex + 3];
```

픽셀별 반복문이 완료되면 결과 이미지의 데이터 배열 구성이 완료되어 캔버스에
그려질 준비가 끝난다. 캔버스 영역을 비우고 결과 이미지를 그린다.

```
// 캔버스 영역 비우고 결과 이미지 복사
context.clearRect(0, 0, image.width, image.height);
context.putImageData(target, 0, 0);
```

이제 직교 투영법을 이용해서 만든 Blue Marble 이미지가 다음과 같이 완성되
었다.

래스터 이미지를 지도에 재투사하는 것에 대해서는 알아야 할 내용이 많이 있다. 제이슨 데이비스Jason Davies가 만든 래스터 타일 투영과 줌 동작 추가에 대한 데모 (http://www.jasondavies.com/maps/raster/)가 참고할 만하다. WebGL을 통해 GPU 를 이용해서 래스터 이미지를 재투사하는 방법에 대한 상세한 문서가 함께 포함된 네이던 밴더Nathan Vander의 데모(http://andyet.iriscouch.com/world/_design/webgl/demo2.html)도 참고할 만하다.

정리

11장에서는 사용자의 액션에 따라 줌과 회전 동작을 할 수 있는 대화형 지도를 여러 가지 투영법을 이용해서 만들어봤다. 직교 투영법을 이용해서 줌과 회전이 가능한 세계 지도를 만들었고, 스테레오 투영법과 HYG 항성 목록을 이용해서 대화형 별자리 지도를 만들었다.

캔버스와 투영법을 조합하고 지구의 실제 모습을 형상화한 래스터 이미지를 투영해서 지구의 실제 모습과 가까운 지도를 만드는 방법도 알아봤다.

12장에서는 데이터 시각화에 소셜 미디어를 추가하는 방법과 여러 사용자가 동시에 데이터 시각화 결과물과 상호 작용할 수 있게 만드는 방법을 알아본다.

12
실시간 애플리케이션 제작

12장에서는 사용자가 지정한 토픽topic에 대한 지리 정보 태그geotag를 포함하고 있는 트윗tweet의 분포를 실시간으로 탐색해 볼 수 있는 애플리케이션을 만들어 본다. 이 애플리케이션을 만드는 과정에는 서버 애플리케이션 개발과 클라이언트 애플리케이션 개발이 모두 포함된다.

서버 애플리케이션은 클라이언트의 접속을 처리하고, 클라이언트에서 토픽을 받고, 트위터에서 해당 토픽과 관련된 트윗을 받아서, 해당 토픽을 등록한 클라이언트에게 트윗을 보내는 스트리밍 서버 역할을 한다.

클라이언트 애플리케이션은 스트리밍 서버와 연결하고, 사용자가 스트리밍 서버에 연결되면 스트리밍 서버에 토픽을 보내고, 스트리밍 서버로부터 토픽과 관련된 트윗을 받아서 실시간으로 시각화한다.

먼저 클라이언트 애플리케이션에서 실시간 상호 작용 구현에 필요한 기초 내용을 배워본다. 8장에서 만들었던 HDIHuman Development Index 탐색기를 사용한다. HDI

탐색기는 실시간 애플리케이션을 구현하는 데 필요한 백엔드 서비스를 제공한다.

클라이언트 쪽 실시간 커뮤니케이션 구현에 필요한 내용을 알아본 후, 노드와 Twit, 실시간 커뮤니케이션을 지원하는 라이브러리인 Socket.IO를 이용해서 서버 사이드 애플리케이션을 구현한다. 마지막으로 백본과 Socket.IO, D3를 써서 클라이언트 사이드 애플리케이션을 완성한다.

Firebase를 사용한 실시간 협업

애플리케이션의 상태를 공유하면, 해당 상태를 공유하는 사용자를 그룹 단위로 묶어서 시각화 관련 협업을 편리하게 할 수 있다.

일반적으로 애플리케이션의 상태를 공유하는 기능을 추가하려면 서버의 설치와 설정이 필요하고, 브라우저의 클라이언트 사이드 코드와 커뮤니케이션할 수 있는 웹소켓WebSocket 같은 기술을 사용해야 한다. Firebase는 실시간 데이터 스토리지와 클라이언트 코드를 사용하는 애플리케이션 인스턴스 사이의 동기화synchronization를 제공해주는 서비스다. 한 애플리케이션에서 데이터가 변경되면 Firebase는 연결된 다른 클라이언트에 변경을 전파해서 다른 클라이언트가 자신의 상태를 업데이트할 수 있게 한다. Firebase는 OS X, iOS, 자바, 자바스크립트를 포함한 다양한 플랫폼을 지원하는 라이브러리를 포함하고 있다. 이 절에서는 Firebase의 자바스크립트 라이브러리를 이용해서 HDI 탐색기 애플리케이션에 실시간 동기화 기능을 추가할 것이다.

HDI 탐색기에 동기화 기능을 추가하면, 사용자가 어떤 한 국가의 HDI 지수를 보고 있는 중에 아무 동작도 하지 않았는데도 갑자기 다른 국가의 HDI 지수가 화면에 나타나게 되므로 사실 대단히 어색한 기능일 수도 있다. 하지만 여러 사용자가 각자의 컴퓨터 화면에서 동일한 화면을 보면서 토론하는 상황에서는 동기화 기능이 아주 유용하다. 이 두 가지 시나리오에 대해 따로 대응하기 위해, 기존 index 페이지는 그대로 두고, 동기화 기능이 추가된 HDI 탐색기 애플리케이션용 새 화

면을 만들 것이다. 이 절에서 다루는 예제의 전체 소스는 hdi-explorer 저장소의
firebase.md 파일에 있다.

Firebase 설정

Firebase를 통해 실시간 기능을 지원하려면 Firebase 계정을 먼저 만들어야 한
다. Firebase는 50개의 연결과 100MB의 저장 공간을 제공하는 개발용 무료 계
정을 만들 수 있는데, 이 정도면 우리가 만들 애플리케이션에서 사용하기에 충분
하다. Firebase 계정을 만들고 나면 새 애플리케이션을 추가할 수 있다. 애플리케
이션의 이름은 hdi-explorer로 한다. 이 이름은 애플리케이션의 URL에 사용되
며, 우리 애플리케이션의 URL은 http://hdi-explorer.firebaseio.com이 된다. 이
URL에 접속하면 애플리케이션을 화면에서 볼 수 있고 애플리케이션 데이터를 수
정할 수도 있다. HDI 탐색기 애플리케이션의 국가 코드를 저장할 code 속성을 가
진 객체 하나를 생성하면, 바우어를 이용해서 자바스크립트 라이브러리를 설치할
수 있다.

```
$ bower install --save-dev firebase
```

앞의 명령을 실행하면 bower_components 디렉토리에 Firebase가 설치된다.
Gruntfile을 이용하면 Firebase 라이브러리와 그 외 의존 라이브러리를 합쳐서
dependencies.min.js 파일로 묶을 수 있다. HDI 탐색기 애플리케이션을 위한
Firebase 데이터는 다음 화면에서 볼 수 있다.

Firebase 클라이언트를 사용해서 Firebase 애플리케이션에 접속할 수 있다. firebase.md 파일의 맨 끝에 동기화 기능을 구현한 코드를 담고 있는 script 요소를 추가하고, HDI 탐색기 데이터에 대한 Firebase 참조 객체 인스턴스를 생성한다.

```
<script>
    // Firebase 애플리케이션에 접속
    var dataref = new Firebase('https://hdi-explorer.firebaseio.com/');

    // 애플리케이션 콜백
</script>
```

Firebase와 애플리케이션 통합

Firebase와 통합하기 전에 HDI 탐색기 애플리케이션의 구조를 다시 한 번 되집어 보자. 애플리케이션 컴포넌트를 구조화하기 위해 백본을 사용했고, 애플리케이션의 모델의 데이터 소스로 세계 은행World Bank에서 제공하는 REST API를 사용했다.

HDI 탐색기 애플리케이션은 ApplicationModel, CountryTrend, CountryInformation 이렇게 세 개의 모델로 이루어져 있다. ApplicationModel 은 애플리케이션의 상태를 관리하며, 애플리케이션의 상태는 사용자가 선택한 세 자리 글자의 국가 코드로 정의된다. CountryTrend 모델은 HDI 지수의 시계열 데이터를 포함하고 있으며, CountryInformation 모델은 교육 수준, 기대 수명, 평균 소득 등 HDI 지수의 주요 구성 요소에 대한 정보를 담고 있다.

Countries 컬렉션은 CountryTrend 모델의 인스턴스를 포함하고 있다. Countries 컬렉션은 검색 뷰와, HDI 추이를 볼 수 있는 차트를 보여주는 뷰를 가지고 있다. CountryInformation 모델은 화면 오른쪽에 주요 지표의 수치를 표 형식으로 보여주는 뷰를 가지고 있다. HDI 탐색기 애플리케이션의 전체적인 모습은 다음과 같다.

애플리케이션을 구성하는 모든 요소들은 app/setup.js 파일에서 초기화되어 생성된다. 인스턴스와 change:code 이벤트에 대한 콜백 등이 app/setup.js 파일에 정의되어 있다. 사용자가 검색 창에서 국가를 검색하고 선택하면 그에 맞게 뷰가 변경되어야 한다. 연결된 사용자들 사이에서 애플리케이션의 상태를 동기화하려면 국가 코드를 동기화해야 한다.

데이터는 비동기 콜백을 통해 Firebase에서 읽어올 수 있다. 콜백은 데이터를 처음 가져올 때나 나중에 다시 가져올 때나 동일한 방식으로 호출된다. 현재 위치에 있는 어떤 객체라도 변경되거나 추가되거나 제거되거나 이동되면 그에 따른 이벤트가 발생한다. 모든 수정 사항에 대해 value 이벤트가 발생한다. 다음과 같이 애플리케이션의 상태를 변경하기 위해 value 이벤트 및 콜백을 설정한다.

```
// 애플리케이션 상태 업데이트
dataref.on('value', function(snapshot) {
    app.state.set('code', snapshot.val().code);
});
```

국가 코드의 변경처럼 현재 위치에서 어떤 변경이 생기면 value 이벤트가 발생하고, 현재 상태의 데이터의 스냅샷이 인자로 전달되면서 콜백을 호출하게 된다. 이 스냅샷은 애플리케이션의 현재 상태를 나타내는 최신의 객체를 포함하고 있다. 스냅샷 객체의 val() 메소드를 호출함으로써 스냅샷에 포함된 최신의 객체에 접근할 수 있고, code 값을 조회하면 현재 선택된 국가 코드 값을 얻을 수 있다.

Firebase에 있는 코드 값을 수정하면 동일한 URL에 접속하고 있는 사용자의 애플리케이션 인스턴스도 함께 업데이트 된다. 그리고 애플리케이션의 상태 변화가 Firebase의 상태 변화를 발생시키도록 동기화되어야 한다. 그러려면 Firebase의 데이터를 업데이트할 수 있는 이벤트 리스너를 애플리케이션에 추가해야 한다.

```
// 모델이 현재 선택된 국가 코드 값으로 객체를 업데이트한다.
app.state.on('change:code', function(model) {
    dataref.set({code: model.get('code')});
});
```

set 메소드는 Firebase 인스턴스의 국가 코드 값을 업데이트하고, 결과적으로 firebase 페이지에 접속하고 있는 다른 사용의 뷰도 업데이트된다.

이 절에서는 8장 데이터 기반 애플리케이션에서 만들었던 애플리케이션에 실시간 상호 작용 기능을 추가하는 방법을 알아봤다. 백엔드에서 발생하는 이벤트에 대한 콜백을 추가해서 클라이언트 사이드의 상태를 변경하는 방법도 배웠다.

트위터 탐색기 애플리케이션

이 절에서는 주어진 시점에 지리 정보가 태그된 트윗의 분포를 탐색할 수 있는 애플리케이션을 만들어 볼 것이다. 사용자는 입력란input box에 관심 있는 토픽을 입력할 수 있다. 이 토픽은 서버 애플리케이션에 전송되고, 서버 애플리케이션은 토픽과 관련된 트윗을 클라이언트로 보낸다. 이 애플리케이션은 어떤 토픽에 대한 관심의 지리적 분포를 추적하는데 사용될 수 있다. 예를 들어 세계의 어느 지역에서 어떤 종류의 음식에 대한 얘기가 오가는지에 대해 흥미를 가진 사용자도 있을 수 있고, 지진과 관련된 사건에 대한 트윗 스트림을 모니터링하고 싶어하는 사용자도 있을 수 있고, 특정 브랜드에 대한 멘션mention을 추적하고 싶어하는 사용자도 있을 수 있다. 우리가 만들 애플리케이션은 동시에 접속하는 다수의 사용자를 지원하고, 각 사용자는 원하는 토픽을 다섯 개까지 추가할 수 있다.

클라이언트 애플리케이션의 모습은 다음과 같다.

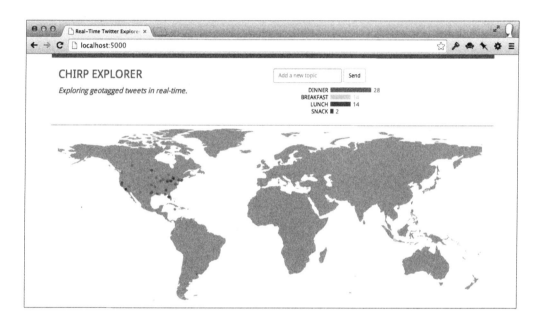

이번에 만들 애플리케이션은 크게 두 개의 컴포넌트로 구성되어 있다. 하나는 스트리밍 서버이고 다른 하나는 클라이언트 애플리케이션이다. 스트리밍 서버는 사용자와의 연결을 처리하고, 트위터 스트리밍 API를 이용해서 추적할 전체 토픽 목록을 관리하고, 해당 토픽을 선택한 클라이언트에게 관련 트윗을 전달한다. 사용자의 연결이 끊어지면 스트리밍 서버는 토픽 목록에서 해당 사용자의 토픽을 제거한다. 사용자의 연결을 관리하고 트윗을 전송하는 스트리밍 서버는 노드와 Socket.IO를 사용해서 구현하고, 트위터 스트리밍 API에 대한 연결을 처리하기 위해 Twit 모듈을 사용한다.

클라이언트 애플리케이션은 스트리밍 서버와 연결하고, 새로운 토픽을 보내고, 막대 차트와 지도 컴포넌트를 업데이트한다. 클라이언트 애플리케이션을 구현하는 데는 백본, 부트스트랩, Socket.IO, D3를 이용할 것이다.

먼저 스트리밍 서버 구현을 위해 트위터 스트리밍 API와 Socket.IO의 사용법을 익혀보고, 그 다음에 클라이언트 애플리케이션을 구현해 보자.

스트리밍 서버 생성

이 절에서는 노드를 이용해 스트리밍 서버를 만들어본다. 스트리밍 서버는 클라이언트로부터의 연결과 트위터 스트리밍 API에 대한 연결을 처리하고, 클라이언트의 토픽 목록을 관리하고, 토픽과 관련된 트윗을 트위터 스트리밍 API를 통해 받아서 클라이언트에게 전달한다.

트위터 인증 토큰을 만드는 것으로 시작해서, 트위터 API에 대한 연결을 관리하는 Twit 모듈 사용법을 알아보고, 서버와 클라이언트 애플리케이션 사이의 실시간 커뮤니케이션을 처리하는 Socket.IO 사용법도 배워본다.

이 절에서 다루는 예제를 따라하려면, 터미널에서 chirp-server 프로젝트 디렉토리를 열고 다음 명령을 실행해서 의존 라이브러리를 설치해야 한다.

```
$ npm install
```

명령을 실행하면 node_modules 디렉토리가 생성되고 의존 라이브러리가 다운로드 된다. 아직 노드를 설치하지 않았다면 http://nodejs.org/download/에서 각자의 플랫폼에 맞는 바이너리를 다운로드하고 제공되는 설명에 따라 설치한다.

트위터 스트리밍 API

트위터는 개발자가 트위터의 글로벌 트윗 스트림에 접근할 수 있도록 여러 가지 스트리밍 API를 제공한다. 다음의 종단점endpoint을 통해 서로 다른 스트림에 접근할 수 있다.

- statuses/sample: 공개된 트윗 중의 일부에 대한 작은 양의 샘플에 접근할 수 있다. 이 종단점에 연결된 모든 애플리케이션은 모두 똑같은 트윗을 전달받는다.
- statuses/filter: 하나 이상의 서술어predicate에 해당하는 공개된 트윗을 반환한다. 이번 프로젝트에서는 이 statuses/filter 종단점을 이용한다.
- statuses/firehose: 모든 공개된 트윗을 반환한다. 이 종단점에 연결하려면 별도의 접근 조건을 충족해야 한다.

그 외에 특정 사용자나 웹사이트의 공개된 트윗에 접근할 수 있게 해주는 statuses/user와 statuses/site 종단점도 있다. 애플리케이션이 트위터 종단점과 연결되면 트위터 피드feed를 전송받을 수 있다.

이 절의 예제를 실행하려면 트위터 애플리케이션 관리 페이지(https://apps.twitter.com/)에서 새 애플리케이션을 생성하고 API 키를 생성해야 한다. 그리고 consumer 키와 consumer 비밀번호, 접근 토큰과 접근 토큰 비밀번호도 필요하다.

프로젝트 루트 디렉토리에 있는 credentials.js 파일은 애플리케이션의 인증 토큰 정보를 저장할 수 있는 구조를 미리 만들어 제공하고 있다. 파일에서 xxx로 표시된 부분을 실제의 인증 정보로 대체하면 되고, 같은 구조로 된 새 파일을 만들어 작성해도 상관없다. 어느 방식으로 하든 인증 정보가 새어 나가지 않도록 주의해야 한다. 인증 정보가 실수로 깃허브에 푸시되지 않도록 .gitignore 파일에 credentials.js 파일을 등록하는 것도 좋은 방법이다.

```
// 인증 토큰(xxx를 실제 정보로 바꿔야 한다)
module.exports = {
    "consumer_key": "xxx",
    "consumer_secret": "xxx",
    "access_token": "xxx",
    "access_token_secret": "xxx"
}
```

Twit을 이용하여 트위터 스트리밍 API에 접근

앞에서 설명한 것처럼 트위터 스트리밍 API에 접속하기 위해 Twit 노드 모듈 (https://github.com/ttezel/twit/)을 이용할 것이다. Twit은 REST와 스트리밍 API 모두를 처리할 수 있고, 연결이 계속 살아있도록 유지되도록 해 주며, 연결이 끊어지면 자동으로 재연결을 시도한다. 01-twitter-sample.js 파일에는 statuses/sample 스트림에 접근하는 코드가 담겨 있다. 먼저 twit 모듈을 임포트하고 설정 모듈을 로딩한다.

```
// Node 모듈 임포트
var Twit = require('twit'), // 트위터 API 클라이언트
    config = require('./credentials.js'); // 인증 정보
```

config 객체는 credentials.js에 담겨 있는 인증 정보를 저장한다. 이제 인증 정보를 설정하고 statuses/sample 스트림에 접속해 보자.

```
// 인증 정보를 담고 있는 config 객체를 인자로 넘겨서 Twit 객체를 생성한다.
var T = new Twit(config);

// 샘플 스트림에 연결하고 리스닝(listening)한다.
var stream = T.stream('statuses/sample');
```

stream 객체는 노드에 내장된 EventEmitter 클래스 인스턴스다. EventEmitter 클래스는 커스텀 이벤트를 만들고 커스텀 이벤트 리스너를 추가할 수 있게 해준다. 트위터 API를 통해 트윗을 받을 수 있도록 tweet 이벤트와 이벤트 리스너를 등록한다.

```
// 트윗이 올 때마다 콜백이 실행된다.
stream.on('tweet', function(tweet) {
    // 트윗을 받아 처리할 내용을 여기에 작성한다.
});
```

tweet 객체는 생성일, 트윗 ID, 트윗 내용, 트윗 작성자, 작성 언어, 해시 태그나 멘션mention 같은 트윗 엔티티 등 트윗에 대한 여러 가지 정보를 담고 있다. tweet 객체의 전체 속성에 대한 설명은 트위터에서 제공하는 가이드(https://dev.twitter.

358

com/docs/platform-objects/tweets)를 참고한다. tweet 객체의 전형적인 구조는 다음과 같다.

```
{
    created_at: 'Thu May 15 22:27:37 +0000 2014',
    ...
    text: 'tweet text...',
    user: {
        name: 'Pablo Navarro',
        screen_name: 'pnavarrc',
        ...
    },
    ...
    coordinates: {
        type: 'Point',
        coordinates: [ -76.786264, -33.234588 ]
    },
    ...
    entities: {
        hashtags: [],
        ...
    },
    lang: 'en'
}
```

이전 장에서 GeoJSON 객체를 다룰 때 coordinates라는 속성을 본 적이 있을 것이다. 여기에서 사용된 coordinates 속성에는 트윗이 작성된 위치의 근사값이 담겨 있다. 이 coordinates 속성을 가진 트윗은 샘플 스트림에 있는 트윗의 10퍼센트 이하 밖에 안되지만, 이 속성을 이용해서 재미있는 기능을 만들 수도 있다.

stream 객체는 다른 이벤트도 처리한다. connect 이벤트는 Twit 객체가 트위터 스트리밍 API에 연결하려고 할 때 발생된다.

```
stream.on('connect', function(msg) {
    console.log('Connection attempt.');
});
```

연결에 성공하면 connected 이벤트가 발생된다. 애플리케이션이 실행되고 있는 동안 트위터 스트림은 여러a 차례 중단될 수도 있다는 점을 기억해야 한다. 연결이 끊어지면 Twit 객체는 트위터에서 정한 재연결 가이드라인에 따라 자동으로 재연결을 시도한다.

```
// 연결 성공
stream.on('connected', function(msg) {
    console.log('Connection successful.');
});
```

재연결 시점에 도달하면 reconnect 이벤트가 발생되며, 요청 객체, 응답 객체와 재연결 간격을 이벤트 리스너에 전달한다.

```
// 재연결 시도
stream.on('reconnect', function(req, res, interval) {
    console.log('Reconnecting in ' + (interval / 1000) + ' seconds.');
});
```

트위터는 우리 애플리케이션에 전달될 트윗으로 구성된 큐_{queue}를 생성한다. 애플리케이션이 전달받은 트윗을 빨리 처리하지 못하면 트위터의 큐에 트윗이 점점 쌓이게 되고, 트위터는 애플리케이션에게 경고 메시지를 보낸다. 경고 메시지를 받으면 Twit 객체는 warning 이벤트를 발생시키고 콜백 함수에 트위터에서 받은 경고 메시지를 전달한다.

```
// 전달 받은 트윗을 애플리케이션이 빨리 처리하지 못하는 경우 경고 발생
stream.on('warning', function(msg) {
    console.warning('warning')
});
```

트위터는 여러 가지 이유로 스트림 연결을 종료할 수 있다. 연결을 종료하기 전에 트위터는 애플리케이션에 연결 종료에 대한 정보를 알려주고, Twit 객체는 그에 상응하는 이벤트를 발생시킨다. Twit에서 사용되는 이벤트의 전체 목록은 Twit 프로젝트 저장소인 https://github.com/ttezel/twit을 참고한다.

이 절에서 사용하는 프로젝트 저장소에는 statuses/sample와 statuses/filter에 연결하는 예제가 있다. 01-twitter-sample.js 파일에는 트위터 인증 정보를 설정

하고 statuses/sample 종단점에 연결해서 트위터에서 전달받은 트윗을 터미널에 출력하는 예제가 담겨 있다. 이 예제를 실행하려면 프로젝트 루트 디렉토리에서 다음의 명령을 실행한다.

```
$ node 01-twitter-sample.js
```

명령을 실행하면 트윗이 올 때마다 터미널에 출력된다. 앞에서도 설명했지만 sample 외에도 다양한 종단점을 사용할 수 있다. statuses/filter 스트림은 특정 토픽에 관련된 스트림을 받을 수 있다. 스트림 객체는 여러 가지 토픽을 나타내는 키워드를 쉼표로 구분한 문자열을 받는다. good morning과 breakfast라는 토픽을 넘기면, good morning이나 breakfast에 해당하는 트윗이 스트림을 통해 애플리케이션으로 전달된다.

02-twitter-filter.js 파일에는 추적할 토픽 목록을 정의하고 statuses/filter 종단점에 연결해서 토픽 목록을 전달하는 예제가 담겨 있다.

```
// 추적할 토픽 목록
var topics = ['good morning', 'breakfast'];

// 특정 토픽에 대한 트윗 구독(subscribe)
var stream = T.stream('statuses/filter', {track: topics});
```

트위터는 트윗의 내용, 트윗 작성자 이름, 화면 이름, 해시 태그나 URL 같은 엔티티와 토픽 목록을 비교해서 어떤 트윗이 토픽에 해당하는지 판별한다. 하지만 전달되는 트윗에는 어떤 키워드 때문에 토픽에 해당하는 것으로 분류되었는지에 대한 정보는 포함되지 않는다. 우리 애플리케이션에서는 이 정보가 필요하므로 tweet 콜백에서 어떤 키워드 때문에 토픽에 해당하는 것으로 분류되었는지 체크할 것이다.

Socket.IO

Socket.IO는 클라이언트와 서버 사이에 실시간 커뮤니케이션을 가능하게 해주는 자바스크립트 라이브러리다. Socket.IO는 브라우저에서 실행되는 클라이언트 라이브러리와 노드에서 실행되는 서버 라이브러리로 구성되어 있다.

이번 예제에서는 클라이언트가 서버로 메시지를 보내면, 서버도 메시지를 받았다는 내용을 클라이언트에 다시 알려주는 애플리케이션을 작성해 볼 것이다. 03-socketio-example.js 파일에 서버 애플리케이션 코드가 있고, socketio-example.html에 클라이언트 애플리케이션 코드가 있다. 클라이언트 애플리케이션의 스크린샷은 다음과 같다.

Socket.IO Example

send a message to the server

[16:43:01] server : Message "Hi Server!" received.
[16:43:01] client : Hi Server!

먼저 서버 쪽 코드를 구현해 보자. Socket.IO를 사용하기 위해 socket.io 모듈을 임포트한다.

```
// Socket.IO 모듈 임포트
var IOServer = require('socket.io');
```

이제 Socket.IO 서버 인스턴스를 생성할 수 있다. Socket.IO에 내장된 서버를 사용할 수도 있고, HTTP나 express 모듈에서 제공하는 외부 서버의 인스턴스로 생성할 수도 있다. 여기에서는 내장된 서버를 사용한다. 포트 번호를 인자로 넘기면 서버의 인스턴스를 생성하여 구동할 수 있다.

```
// 7000포트에서 서버 시작
var io = new IOServer(7000);
```

이제 서버가 연결을 받아들이고 메시지를 받을 준비가 되었다. 이 시점에서 서버는 7000포트에 리스닝하고 있는 것 외에 아무런 일도 하지 않는다. connect 이벤트를 처리할 콜백 함수를 추가한다. 이 콜백 함수는 socket 객체를 인자로 받는다. socket은 클라이언트 쪽에서 연결할 종단점이 된다.

```
// 소켓 연결 대기
io.on('connection', function(socket) {

    // 연결 시 소켓 ID 출력
    console.log('Client ' + socket.id + ' connected.');

    // 소켓 이벤트 리스너 추가
});
```

클라이언트가 서버에 연결되면 다음과 같이 소켓 ID를 표시한다.

```
$ node 03-socketio-example.js
Client ID pkOXiCmUNgDVRP6zAAAC connected.
```

이제 소켓 이벤트에 대한 리스너를 추가할 수 있다. 연결 종료 시 로그를 출력하도록 disconnect 이벤트에 대한 콜백을 추가한다.

```
// 클라이언트 연결 종료 시 로그 메시지 출력
socket.on('disconnect', function() {
    console.log('client disconnected.');
});
```

커스텀 이벤트에 대한 리스너도 추가할 수 있고, 콜백 함수에 직렬화 된 자바스크립트 객체도 매개변수로 보낼 수 있다. Socket.IO는 바이너리 데이터 전송도 지원한다. client-message라는 커스텀 이벤트에 대한 콜백을 추가한다.

```
// 서버는 소켓에 연결된 클라이언트에 응답 메시지를 보낼 수 있다.
socket.on('client-message', function (data) {
    socket.emit('server-message', {
        msg: 'Message "' + data.msg + '" received.'
    });
});
```

client-message 이벤트에 대한 콜백은 클라이언트가 보낸 메시지를 잘 받았다는 내용의 메시지를 클라이언트에게 보낸다. io.emit('event name', parameters)와 같은 방식으로 서버에 연결된 모든 클라이언트에게 메시지를 보낼 수 있다.

Socket.IO는 아주 쓸모 있는 클라이언트 쪽 라이브러리도 제공한다. 구동 중인 서버에서 클라이언트 라이브러리를 읽을 수도 있고, 독립적으로 다운로드할 수도 있다. 여기에서는 /socket.io/socket.io.js를 서버의 URL에 추가해서, 구동 중인 서버에서 클라이언트 라이브러리를 읽어오는 방식을 사용한다. 클라이언트 쪽 코드는 프로젝트 디렉토리의 socketio-example.html 파일에 담겨 있다. 방금 설명한 대로 이번 예제에서는 다음과 같이 구동 중인 서버에서 클라이언트 라이브러리를 읽어온다.

```
<script src="http://localhost:7000/socket.io/socket.io.js"></script>
```

로컬 PC가 아닌 외부 장치에서 서버를 구동한다면 localhost를 실제 URL로 바꿔야 한다. 사용자가 서버로 보낼 메시지를 입력할 수 있도록 웹 페이지에 input 요소를 추가한다. input 요소 아래에는 클라이언트와 서버에서 온 모든 메시지를 보여주는 목록이 표시된다. 먼저 전송된 메시지가 목록의 아래쪽에, 최근 메시지가 목록의 가장 위에 표시되도록 한다.

```
<div class="container">
    <h1>Socket.IO Example</h1>

    <!-- 보낼 메시지를 입력할 수 있는 input 요소 -->
    <form role="form" class="form-horizontal" id="msgForm">
        <div class="form-group">
            <label for="msgToServer" class="col-sm-1">Message</label>
            <div class="col-sm-9">
                <input type="text" class="form-control input-sm"
                        id="msgToServer" placeholder="Send a message to
                            the server.">
            </div>
            <button type="submit" class="btn btn-default btn-sm">Send</
                button>
        </div>
    </form>

    <!-- 메시지 목록 -->
    <ul id='msg-list' class='list-unstyled'></ul>
</div>
```

서버와 연결해서 메시지 목록을 업데이트하는 스크립트를 추가한다. 사용자 입력과 메시지 목록을 업데이트하는 데 D3를 사용할 것이다. 먼저 Socket.IO 서버와 연결해 보자.

```
// Socket.IO 서버에 연결
var socket = io('http://localhost:7000');
```

여기에서는 socket 변수가 서버의 종단점을 참조하고 있다. 클라이언트 API는 서버의 API와 거의 비슷하다. 서버 쪽의 socket 객체와 비슷하게 클라이언트의 socket 객체도 연결이 성립되면 connect 이벤트를 발생시킨다.

```
// 연결이 성립되면 콜백이 호출된다.
socket.on('connect', function() {
    console.log('Successful connection to the server.');
});
```

메시지를 목록으로 표시하기 위해 메시지, 보낸이, 시간 정보를 배열에 저장한다. 각 메시지의 시간을 익숙한 형식으로 표시하기 위해 D3의 시간 형식 구성자time formatter 메소드를 이용한다.

```
// 메시지 목록을 위한 변수 선언 및 시간 형식 구성자 메소드
var messages = [],
    dateFmt = d3.time.format('[%H:%M:%S]');
```

#message를 통해 input 요소의 셀렉션을 만들고 submit 이벤트 리스너를 추가한다. submit 이벤트가 발생하면 input 요소에 입력된 값을 메시지 내용으로 해서 서버에 보낸다. d3.event.preventDefault()는 form이 자동으로 form 값을 서버에 submit하는 것을 방지한다.

```
d3.select('#msg-form').on('submit', function() {

    var inputElement = d3.select('#message').node(),
        message = inputElement.value.trim();

    // message가 비어 있지 않으면 서버에 메시지 전송
    if (message) {
        // 메시지를 서버에 전송
```

```
    }

    d3.event.preventDefault();
});
```

client-message 신호를 보내기 전에 input 요소의 값이 비어 있는지 확인한다.
메시지를 전송하고 나면 input 요소의 값을 지워서 새로운 메시지를 입력받을 수
있게 한다.

```
// 메시지가 비어 있지 않은지 확인
if (message) {
    // 서버에 메시지 전송
    socket.emit('client-message', {msg: message});

    // 메시지 목록에 메시지 추가
    messages.push({
        from: 'client',
        date: new Date(),
        msg: message
    });

    // 메시지 목록 업데이트
    updateMessages();

    // 전송된 메시지를 지워서 새 메시지를 입력받을 수 있게 한다.
    this.reset();
}
```

updateMessages 함수는 메시지를 시간 순으로 정렬하고, li 요소에 대한 셀렉션
을 만들어서 enter 셀렉션에 추가한다. li 요소는 메시지의 시각, 보낸이, 내용을
담게 된다. 클라이언트가 보낸 메시지와 서버에서 받은 메시지를 구분하기 위해
메시지의 색을 다르게 지정한다.

```
// 메시지 목록 업데이트
function updateMessages() {

    // 최신 순으로 메시지 정렬
    messages.sort(function(a, b) { return b.date - a.date; });
```

```
    // li 요소에 대한 셀렉션 생성
    var li = d3.select('#msg-list')
        .selectAll('li').data(messages);

    // enter 셀렉션에 li 셀렉션 추가
    li.enter().append('li');

    // li의 클래스 및 내용 업데이트
    li
        .attr('class', function(d) { return d.from; })
        .html(function(d) {
            return [dateFmt(d.date), d.from, ':', d.msg].join(' ');
        });
}
```

메시지 목록은 사용자가 메시지를 서버로 보내거나 서버에서 메시지를 받을 때 업데이트된다. 애플리케이션의 스크린샷은 다음과 같다.

스트리밍 서버 구현

앞 절에서는 Twit 모듈을 써서 트위터 스트리밍 API 종단점에 연결해서 트윗을 받는 법을 알아봤다. 그리고 Socket.IO 모듈을 써서 노드 서버와 클라이언트 사이에 양방향 커뮤니케이션을 구현하는 방법도 배웠다. 이 절에서는 Twit 모듈과 Socket.IO 모듈을 이용해서 다수의 클라이언트가 각자 자신만의 토픽을 트위터에서 실시간으로 추적할 수 있게 해주는 서버를 만들어 볼 것이다.

사용자가 애플리케이션에 접속하면 스트리밍 서버와의 연결이 성립된다. Socket.IO 모듈은 연결, 재연결을 관리하며, 필요할 경우 이상 없음 신호heartbeat를 보내기도 한다. 사용자는 스트리밍 서버를 통해 5개까지의 토픽을 등록하고 관련 트윗을 받을 수 있다.

스트리밍 서버는 다수의 클라이언트와의 연결과 트위터 스트리밍 API와의 연결을 관리한다. 클라이언트가 새로운 토픽을 추가하면, 스트리밍 서버는 토픽 목록에 새 토픽을 추가한다. 스트리밍 서버는 새 트윗이 도착하면 토픽 리스트에서 어떤 토픽에 해당하는지 검사하고, 해당 토픽을 추가한 사용자에게 간소화된 트윗을 전송한다.

스트리밍 서버의 코드는 프로젝트 최상위 디렉토리에 있는 chirp.js 파일에 담겨 있다. 먼저 Node 모듈과 트위터 인증 토큰이 저장된 credentials.js 파일을 가져온다.

```
// Node 모듈 가져오기
var Twit = require('twit'),
    IOServer = require('socket.io'),
    config = require('./credentials.js');
```

토픽과 클라이언트 사이의 일관성 유지를 위해 토픽과 토픽에 대한 참조를 topics 목록에 저장한다. 예를 들어, socket 객체를 가진 클라이언트가 'breakfast'라는 단어를 추가하면, { word: 'breakfast', client: socket } 객체를 topics 목록에 저장한다.

```
// 추적할 토픽 목록
var topics = [];
```

앞 절에서 살펴봤던 것처럼 statuses/sample 종단점과 statuses/filter 종단점을 활용하면 트윗을 가져올 수 있다. 이번에 만들 애플리케이션에는 statuses/filter 종단점을 사용하지만, 토픽으로 필터링하는 대신 트윗이 작성된 위치와 언어를 기준으로 필터링할 것이다. locations 매개변수를 '-180, -90, 180, 90'으로 설정하면 전 세계에서 작성된 모든 트윗을 가져올 수 있다. language 파라미터를 'en'으로 설정하면 영어로 작성된 트윗만 가져올 수 있다. 사용자가 새 토픽을 추가해서 statuses/filter 종단점에 업데이트된 단어의 목록을 전달하면 연결이 재설정되어 버린다. 연결 및 연결 종료를 자주 하면 트위터는 연결 및 연결 종료 회수에 제한을 둘 수도 있으므로, 연결 재설정은 아까운 자원의 낭비라고 할 수 있다. 따라서 statuses/filter 종단점에 대한 연결 재설정 없이도 토픽 목록에 단어를 추가하거나 삭제할 수 있도록 구현하는 것이 좋다. Twit 객체를 초기화해서 트위터 인증 정보를 읽고, 트위터에 보낼 스트리밍 요청을 생성한다. statuses/filter 종단점에 대한 스트림도 생성하고, statuses/filter 종단점에 대한 참조를 twitterStream 변수에 저장한다. 전 세계에서 영어로 작성된 트윗 중에서 토픽 목록에 있는 단어와 관련이 있는 트윗만을 필터링해서 받는다.

```
// Twit 객체 생성 및 인증 정보 설정
var T = new Twit(config);

// 전 세계에서 영어로 작성된 트윗 필터링
var filterOptions = {
    locations: '-180,-90,180,90',
    language: 'en'
};

// 업데이트된 토픽 목록 내의 단어를 추적하는 새로운 스트림 객체
var twitterStream = T.stream('statuses/filter', filterOptions);
```

이제 가장 중요한 Twit 스트림 이벤트들을 처리할 함수를 정의할 것이다. Twit 스트림 이벤트에 대한 콜백의 대부분은 이벤트가 발생했다는 메시지를 콘솔에 남기는 일을 한다. 먼저 트위터 스트림에 대한 연결이 시도될 때 발생하는 connect 이벤트에 대한 콜백을 정의하고, 연결이 성립될 때 발생하는 connected 이벤트에 대한 콜백을 정의한다.

```
// 연결 시도 ('connect' 이벤트)
function twitOnConnect(req) {
    console.log('[Twitter] Connecting...');
}

// 연결 성공 ('connected' 이벤트)
function twitOnConnected(res) {
    console.log('[Twitter] Connection successful.');
}
```

연결이 끊어지면 자동으로 연결을 재시도하게 되는데, 재연결 시점을 로그 메시지로 표시한다.

```
// 재연결 계획 시점('reconnect' 이벤트)
function twitOnReconnect(req, res, interval) {
    var secs = Math.round(interval / 1e3);
    console.log('[Twitter] Disconnected. Reconnection scheduled in ' +
secs + ' seconds.');
}
```

트위터가 disconnect와 limit 메시지를 보낼 때 발생되는 disconnect와 limit 이벤트에 대한 콜백도 추가할 것이다. Twit은 disconnect 메시지를 받으면 연결이 끊기지만, limit 메시지를 받을 때는 연결이 끊기지 않는다. limit 콜백에서는 메시지를 표시하고 스트림을 명시적으로 중단한다.

```
// 트위터로부터 disconnect 메시지를 받을 때 ('disconnect' 이벤트)
function twitOnDisconnect(disconnectMessage) {
    // Twit은 이벤트를 외부로 전파하기 전에 연결을 종료한다.
    console.log('[Twitter] Disconnected.');
}
```

```
// 트위터에서 limit 메시지를 받을 때 ('limit' 이벤트)
function twitOnLimit(limitMessage) {
    // 스트리밍을 명시적으로 종료
    console.log('[Twitter] Limit message received. Stopping.');
    twitterStream.stop();
}
```

이렇게 이벤트마다 로그 메시지를 추가하면 서버로부터 한동안 메시지를 받지 못할 때 어떤 일이 발생하고 있는지 알 수 있게 해주며, 디버깅에도 도움이 된다. 확실하게 처리를 해줘야 하는 이벤트는 스트리밍 종단점에서 트윗이 전달될 때 발생되는 tweet 이벤트다. tweet 이벤트에 대한 콜백은 tweet 객체를 인자로 받는다.

앞에서 설명한 것처럼 연결된 클라이언트들에게는 지리 정보가 태그된 트윗 geotagged tweets만을 전송한다. 그리고 트윗 텍스트가 토픽 목록에 있는 단어와 관련이 있는 지를 확인해야 한다. 트윗 텍스트에서 해당 단어가 발견되면, 그 단어를 자신의 토픽 목록에 추가한 클라이언트에게 간소화된 버전의 트윗을 전송한다.

```javascript
// 트윗 받음 ('tweet' 이벤트)
function twitOnTweet(tweet) {

    // 트윗이 지도 좌표 정보를 포함하고 있지 않으면 그냥 종료
    if (!tweet.coordinates) { return; }

    // 토픽 목록의 단어와의 비교를 위해 트윗 텍스트를 소문자로 변경
    var tweetText = tweet.text.toLowerCase();

    // 트윗 텍스트에 토픽 목록 내의 단어가 있는지 검사
    topics.forEach(function(topic) {

        // 트윗 텍스트에 토픽이 포함되어 있는지 검사
        if (tweetText.indexOf(topic.word) !== -1) {

            // 간소화 된 버전의 트윗을 클라이언트에게 전송
            topic.socket.emit('tweet', {
                id: tweet.id,
                coordinates: tweet.coordinates,
                word: topic.word
            });
        }
    });
}
```

간소화된 트윗은 트윗 텍스트와 작성 날짜는 생략하고 트윗 ID와 좌표값, 토픽 단어만 포함한다. 콜백을 모두 정의 했으므로 다음과 같이 해당 이벤트에 리스너로 추가할 수 있다.

```javascript
// 스트림 객체 인스턴스의 스트림 이벤트에 대한 리스너 추가
twitterStream.on('tweet', twitOnTweet);
twitterStream.on('connect', twitOnConnect);
twitterStream.on('connected', twitOnConnected);
twitterStream.on('reconnect', twitOnReconnect);
twitterStream.on('limit', twitOnLimit);
twitterStream.on('disconnect', twitOnDisconnect);
```

트위터 스트리밍 API에 대한 연결을 초기화했지만 토픽 목록에는 아직 아무런 단어도 추가하지 않았으므로 아무 일도 일어나지 않을 것이다. 토픽 목록에 토픽을 추가하려면 클라이언트와의 연결을 처리하는 Socket.IO 서버를 생성해야 한다. Socket.IO 서버의 인스턴스를 생성하는데 new 키워드를 써도 되고 안 써도 된다.

```
// Socket.IO 서버의 새 인스턴스 생성
var port = 9720,
    io = new IOServer(port);
// 서버 시작 시 메시지 표시
console.log('Listening for incoming connections in port ' + port);
```

io 서버는 9720번 포트에서 연결 요청을 받을 수 있는 대기 상태가 된다. 다른 포트 번호를 써도 무방하지만 0번에서 1023번까지는 특수한 목적의 포트이기 때문에 사용하려면 더 까다로운 조건을 충족해야 한다.

클라이언트가 연결을 시도하고 연결이 성립되면 io 서버에 의해 connection 이벤트가 발생하고, socket 객체가 이벤트 콜백의 인자로 전달된다. connection 이벤트의 콜백은 새 연결 성립을 의미하는 로그 메시지를 콘솔에 표시하고, socket 이벤트에 대한 리스너를 추가한다.

```
// 클라이언트와 서버의 연결 성립
io.on('connection', function(socket) {

    // 클라이언트가 연결되었을 때 메시지 표시
    console.log('Client ', socket.id, ' connected.');

    // socket 이벤트에 대한 리스너 추가
});
```

socket 객체는 클라이언트 종단점에 대한 참조이다. 새 토픽을 추가하면 클라이언트가 추가할 토픽을 이벤트 콜백에 대한 인자로 전달하면서 커스텀 이벤트인 add 이벤트가 전파된다. add 이벤트에 대한 콜백에서는 토픽 단어와 토픽 목록에 대한 socket에 대한 참조를 토픽 목록에 추가하고 콘솔에 로그 메시지를 표시한다.

```
// 클라이언트가 새 토픽 추가
socket.on('add', function(topic) {
    // 토픽 목록에 새 토픽 추가
    topics.push({
        word: topic.word.toLowerCase(),
        socket: socket
    });

    console.log('Adding the topic "' + topic.word + '"');
});
```

클라이언트 연결이 끊기면, 해당 클라이언트가 추가한 토픽을 토픽 목록에서 삭제하고 로그 메시지를 콘솔에 출력한다.

```
// 클라이언트 연결이 끊어지면, 그 클라이언트가 추가한 토픽을 토픽 목록에서 삭제
socket.on('disconnect', function() {
    console.log('Client ' + socket.id + ' disconnected.');
    topics = topics.filter(function(topic) {
        return topic.socket.id !== socket.id;
    });
});
```

이제 서버는 동시에 연결되어 각자의 단어를 토픽 목록에 추가하는 다수의 클라이언트 요청을 처리할 수 있다. 클라이언트 애플리케이션을 구현하거나 접근하면 다음과 같이 다음과 같이 스트리밍 서버가 생성한 로그 메시지를 확인할 수 있다.

```
$ node chirp.js
Listening for incoming connections in port 9720
[Twitter] Connecting...
[Twitter] Connection successful.
Client 4WDFIrqsbxtf_NO_AAAA connected.
Adding the topic "day"
Adding the topic "night"
Client 4WDFIrqsbxtf_NO_AAAA disconnected.
Client P8mb97GiLOhc-noLAAAB connected.
Adding the topic "coffee"
Adding the topic "tea"
Adding the topic "milk"
Adding the topic "beer"
```

```
[Twitter] Disconnected. Reconnection scheduled in 0 seconds.
[Twitter] Connecting...
[Twitter] Connection successful.
Client P8mb97GiLOhc-noLAAAB disconnected.
Client p31FgVrxGI0bLPOFAAAC connected.
...
```

다음 절에서는 Socket.IO의 클라이언트 라이브러리와 D3, 백본을 사용해서 사용자 정의 토픽에 해당하는 트윗과 트윗의 지리적 분포를 보여주는 시각화를 만들어 볼 것이다.

클라이언트 애플리케이션 생성

앞 절에서는 스트리밍 서버를 구현했다. 서버 애플리케이션은 클라이언트 애플리케이션이 토픽을 등록할 수 있게 하고, 받고 싶은 트윗만 statuses/sample 종단점을 이용해서 받을 수 있게 한다. 스트리밍 서버는 지리 정보가 태그되어 있고, 클라이언트가 토픽으로 추가한 단어를 포함하고 있는 트윗을 트위터 스트리밍 API를 통해 받아서 간소화하고 클라이언트에게 전달한다. 서버는 클라이언트가 전달받은 트윗을 가지고 무슨 일을 하든 관여하지 않는다. 클라이언트 애플리케이션은 트윗의 수를 세고, 열 지도heat map 차트로 각 단어의 출현 빈도를 시각화하고, 네트워크 차트로 단어의 중복 발생을 나타내는 시각화를 만든다.

이 절에서는 클라이언트 애플리케이션을 만들어 볼 것이다. 클라이언트 애플리케이션은 토픽 단어에 부합하는 트윗의 작성 위치를 나타내는 세계 지도를 보여주고, 각 단어의 빈도수를 막대 차트로 표시할 것이다. 6장에서 했던 것처럼 백본과 D3로 애플리케이션의 구조를 세울 것이다. 이 절에서 만들 애플리케이션의 스크린샷은 다음과 같다.

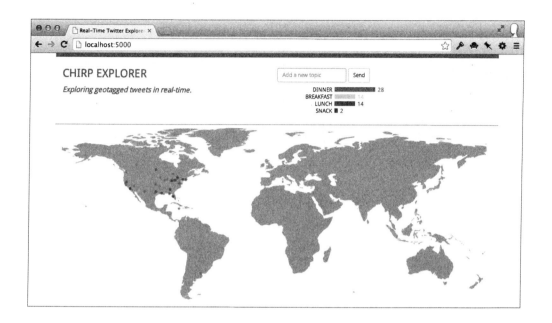

소스 코드는 chapter12/chirp-client 폴더에 있다. 먼저 프로젝트의 구조를 알아보고 프로젝트 컴포넌트를 만들어보자.

애플리케이션 구조

앞에서 말한 것처럼, 백본을 사용해서 애플리케이션의 구조를 세울 것이다. 세계 지도에서 다양한 토픽이 발생하는 위치를 시각화할 것이므로 토픽을 우리 애플리케이션의 주요 컴포넌트로 정의할 것이다. 토픽은 한 단어(트위터에서 추적할 단어)와, 표시할 색, 해당 토픽에 매칭되는 트윗을 포함한다. 이런 속성을 담고 있는 Topic 모델을 생성할 것이다.

토픽에 대한 컬렉션도 만들 것이다. 컬렉션은 사용자가 단어를 추가하면 토픽 인스턴스를 생성하고, 토픽에 매칭되는 트윗이 오면 해당 토픽 인스턴스에 그 트윗을 추가하는 일을 담당한다. 애플리케이션에서는 세계 지도 뷰, 막대 차트 뷰, 사용자가 새 토픽 단어를 입력할 수 있는 input 요소, 이렇게 세 가지의 뷰로 토픽 컬렉션을 나타낸다.

애플리케이션 컴포넌트의 소스 코드는 프로젝트 폴더의 src/app 디렉토리에 있다. src/app 디렉토리에는 모델, 컬렉션, 뷰가 별도의 디렉토리로 구분되어 있고, 애플리케이션 네임 스페이스name space를 정의하고 애플리케이션 설정 및 실행을 위한 app.js 파일과 setup.js 파일이 있다.

```
app/
    app.js
    models/
    collections/
    views/
    setup.js
```

애플리케이션에서 사용할 컴포넌트들을 App 변수 안에 캡슐화한다. App 변수는 app/app.js 파일에 저장한다. 다음과 같이 컬렉션, 모델, 뷰에 대한 속성을 App 객체에 추가한다.

```
// 애플리케이션 네임 스페이스 정의
var App = {
    Collections: {},
    Models: {},
    Views: {}
};
```

애플리케이션을 실행하려면, 서버 애플리케이션을 실행하고 chirp-client 디렉토리로 가서 정적 웹 서버를 실행해야 한다. Gruntfile에 개발 모드로 정적 웹 서버를 구동하기 위한 태스크가 포함되어 있다. 다음의 명령으로 노드 모듈을 설치한다.

```
$ npm install
```

프로젝트 의존 라이브러리를 설치하고 나서 grunt serve를 실행한다. grunt serve는 웹 서버를 실행해서 디렉토리에 있는 파일을 특정 포트로 접근할 수 있게 해 준다. 이제 애플리케이션 모델과 뷰를 살펴보자.

모델과 컬렉션

애플리케이션의 주요 컴포넌트는 Topic 모델이라고 얘기했었다. Topic 인스턴스는 word, color와 토픽 단어에 매칭되는 간소화된 트윗들을 원소로 하는 tweets 배열을 속성으로 갖는다. Topic 모델은 app/models/topic.js 파일에 정의한다. Topic 모델은 Backbone.Model 객체를 확장해서 생성한다.

```javascript
// Topic 모델
App.Models.Topic = Backbone.Model.extend({

    // 'word' 속성은 토픽 인스턴스를 구별할 수 있게 해주는 식별자이다.
    idAttribute: 'word',

    // Topic 모델의 기본값
    defaults: function() {
        return {
            word: 'topic',
            color: '#555',
            tweets: []
        };
    },

    // addTweet 메소드
});
```

word 속성은 컬렉션에서 ID 역할을 한다. 토픽은 막대 차트나 지도 뷰에서 주어진 색상으로 표시된다. 각 토픽 인스턴스는 그 토픽의 word 값과 매칭되는 트윗의 배열을 tweets 속성에 저장하고 있다. 이 배열에 트윗을 추가할 수 있는 메소드도 필요하다. 이 메소드를 통해 토픽의 색상도 추가할 수 있다. tweets 같은 배열 속성은 포인터처럼 취급되므로 배열을 변경해도 change 이벤트가 자동으로 발생하지는 않는다. 트윗에 대해서도 모델과 컬렉션을 만들 수도 있지만 여기에서는 단순하게 그냥 배열로 처리한다.

배열이 변경되면 change 이벤트를 명시적으로 발생시켜서 잠재적인 리스너들에게 배열이 변경되었음을 알린다.

```
// tweets 배열에 트윗 추가
addTweet: function(tweet) {

    // 토픽에 색상 추가
    tweet.color = this.get('color');

    // tweets 배열에 트윗 추가
    this.get('tweets').push(tweet);

    // 명시적으로 change 이벤트 발생
    this.trigger('change:tweets');
}
```

모델에 기본값을 반드시 정의해야 할 필요는 없지만, 나중에 예제에 대해 설명할
때 모델에 속한 속성의 이름을 기억할 수 있도록 기본값을 정의할 것이다.

토픽 컬렉션도 만든다. Topics 컬렉션은 Topic 인스턴스의 생성을 관리하고, 서
버에서 받은 트윗을 매칭되는 토픽 인스턴스에 추가한다. Topics 컬렉션에 접근
할 수 있는 socket 종단점을 만들고, Topic 인스턴스를 생성할 때 매개변수로 전
달한다. socket 객체의 on 이벤트에는 트윗을 해당하는 토픽에 추가하는 함수를
바인딩한다. add 이벤트에 대한 콜백도 추가해서 새 Topic 인스턴스 생성 시 색상
을 추가할 수 있게 한다.

```
// Topics 컬렉션
App.Collections.Topics = Backbone.Collection.extend({

    // 컬렉션 모델
    model: App.Models.Topic,

    // 컬렉션 초기화
    initialize: function(models, options) {

        this.socket = options.socket;

        // this 컨텍스트 저장
        var self = this;
```

```
        this.socket.on('tweet', function(tweet) {
            self.addTweet(tweet);
        });

        this.on('add', function(topic) {
            topic.set('color', App.Colors[this.length - 1]);
            this.socket.emit('add', {word: topic.get('word')});
        });
    },

    // addTweet 메소드
});
```

컬렉션의 addTweet 메소드는 트윗의 word 속성과 매칭되는 토픽을 찾아서, 해당되는 토픽 인스턴스의 addTweet 메소드를 이용해서 토픽 인스턴스의 tweets 배열에 추가한다.

```
addTweet: function(tweet) {

    // 트윗의 word 값에 해당하는 토픽
    var topic = this.get(tweet.word);

    // 트윗을 해당 토픽의 tweets 배열에 추가
    if (topic) {
        topic.addTweet(tweet);
    }
}
```

토픽 컬렉션 뷰 구현

애플리케이션에서는 Topics 컬렉션에 대한 뷰만 필요하다. 막대 차트 뷰, 세계 지도 뷰, 입력 뷰 이렇게 세 가지의 뷰가 필요하며, 새로운 토픽 인스턴스를 생성하는 데 사용된다. 각 뷰에 대한 소스 코드는 src/app/views 디렉토리의 topics-barchart.js, topics-map.js, topics-input.js 파일에 저장되어 있다.

입력 뷰

입력 뷰는 사용자가 추가할 새 토픽을 입력하고 전송할 수 있는 뷰를 제공한다. 사용자는 input 박스에 새 토픽을 입력하고 **Send** 버튼을 클릭해서 토픽을 서버로 보내서 토픽 목록에 추가할 수 있다. 입력 뷰는 다음과 같이 구성한다.

입력 뷰를 렌더링하려면 form 요소가 있는 마크업 템플릿을 만들어야 한다. 템플릿은 index.html 파일의 body 태그 내에 추가될 것이다.

```html
<!-- 입력 뷰 템플릿 -->
<script type='text/template' id='topics-template'>
    <form role="form" class="form-horizontal form-inline" id="topic-form">
        <div class="form-group">
            <label for="msgToServer" class="sr-only">Message</label>
            <input type="text" class="form-control input-sm" id="new-topic" placeholder="Add a new topic">
            <button type="submit" class="btn btn-default btn-sm">Send</button>
        </div>
    </form>
</script>
```

입력 뷰는 Backbone.View 객체를 확장해서 구현한다. template 속성은 전체 템플릿을 포함한다. 여기에서는 템플릿에 자리 채우미placeholder 문자열을 사용하지 않을 것이지만, 나중에 템플릿 변수를 사용할 수 있도록 _.template() 메소드는 그대로 둔다.

```javascript
// 토픽 입력
App.Views.TopicsInput = Backbone.View.extend({

    // 뷰 템플릿 컴파일
    template: _.template($('#topics-template').html()),
```

```
    // DOM 이벤트
    events: {
        'submit #topic-form': 'addOnSubmit',
    },

    initialize: function (options) {
        // 컬렉션에 5개 이상의 아이템이 있으면
        // 아이템을 더 추가할 수 없도록 input 요소 비활성화
        this.listenTo(this.collection, 'add', this.disableInput);
    },

    render: function () {
        // 뷰에 input 요소 렌더링
        this.$el.html(this.template(this.collection.toJSON()));
        return this;
    },

    disableInput: function() {
        // 컬렉션에 5개 이상의 아이템이 있을 때 input 요소 비활성화
    },

    addOnSubmit: function(e) {
        // 사용자가 send 버튼을 누르면 토픽 추가
    }
});
```

지도 뷰에 비슷한 컬러가 너무 많이 표시되는 것을 막기 위해 토픽은 5개까지만 허용한다. 막대 차트 렌더링을 위한 영역도 제한되어 있고, 사용자별로 제한 없이 많은 토픽을 허용하면 서버의 성능에도 영향을 미칠 수 있다. 새 토픽 인스턴스가 컬렉션 내에 생성되면, disableInput 메소드를 호출해서 5개 이상의 아이템이 컬렉션에 있는 경우 input 요소를 비활성화한다.

```
disableInput: function() {
    // 컬렉션에 5개 이상의 아이템이 있으면 input 요소 비활성화
    if (this.collection.length >= 5) {
        this.$('input').attr('disabled', true);
    }
},
```

사용자가 input 요소에 단어를 입력하고 **Send** 버튼을 누르면 새 토픽이 추가된다. 사용자가 **Send** 버튼을 누르면, submit 이벤트가 발생하고 submit 이벤트는 addOnSubmit 메소드에 인자로 전달된다. addOnSubmit 메소드에서는 페이지 리로딩reloading을 막기 위해 form의 기본 이벤트 처리 방식을 막는다. 토픽은 Topics 컬렉션에 추가되고 input 요소에 입력한 내용은 화면에서 지워진다.

```
addOnSubmit: function(e) {

    // 페이지 reloading 방지
    e.preventDefault();

    // input 요소에 입력된 내용
    var word = this.$('input').val().trim();

    // 컬렉션에 토픽을 추가하고 input 요소에 입력된 텍스트를 지운다.
    if (word) {
        this.collection.add({word: word});
        this.$('input').val('');
    }
}
```

막대 차트 뷰

막대 차트 뷰는 D3로 만든 재사용 가능 막대 차트를 캡슐화한다. 먼저 뷰에 대해 알아보고 차트의 구현에 대해 살펴본다. 이 시점에서는 차트의 인터페이스에 대해서만 알면 된다. 막대 차트 뷰에 대한 소스 코드는 src/app/views/topics-barchart.js에 있다. 막대 차트 뷰는 다음 그림에서 보는 것처럼 지정된 토픽의 숫자를 보여준다.

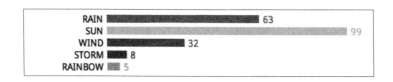

막대 차트 뷰도 Backbone.View를 확장해서 만든다. 재사용 가능한 chart. barChart의 인스턴스를 담을 chart 속성을 추가한다. 막대 차트는 객체의 배열을 받아서 막대를 만들 데이터로 사용한다. label 속성은 각 막대에 대한 레이블을 만들고, value 속성은 막대의 길이를 설정할 수 있게 해주며, color 속성은 각 막대의 색상을 설정한다. 배열에 있는 객체는 word, count, color 속성을 가지고 있다는 전제 하에, 막대 차트의 각 속성에 대한 함수를 정의한다.

```
// 막대 차트 뷰
App.Views.TopicsBarchart = Backbone.View.extend({

    // 막대 차트 생성 및 설정
    chart: charts.barChart()
        .label(function(d) { return d.word; })
        .value(function(d) { return d.count; })
        .color(function(d) { return d.color; }),

    initialize: function () {
        // 뷰 초기화
    },

    render: function () {
        // 차트 업데이트
    }
});
```

initialize 메소드에서는 컬렉션의 change:tweets 이벤트에 대한 콜백을 추가한다. change:tweets 이벤트는 토픽 인스턴스에서 발생되며, 토픽 컬렉션은 단순히 이 이벤트를 전달하기만 한다. 새 토픽이 컬렉션에 추가되면 뷰도 다시 렌더링되어야 한다.

```
initialize: function () {
    // 새 트윗을 받거나 새 토픽이 추가되면 뷰를 렌더링한다.
    this.listenTo(this.collection, 'change:tweets', this.render);
    this.listenTo(this.collection, 'add', this.render);
},
```

render 메소드는 막대 차트에서 요구하는 형식에 맞추어 데이터 배열을 구성한다. 각 토픽의 count 속성값을 계산하고, 컨테이너 요소에 대한 셀렉션을 만들고 차트를 업데이트 한다. 컬렉션 객체의 toJSON 메소드는 JSON 포맷의 문자열을 반환하는 것이 아니라 자바스크립트 객체를 반환한다는 점에 유의한다.

```
render: function () {

    // 컬렉션을 단순 JSON 객체로 변환
    var data = this.collection.toJSON();

    // 각 토픽에 대한 카운트 계산
    data.forEach(function(item) {
        item.count = item.tweets.length;
    });

    // 컨테이너 div의 너비와 높이 계산
    var div = d3.select(this.el),
        width = parseInt(div.style('width'), 10),
        height = parseInt(div.style('height'), 10);

    // 차트의 너비와 높이 조정
    this.chart.width(width).height(height);

    // 컨테이너 요소에 대한 셀렉션에 데이터를 바인딩하고 차트 업데이트
    div.data([data]).call(this.chart);
    return this;
}
```

토픽 지도 뷰

토픽 지도 뷰에는 지정한 모든 토픽에 대한 트윗이 점으로 표시된다. 트윗을 나타내는 각 점은 그 토픽에 해당하는 색상으로 그려진다. 토픽 지도 뷰의 소스 코드는 src/app/topics-map.js에 있다. 토픽 지도 뷰는 다음과 같다.

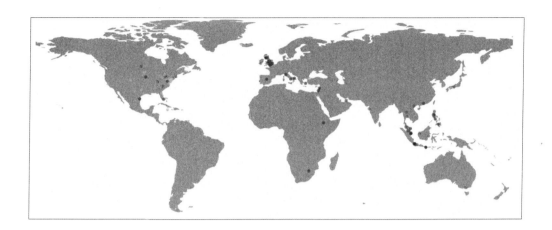

토픽 지도 뷰를 만들기 위해 재사용 가능한 charts.map을 이용한다. charts.map은 GeoJSON feature의 배열과 GeoJSON 객체를 렌더링한다. 이 지도는 정방형 투영법을 사용하므로, 반드시 너비와 높이를 2:1의 비율로 설정해야 한다. initialize 메소드에서는 options 매개변수로 제공되는 GeoJSON 객체를 설정한다. options.geojson 객체에는 Natural Earth에서 가져온 국가별 feature 컬렉션이 저장되어 있다. 토픽 지도 뷰는 트윗을 받았을 때만 렌더링된다.

```
// 토픽 지도 뷰
App.Views.TopicsMap = Backbone.View.extend({

    // 지도 차트 생성 및 설정
    chart: charts.map()
        .feature(function(d) { return d.coordinates; })
        .color(function(d) { return d.color; }),

    initialize: function (options) {
        // 세계 지도에 사용할 GeoJSON 객체 설정
        this.chart.geojson(options.geojson);

        // 새 트윗이 도착하면 뷰 렌더링
        this.listenTo(this.collection, 'change:tweets', this.render);
    },

    render: function () {
```

```
        // 지정된 모든 토픽에 대한 트윗을 하나의 배열에 모은다.
        var tweets = _.flatten(_.pluck(this.collection.toJSON(), 'tweets'));

        // 컨테이너 요소 셀렉션 생성
        var div = d3.select(this.el),
            width = parseInt(div.style('width'), 10);

        // 차트 너비, 높이, 축척 업데이트
        this.chart
            .width(width)
            .height(width / 2)
            .scale(width / (2 * Math.PI));

        // 차트 업데이트
        div.data([tweets]).call(this.chart);
        return this;
    }
});
```

render 메소드에서는 지정한 모든 토픽에 대한 트윗을 하나의 배열에 모으고, 컨테이너 요소의 셀렉션을 생성하고 차트를 업데이트한다. 지리 정보가 태그된 트윗은 세계 지도 상에 작은 점으로 그려진다.

애플리케이션 뷰 생성

이제 애플리케이션 전체에 대한 뷰를 만들어 보자. 애플리케이션 뷰가 반드시 필요하지는 않지만 컴포넌트들을 조직적으로 관리하기 위해 애플리케이션 뷰를 만든다. 애플리케이션 뷰를 만들려면 애플리케이션을 구성하는 컴포넌트에 대한 마크업이 포함된 템플릿이 필요하다. 이번 예제에서는 페이지 제목을 포함하는 헤더와 페이지 안내 문구, 입력 뷰와 막대 차트를 하나의 헤더 행으로 구성할 것이다. 헤더 행 아래에는 트윗이 표시되는 토픽 지도 뷰를 위한 공간을 예비로 만들어 둔다.

```
<!-- 애플리케이션 템플릿 -->
<script type='text/template' id='application-template'>

    <div class="row header">
        <!-- 제목과 내용 안내 -->
```

```
            <div class="col-md-6">
                <h1 class="title">chirp explorer</h1>
                <p class="lead">Exploring geotagged tweets in real-time.</p>
            </div>

            <!-- 막대 차트 -->
            <div class="col-md-6">
                <div id="topics-form"></div>
                <div id="topics-barchart" class="barchart-block"></div>
            </div>
        </div>

        <div class="row">
            <div class="col-md-12">
                <div id="topics-map"></div>
            </div>
        </div>
    </div>
</script>
```

애플리케이션 뷰의 소스 코드는 src/app/views/application.js에 저장되어 있다. 이번 예제에서는 애플리케이션 뷰를 위한 템플릿을 컴파일할 필요는 없지만, 애플리케이션 이름이나 안내 문구를 템플릿 변수로 설정하려면 컴파일이 필요하다.

```
// 애플리케이션 뷰
App.Views.Application = Backbone.View.extend({

    // 애플리케이션 템플릿 컴파일
    template: _.template($('#application-template').html()),

    // 애플리케이션 템플릿 렌더링
    render: function() {
        this.$el.html(this.template());
        return this;
    }
});
```

render 메소드에서는 컨테이너 요소에 템플릿의 내용을 삽입하기만 하면 된다. 뷰가 생성될 때 정의된 마크업 템플릿이 컨테이너에 렌더링된다.

애플리케이션 준비

모델, 컬렉션, 뷰가 모두 구현되었으므로 각 컴포넌트들을 연결해서 애플리케이
션 인스턴스를 만들 수 있다. 애플리케이션 초기화를 위한 소스 코드는 src/app/
setup.js 파일에 있다. 먼저 컬렉션 인스턴스 및 뷰 인스턴스를 저장할 app 변수를
생성한다. DOM이 로딩되면 뷰와 컬렉션의 인스턴스를 생성할 함수를 호출할 수
있다.

```
// 애플리케이션 인스턴스 컨테이너
var app = {};

// 문서 로딩이 완료되면 호출되는 함수
$(function() {
    // 애플리케이션 인스턴스 생성
});
```

먼저 애플리케이션 뷰 인스턴스를 생성하고 ID가 application-container인 div
를 컨테이너로 설정한다. 애플리케이션 뷰는 연결된 모델이나 컬렉션이 없는 상태
에서도 다음과 같이 바로 뷰를 렌더링할 수 있다.

```
// 애플리케이션 뷰 생성 및 렌더링
app.applicationView = new App.Views.Application({
    el: '#application-container'
});
app.applicationView.render();
```

Topics 컬렉션 인스턴스를 생성한다. Topics 컬렉션은 사용자가 새 토픽을 추가
하기 전까지는 비어 있다. 스트리밍 서버에 대한 연결을 생성하고 Topics 컬렉션
에 대한 참조와 스트리밍 서버 종단점에 대한 참조를 전달한다. socket 객체의
tweet 이벤트에 대한 콜백을 추가한다. 이 콜백은 트윗을 해당 컬렉션에 추가한
다. 애플리케이션을 로컬 PC가 아닌 다른 장비에서 사용하려면 localhost를 실
제 접근 가능한 URL로 변경해야 한다.

```
// Topics 컬렉션 생성 및 socket 객체 전달
app.topicList = new App.Collections.Topics([], {
    socket: io.connect('http://localhost:9720')
});
```

Topics 컬렉션 인스턴스가 만들어지면 토픽 컬렉션 뷰 인스턴스를 만들 수 있다. TopicsInput 뷰, TopicsBarchart 뷰, TopicsMap 뷰의 인스턴스를 생성한다.

```
// 입력 뷰
app.topicsInputView = new App.Views.TopicsInput({
    el: '#topics-form',
    collection: app.topicList
});

// 막대 차트 뷰
app.topicsBarchartView = new App.Views.TopicsBarchart({
    el: '#topics-barchart',
    collection: app.topicList
});

// 토픽 지도 뷰
app.topicsMapView = new App.Views.TopicsMap({
    el: '#topics-map',
    collection: app.topicList
});
```

TopicsMap 뷰의 지도 차트를 만들려면 지도를 구성할 feature와 feature 컬렉션이 포함된 GeoJSON 객체가 필요하다. 전 세계 국가를 포함하고 있는 TopoJSON 파일을 d3.json을 이용해서 로딩하고 TopoJSON 라이브러리를 이용해서 TopoJSON 데이터를 GeoJSON 객체로 변환한다. 차트의 geojson 속성을 업데이트하고 뷰를 렌더링하는 데 GeoJSON 객체를 사용한다. 지도는 전 세계 국가를 표시하게 된다.

```
// TopoJSON 파일 로딩
d3.json('dist/data/countries.json', function(error, geodata) {

    if (error) {
    // TopoJSON 파일 로딩 또는 파싱 중 발생하는 에러 처리
        console.error('Error getting or parsing the TopoJSON file');
        throw error;
    }

    // TopoJSON을 GeoJSON으로 변환
```

```
var geojson = topojson.feature(geodata, geodata.objects.countries);

// 지도 차트 업데이트 및 지도 뷰 렌더링
app.topicsMapView.chart.geojson(geojson);
app.topicsMapView.render();
});
```

마지막으로 토픽 컬렉션 뷰를 렌더링한다.

```
// Topic 컬렉션 뷰 렌더링
app.topicsInputView.render();
app.topicsBarchartView.render();
app.topicsMapView.render();
```

여기까지 하면 새로 추가할 토픽을 입력할 수 있는 input 요소, 내용 없는 막대 차
트, 트윗이 표시되지 않는 지도가 준비된다. 사용자가 토픽을 추가하면 서버는 트
위터에서 트윗을 받고, 뷰에 표시할 수 있도록 클라이언트에 트윗을 전달한다. 지
금까지 진행한 애플리케이션의 스크린샷은 다음과 같다.

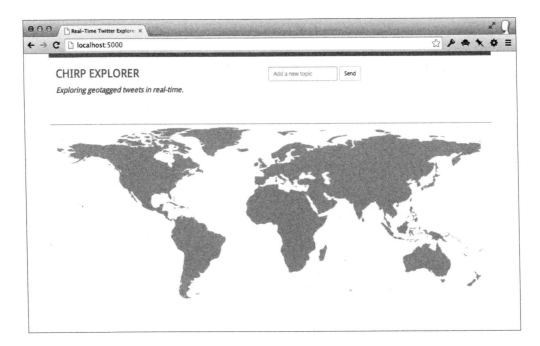

클라이언트 애플리케이션이 어떻게 구동되는지 다시 한 번 살펴보자. 뷰가 렌더링되면 사용자는 input box에 새 단어를 입력하고 토픽으로 추가할 수 있다. Enter 키가 눌러지면 input 요소에 있던 내용이 새로운 토픽 인스턴스의 word 속성에 추가된다. 컬렉션은 그 단어를 스트리밍 서버에 보내고, 스트리밍 서버는 토픽과 단어를 보낸 클라이언트에 대한 참조를 토픽 목록에 추가한다. 스트리밍 서버는 트위터 스트리밍 API와 연결된다. 스트리밍 서버는 트위터 스트리밍 API를 통해 지리 정보가 태그된 트윗을 받을 때마다 트윗의 내용과 토픽 목록을 비교해서 매칭되는 단어가 있으면 간소화된 버전의 트윗을 클라이언트에게 보낸다. 클라이언트는 스트리밍 서버에서 받은 간소화된 트윗을 해당 토픽의 tweets 배열에 추가한다. tweets 배열에 트윗이 추가되면 뷰가 렌더링되고 막대 차트와 지도 차트가 업데이트된다. 사람들이 어디에서 아침을 먹고, 저녁을 먹는지 보여주는 스크린샷은 다음과 같다.

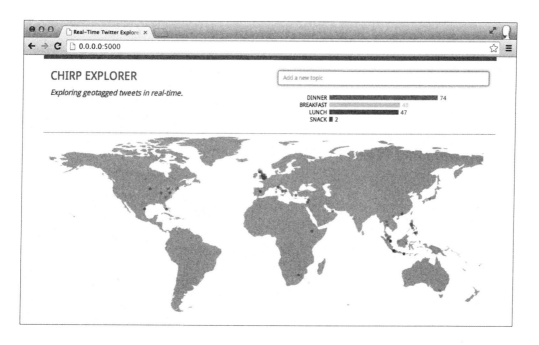

스트리밍 서버는 add 이벤트를 보낼 수 있고, 서버가 tweet 이벤트를 전파할 때 트윗을 받을 수 있는 어떤 애플리케이션과도 함께 사용될 수 있다. 여기에서는 트윗의 지리적 분포를 시각화 할 수 있는 클라이언트 애플리케이션을 만들어 스트리밍 서버와 연동했지만, 동일한 데이터를 다르게 표현하는 시각화를 만들 수도 있다. 스트리밍 서버를 기본 컴포넌트로 해서 클라이언트 시각화 애플리케이션에 새 기능을 추가해 보는 것도 좋다. 다음과 같은 권고 사항이 도움이 될 것이다.

- 이번 예제에는 포함되지 않았지만 시간 차원을 고려하면 좋은 시각화를 만들 수 있다. 시간에 따른 트윗 개수의 변화를 보여주는 열 지도heat map나 오래된 트윗은 화면에서 서서히 사라지게 만드는 시각화를 만드는 것도 재미있을 것이다.

- 지도 차트에 줌과 이동 기능을 추가하면 트윗의 지리적인 분포를 좀 더 자세한 수준으로 표현하고 연구할 수 있다.

- 토픽을 추가하는 기능만 구현했는데, 토픽을 삭제하는 기능을 추가하는 것도 좋다.

- 사용자가 특정 영역 내의 트윗만을 선택할 수 있는 브러시brush 기능을 추가하는 것도 재미있을 것이다. 이 기능을 구현하려면 해당 영역을 선택한 사용자에게만 그 영역 내의 트윗을 보내야 하므로 서버 애플리케이션에서도 변경이 필요하다.

- 감정 분석sentiment analysis 라이브러리를 사용해서 특정 토픽에 대해 긍정적인 트윗이 많았는지 부정적인 트윗이 많았는지와 같은 정보를 추가할 수 있다.

- 인근 지역의 트윗이 겹쳐 나오더라도 정보를 식별할 수 있도록 토픽의 보여주기/감추기 기능을 추가하는 것도 좋다.

정리

이 책의 마지막인 12장에서는 D3와 Socket.IO를 이용해서 지리 정보가 태그된 트윗의 실시간 시각화 애플리케이션을 만들어봤다. 12장에서 만든 애플리케이션은 스트리밍 서버 애플리케이션과 클라이언트 애플리케이션으로 크게 나눌 수 있다.

스트리밍 서버는 노드를 활용해서 구현했다. 스트리밍 서버는 트위터 스트리밍 API 종단점과 연결을 유지면서 동시에 다수의 연결된 클라이언트와도 연결되어 있다. 클라이언트는 스트리밍 서버가 트위터 스트리밍 API를 이용해서 특정 토픽에 대한 트윗을 가져올 수 있도록 토픽을 스트리밍 서버에 전송한다. 스트리밍 서버는 토픽을 목록에 저장하고 트위터 스트리밍 API를 통해 받은 트윗이 사용자가 지정한 토픽에 해당하면, 그 트윗을 그 토픽을 추가한 클라이언트에게 전송한다.

클라이언트 애플리케이션은 사용자가 지정한 토픽과 관련된 트윗이 세계의 어느 지점에서 작성되었는지를 보여주기 위해 백본, Socket.IO, D3를 이용해서 구현되었다. 사용자는 언제든 토픽을 추가할 수 있으며, 서버는 사용자가 지정한 토픽을 토픽 목록에 추가하고, 해당 토픽과 관련된 트윗을 그 토픽을 추가한 사용자에게 전송한다.

이 책을 통해 다양한 종류의 차트를 만드는 데 D3를 사용하는 방법을 알아봤다. 책 내용의 대부분은 여러 프로젝트에 재사용할 수 있는 시각화 컴포넌트를 만드는 방법과 관련이 있다. 다른 라이브러리가 포함된 재사용 가능한 차트와 D3를 함께 사용해서 애플리케이션 구조를 개선하는 방법, 애플리케이션 배포를 자동화하는 방법, 차트에 실시간 업데이트 기능을 추가하는 방법에 대해 살펴봤다. 이 책의 예제를 따라해 보면서 느꼈겠지만, D3는 대단히 강력하고 유연한 라이브러리이며, 특히 이것저것 다양한 것을 만들어보는 것을 즐기는 개발자나 창의적인 개발자에게는 훨씬 더 매력적으로 느껴질 것이다.

찾아보기

에이콘출판의 기틀을 마련하신 故 정완재 선생님 (1935-2004)

D3.js 실시간 데이터 시각화
Node.js 환경에서 실시간 대시보드 만들기

인 쇄 | 2015년 8월 13일
발 행 | 2015년 8월 20일

지은이 | 파블로 나바로 카스틸로
옮긴이 | 오 명 운

펴낸이 | 권 성 준
엮은이 | 김 희 정
　　　　안 윤 경
　　　　오 원 영
표지 디자인 | 한국어판_이승미
본문 디자인 | 남 은 순

인 쇄 | 한일미디어
용 지 | 다올페이퍼

에이콘출판주식회사
경기도 의왕시 계원대학로 38 (내손동 757-3) (16039)
전화 02-2653-7600, 팩스 02-2653-0433
www.acornpub.co.kr / editor@acornpub.co.kr

이 도서의 국립중앙도서관 출판시도서목록(CIP)은 서지정보유통지원시스템 홈페이지(http://seoji.nl.go.kr)와
국가자료공동목록시스템(http://www.nl.go.kr/kolisnet)에서 이용하실 수 있습니다.(CIP제어번호: CIP2015021546)

책값은 뒤표지에 있습니다.